리터러시의 진화

비판적 미디어 교육을 위한 교실 수업 방법

리터러시의 진화

비판적 미디어 교육을 위한 교실 수업 방법

재닛 에번스 엮음 정현선 옮김

사회평론아카데미

리터러시의 진화

비판적 미디어 교육을 위한 교실 수업 방법

2011년 10월 17일 1판 1쇄 펴냄
2022년 3월 14일 2판 1쇄 펴냄

엮은이 재닛 에번스
옮긴이 정현선

책임편집 정세민
편집 정용준·이창현
디자인 김진운
본문조판 토비트
마케팅 최민규

펴낸이 고하영
펴낸곳 ㈜사회평론아카데미
등록번호 2013-000247(2013년 8월 23일)
전화 02-326-1545
팩스 02-326-1626
주소 03993 서울특별시 마포구 월드컵북로6길 56
이메일 academy@sapyoung.com
홈페이지 www.sapyoung.com

ISBN 979-11-6707-038-8 93370

감사의 글

글쓰기는 어렵고 시간이 많이 걸리는 일이다. 그럼에도 불구하고 이 책의 집필에 참여해 준 저자들에게 감사드린다. 이 책을 함께 집필한 저자들은 모두 각자의 분야에서 상당한 전문가들이다. 그들이 쏟아부은 시간과 노력, 그리고 전문적 식견에 대해 진심으로 감사드린다.

이 책의 주제와 관련하여 나는 많은 이들에게서 영향을 받았다. 그중에서도 특히 재키 마시(Jackie Marsh)와 일레인 밀러드(Elaine Millard)는 대중문화를 주제로 한 훌륭한 세미나들을 조직하여 이 분야의 연구를 개척하고 내게 영감을 불어넣어 준 고마운 분들이다.

내가 정신적인 지원과 말상대가 필요했을 때 도움을 준 이들에게도 감사드린다. 가이 머천트(Guy Merchant)는 내가 궁금해하는 여러 가지에 대해 설명과 조언을 해 주었고, 소중한 친구이자 교사인 앤 톰프슨(Anne Thompson)은 언제든지 시간을 내 주고 때로는 내 생각에 반론을 제기해 주기도 했다.

이 책의 편집인인 데이비드 풀턴(David Fulton) 출판사의 마거릿 매리엇(Margaret Marriott)과 하이네만(Heinemann) 출판사의 대니 밀러

(Danny Miller)에게도 감사드린다. 이 두 사람과 함께 일할 수 있었던 것은 정말 행운이었다. 그들의 조언과 격려는 내게 항상 도움이 되었다.

또한 대중문화 연구 분야의 원로이신 앤 하스 다이슨(Anne Haas Dyson) 교수께 감사드린다. 따뜻한 관심을 보여 주고, 이 책을 위해 생각을 가다듬게 하는 서문을 써 주신 것에 대해서도 감사드린다. 마지막으로 이 책을 만드는 과정에 참여하여, 이야기를 나누어 주고 글을 쓰고 그림을 그려 준 길디드 홀린스 카운티 초등학교(Gilded Hollins County Primary School)의 어린이들과 교직원들 모두에게도 감사드린다.

재닛 에번스(Janet Evans)

2004년 9월

차 례

I   '새로운' 리터러시와 어린이들이 이를 활용하는 방식

1장   복합양식 텍스트   41

2장   영상물에 담긴 이야기   67

Ⅱ　비판적인 눈으로 텍스트 살펴보기

Ⅲ 어린이들의 관심사와 학교 교육과정 사이에 다리 놓기

서문

재닛 에번스(Janet Evans)를 비롯한 이 책의 저자들은 활기 넘치는 이 책을 통해 독자인 우리에게 '어린이들이 있는 곳에서 출발하라'는 아동기 교육의 오래된 주문을 새롭게 해석하는 상상력을 보여 주고 있다. 이들의 노력은 어린이들을 만날 수 있는 장소에 대한 신선한 시각을 바탕으로 하고 있다. 오늘날에는 어린이들이 알아야 할 지식과 기능의 양이 전에 없이 증대되었다. 이로 인해 우리는 기존의 리터러시가 어린이들을 안내하던 장소에서만이 아니라, 지역사회 내의 다양한 장소에서도 어린이들을 찾을 수 있게 되었다(빈곤한 환경에서 자라는 어린이들이 마치 〈빨간 모자〉에 나오는 아이처럼 종종 현대 미디어라는 거대한 늑대에 홀려 길을 잃어버리곤 하는 것은 참으로 안타까운 일이다).

이 책의 저자들도 알고 있는 것처럼 전 세계의 모든 지역에는 어딘가에서 이주해 온 사람들이 살아가고 있다. 그리고 그들이 유통시키는 텍스트들은 글로벌 미디어가 도달할 수 있는 범위 내에서 국경을 넘어간 생생한 운율, 이미지, 단어들로 가득 차 있다(Appadurai, 1996). 예를 들어 아래의 짧은 글의 내용을 살펴보자.

영국의 한 작가가 쓴 소년 마술사에 관한 책 시리즈가 영화로 제작되고 있는데, 실은 그 영화의 가장 최근작이 이번 주말에 미시간 중부에서도 상영된다. 다양한 민족적 배경을 지닌, 경제적 사정은 비슷한 한 무리의 미국 학생들도 이 영화를 보러 영화관에 갈 생각에 들떠 있다. 여섯 살 난 티오나도 이 영화를 보러 가려 한다. 버스를 타고 가면서 친구인 마케다와 함께 팝콘을 나누어 먹을 생각이다(하지만 마케다가 싫어하는 지넷과는 같이 가지 않을 생각이다). 라이런은 영화관에 가지 않는다. 대신 아빠는 〈해리 포터〉 1편의 비디오를 빌려주기로 했다(이게 라이런에게 팝콘과 청량음료를 사 먹을 돈까지 주는 것보다 저렴하기 때문이다). 에제키얼도 영화관에 안 가는데, 그 이유는 "할머니가 〈해리 포터〉는 마법사에 대한 것"이라고 말했기 때문이라고 한다.

〈해리 포터〉와 같은 자본주의 산업은 점점 글로벌한 현상, 그리고 다양한 미디어를 넘나드는 현상이 되고 있다. 그러나 그러한 미디어가 위의 인용문에 나오는 티오나와 그 친구들 같은 어린이들을 포함한 사람들의 행동 속에서 어떻게 존재하며 또 어떤 의미를 지니는지는 여전히 특정한 사회적, 경제적, 정치적, 그리고 심지어는 종교적 환경을 고려해야만 알 수 있다(Massey, 1998; Dyson, 2003). 지금은 '용광로'와 같은 동질적이고 단순한 세계를 상상할 수 없는 시대이며, 리터러시 자체도 누구에게나 똑같은 동질적인 것으로 바라볼 수 없는 시대이다.

그러나 우리가 처한 현실에서는 아직까지도 리터러시를 동질적인 것으로 바라보고 있다. 표준 발음과 글쓰기 관습을 뜻하는 이른바 리터러시의 '기본'을 강조하는 흐름이 여전히 강조되고 있고, 이에 따라 학교는 표준화된 시험을 통해 어린이들의 성적이 꾸준히 향상되고 있음을 입증해야 하는 상황에 놓여 있다. 그러나 오늘날과 같이 사람들과 미디어가 서로 연관된 세계에서 살아가는 어린이들은 언어와 다른 상징 자료들(이미지, 목소리,

움직임 등)이 결합된 복합양식 텍스트(multimodal text)를 경험하는 일이 증대되고 있다(Kress, 2003). 따라서 리터러시는 일련의 기능이 아니라 의미를 재현하고 소통하는 다양한 종류의 관습에 참여할 수 있도록 매개해 주는 상징적 자원으로 보아야 한다(Heath, 1983; Street, 1993).

어린이들의 글쓰기에 나타나는 복합양식성(multimodality)을 신기술하고만 연관 짓는 것은 (탈)근대주의적인 오만에 불과할 것이다. 시간과 자료, 공간이 주어지기만 하면 어린이 창작자들은 자신에게 주어진 상징적 도구(그림 그리기, 노래하기, 몸짓으로 표현하기, 말하기, 글쓰기)가 무엇이든 간에 그것들을 곧잘 서로 엮어 낸다(Dyson, 1988). 그런데도 이러한 양식들은 여전히 (창작자의 복합양식적 표현 의도가 무엇이든 상관없이) 문자 그대로의 '글쓰기 과정'으로 해석되거나 글쓰기 과정에 교수법적으로 통합되어 교육되고 있는 상황이다. 예를 들어 그림 그리기는 어린이의 의도가 실제로는 그렇지 않은 경우조차 '글쓰기를 위한 계획하기'로서 효과를 지니는 것으로 여겨진다.

어린이들은 점점 더 다양해지고 상호연관성이 증대되고 있는 미디어로 가득한 세계에 존재하고 있다. 우리에게는 이로부터 출발하는 새로운 개념의 언어와 리터러시 교육과정이 시급히 요구되고 있다. 우리는 어린이들이 지닌 다양한 미디어 자원에 대한 경험을 보다 전통적인 리터러시 교육과정과 연결 짓기 위해 미디어를 활용하는 데서 시작할 수 있겠지만, 결코 거기서 멈춰서는 안 된다. 에번스와 이 책의 저자들이 모두 입증하고 있는 것처럼, 우리에게는 어린이와 교사들이 자신의 문화적 자원과 상징적 자원을 해체하고 다양한 양식으로 된 텍스트를 고안할 수 있는 교육과정, 즉 갈수록 광범위해지고 진화하고 있는 의사소통 관습의 그물망에 적합한 상징적 도구와 자료를 어떻게 사용할 것인지를 어린이들 스스로 결정할 수 있게 해 주는 교육과정이 필요하다. 또한 우리에게는 그러한 의사결정의 본질과 그러한 결정들이 다양한 아동기의 역사 속에 어떻게 위치해 있고 다양한 공식적, 비공식적 맥락의 조건들에 의해 중계되는지를 설명해 줄 수 있는 신중한 연구도 필요하다. 이 모든 것들에 대한 정보를 얻기 위해 우리는 교실에서 어떤 시도들이 가능한지를 알려 줄 수 있는 풍부한 비전이 필요한데, 에번스와 이 책의 저자들은 바로 이것들을 풍성하게 제공하고 있다.

이 책을 읽으며 독자들은 애니메이션 제작과정에서 의사결정을 하고 있는 네 살배기 어린이들, 이메일과 컴퓨터 게임, 그리고 화면과 지면을 기반으로 한 모험 장르가 지닌 무수한 재현의 가능성들을 활용하고 있는 어린 학생들, 대중매체 장르를 공부하고 즐기고 만들어 보면서 그 과정에서 특정 지역의 음식을 글로벌한 문제로 다루고 있는 이주민 어린이들, 그리고 비니 베이비 인형이나 포켓몬 카드와 같은 어린이 상품을 분석함으로써 그것들이 지닌 착취의 측면과 소비자로서의 힘이라는 잠재력에 대해 생각해 보고 있는 교사와 어린이들을 보게 될 것이다. 요약하자면 독자들은 다양한 상징적, 사회적 자원과 경험을 갖춘 저자들이 함께 모여 즐겁고 상상력 넘치는 방법으로 시도하는 비판적 언어 해체 작업, 그리고 어린이들과 함께 언어와 리터러시 학습(그리고 놀이)을 하는 모습을 볼 수 있을 것이다.

2004년 9월

미시간 주립 대학교

앤 하스 다이슨(Anne Haas Dyson)

참고문헌

Appadurai, A. (1996) *Modernity at large*. Minneapolis: University of Minnesota Press.

Dyson, A. Haas (1988) 'Negotiating among multiple worlds: The space/time dimensions of young children's composing', *Research in the Teaching of English*, 22 (4), 355–90.

Dyson, A. Haas (2003) *The brothers and sisters learn to write: Popular literacies in childhood and school cultures*. New York: Teachers College Press.

Heath, S. Brice (1983) *Ways with words: Language, life, and work in communities and classrooms*. Cambridge: Cambridge University Press.

Kress, G. (2003) *Literacy in the new media age*. London: Routledge.

Massey, D. (1998) 'The spatial construction of youth cultures', in T. Skelton & G. Valentine (eds) *Cool places: geographies of youth cultures* (121–9). London: Routledge.

Street, B. (ed.) (1993) *Cross-cultural approaches to literacy*. New York: Cambridge University Press.

옮긴이의 글

디지털 세상에서 태어나 자라나는 어린이들을 '디지털 네이티브(digital native)'라고 처음 부르기 시작한 해가 2001년이다. 인터넷이 대중화된 시대에 자라난 세대를 기성세대와 구분 짓는 이 말은 2010년대 들어 스마트폰, 소셜 미디어, 유튜브 등 지속적으로 진화해 온 디지털 기술과 새로운 미디어의 출현에 따라 등장한 'MZ세대', '포노 사피엔스', '알파 세대'와 같은 용어들의 원조이다. 그런데 어린이나 젊은 세대가 디지털 기술과 친근하다는 점을 내세워 하나로 묶는 이러한 말들은, 성인들과 달리 어린이들은 특별한 교육을 받지 않아도 새로운 기술을 저절로 능숙하게 다룰 수 있다는 오해를 불러일으킨다. 또한 같은 연령대에 속한 어린이나 젊은 세대 사이에 엄연히 존재하는 디지털 환경, 이해와 경험, 능력과 태도의 격차를 보지 못하게 만든다. 나아가 어린이들이 디지털 기술을 보다 잘 이해하고 활용할 수 있도록 지원해야 할 성인과 학교 교육의 역할을 간과하게 하는 문제도 있다.

그럼에도 여전히 많은 사람들이 새로운 세대와 기성세대를 구분 짓는 '디지털 네이티브'와 같은 말에 끌린다. 그 이유는 어린이들이 공식적인 학교 교육을 받기 훨씬 전부터 가정과 일상생활에서 새로운 기술과 미디어를 만나고, 지면을 통해 문자를 익히는 것보다 먼저 디지털 기기의 화면을 통해 이미지와 소리가 결합되어 만들어지는 의미의 세계를 접하기 때문이다. 디지털 미디어, 그리고 그 속에 담긴 이미지와 이야기가 만들어 내는 대중문화는 어린이와 청소년들이 세상에 대해 알아가고 생각하며 느끼는 방식, 다른 이들과 관계를 맺으며 의사소통하는 방식, 여가와 오락과 문화를 즐기는 삶의 방식 전반에 깊이 파고들어 영향을 미치고 있다. 이 책의 저자들이 다루고 있는 것은 바로 디지털 미디어와 대중문화를 학교에서 이루어지는 리터러시 교육과 의미 있게 연계하기 위한 다양한 방안들이다. 이러한 점에서 이 책은 디지털 환경에서 자라나는 어린이들의 교육에 관심을 가진 모든 이들에게 유용한 논의를 제공한다.

이 책은 어린이들이 디지털 미디어를 이용하며 경험하는 이야기, 표현, 소통 행위를 '새로운 리터러시(new literacies)'의 양상으로 바라본다. 디지털 기술과 미디어 발달에 따른 새로운 소통 현상은 리터러시의 개념과 실천의 변화로 나타나고 있다. 인터넷이 없는 세상에서 살아 본 적이 없는 오늘날의 어린이와 청소년들은 문자만이 가득한 '지면(page)'이 아니라, 다양한 시각적 이미지, 문자, 음성, 음악, 동영상 등이 함께 어우러져 표현되는 디지털 기기의 '화면(screen)' 공간의 의미를 읽고 쓰는 데 익숙하다. 자신들이 갖고 놀던 장난감과 웹캠을 이용해 동영상을 촬영하고 편집하는 네 살배기 어린이들의 사례(2장), 새로운 이야기 형식으로서 컴퓨터 게임에 '몰입'하고 '관여'하는 새로운 스토리텔링 방식의 사례(3장), 이메일이라는 '화면상에서 이루어지는 글쓰기'를 통해 다층적인 정체성 표현을 시도하는 어린이들의 사례(4장)는 기존 대중매체와는 달리 이용자들이 쉽게 의미 생산자로서 참여할 수 있는 뉴미디어 환경에서 새로운 방식의 리터러시가 생겨났다는 점과 더불어, 어린이와 청소년들이 이러한 새로운 리터러시에 얼마나 익숙한지를 생생하게 보여 준다. 특히 4장에서 논의된 이메일 교환 사례는 오늘날 문자 메시지와 소셜 미디어를 통한 소통 현상에 전이하여 어린이들의 디지털 소통을 이해할 수 있게 해 준다.

이처럼 리터러시가 변화하고 있음에도 불구하고 아직 우리나라의 학교 교육, 특히 국어 수업은 어린이들이 학교 밖 일상생활에서 경험하고 있는 디지털 미디어 기술의 표현과 소통 방식, 그리고 이를 통해 전달되고 공유되는 미디어 문화를 간과하고 있다. 미디어를 단순히 문자와 인쇄물 중심의 전통적 리터러시 학습에 대한 동기 유발 자료로 활용하는 데 그치는 경우가 많은 것이다. 이 책의 저자들은 이러한 상황을 해결해야 할 '문제'로 바라본다. 그러면서 무엇보다도 어린이와 청소년들의 학교 밖 관심사에 주목해야 하며, 그들이 경험하고 있는 다양한 의미 생산 및 수용의 실천과 이를 위해 사용되는 다양한 자원으로서 미디어를 인정하는 태도가 중요하다고 말한다. 어린이들의 학교 밖 관심사에서 중요한 위치를 차지하고 있는 디지털 미디어와 대중문화를 학교 수업에서 이루어지는 공식적인 리터러시 교육을 위한 의미 있는 자원으로 인정하고 활용하는 것이 학교 안 리터러시 학습과 학교 밖 리터러시 경험 사이의 거리를 좁히고, 학습자의 삶에 보다 의미 있게 받아들여지는 방식으로 리터러시 교육을 개조하는 데 기여할 수 있기 때문이다.

이 책은 본래 2011년에 '읽기 쓰기의 진화'라는 제목으로 출간되었다. 당시에는 이 책의 핵심 개념 가운데 하나인 'literacy'를 '읽기 쓰기'로 번역하였으나 어색한 점이 많았다. 다행히 최근 우리 사회에서 '리터러시'에 대한 관심이 높아졌다. 이 점을 고려하여 2판을 내면서 원문의 '리터러시'를 살려 번역했다. 책 제목도 원제를 살려 '리터러시의 진화'로 수정하고, 부제도 이 책에서 강조하고 있는 미디어와 대중문화에 대한 비판적 리터러시 접근을 살려 '비판적 미디어 교육을 위한 교실 수업 방법'으로 수정했으며,

본문의 문장들을 전반적으로 다듬었다.

번역은 직역을 원칙으로 하되, 우리말로 옮겼을 때 어색한 용어는 문장 속에 풀어서 제시하여 독자들이 좀 더 쉽고 편안하게 읽을 수 있도록 하였다. 영어 원문을 한국어로 옮기는 과정에서 어쩔 수 없이 군더더기처럼 보이거나 지나치게 긴 문장은 과감히 생략하거나 몇 개의 문장으로 나누어 제시하기도 했다. 시간이 지나 본래의 인터넷 주소가 사라진 컴퓨터 게임의 주소 등은 맥락적 의미를 살려 번역하는 방식으로 수정했고, 원문의 일부 문장들은 리터러시 교육 연구와 실천의 변화된 맥락을 고려하여 수정하였다. 해외 도서와 대중문화에 관한 정보는 가급적 독자들이 백과사전이나 인터넷을 참고하지 않고도 책을 읽어 내려갈 수 있도록 역자주(각주)로 처리하였으며, 주로 '위키백과'를 참고하여 제시했음을 밝혀 둔다. 별 모양(*)으로 표시된 미주는 원저자들이 작성한 것이다.

이 책은 어린이들이 자신의 삶에서 주도성을 갖기 위해서는 어린이들의 경험에서부터 출발해 앞으로 나아가도록 해야 한다는 진보주의 교육 이론, 학교 밖 일상생활의 리터러시 경험에 큰 영향을 미치는 미디어 재현과 문화를 학교에서 다루어야 한다는 어린이 중심의 비판적 미디어 교육 이론, 그리고 미디어에 대해 비판적으로 분석하고 성찰할 수 있는 기회를 학교의 공식적 리터러시 교육을 통해 제공해야 한다는 학교 밖 리터러시 교육의 이론적 관점을 바탕으로 깊이 있는 사례 분석을 제공하고 있다. 또한 복합양식 텍스트, 비판적 리터러시, 뉴 리터러시 등 핵심이 되는 기초 개념들을 간명하게 설명하고, 실제 어린이들의 생활 세계 및 초등학교 교실 수업 활동과 관련하여 논의하였다. 각 장의 마지막 부분에 제시된 '교육 활동에 대한 시사점'은 교사들이 새로운 리터러시 교육을 실행하는 데 참고할 만한 내용으로, 이 책의 대단한 미덕이다.

이 책의 저자들 가운데는 어린이 그림책과 복합양식 리터러시, 비판적 리터러시, 디지털 리터러시 분야의 세계적인 석학인 이브 번(Eve Bearne), 바버라 콤버(Barbara Comber), 마거릿 매키(Margaret Mackey), 재키 마시(Jackie Marsh), 가이 머천트(Guy Merchant), 비비언 바스케스(Vivian Vasquez) 교수가 포함되어 있다. 이 저자들의 최근 연구를 찾아보는 것도 어린이들을 위한 디지털 리터러시와 미디어 리터러시 연구의 발전을 이해하는 데 매우 도움이 될 것이다. 또 이 책에 나오는 디지털 영상 제작, 컴퓨터 게임, 이메일 교환, 포켓몬 카드와 게임 및 파생상품들, 미디어 문화와 관련된 문화 산업과 소비 현상 등을 '지금, 여기'의 어린이들이 경험하는 미디어 현상이나 디지털 플랫폼, 콘텐츠, 서비스 등을 떠올려 적용해 보는 상상력을 발휘하는 것이 필요할 것이다.

　전체적으로 이 책은 어린이들이 실제 삶에서 경험하는 미디어와 대중문화를 학교 교육과정에서 다루는 것의 중요성과 그 구체적인 방법을 매우 깊이 있는 연구를 통해 잘 보여 주고 있다. 이 책을 읽는 독자들이 어린이들의 주도성을 길러 주는 의미 있는 리터러시 교육을 실천하기 위한 이론적 개념의 이해와 연구의 중요성을 깨닫고, 각자의 위치에서 새로운 교육 실천을 모색하는 데 유용한 아이디어들을 얻을 수 있기를 바란다. 이 책의 가치에 대한 믿음을 갖고 새롭게 책을 내 주신 사회평론아카데미의 고하영 대표님과 정세민 편집인께 감사드린다.

2022년 2월
옮긴이 정현선

어린이들의 목소리에 귀 기울이기

어린이들은 학교 밖 세상의 무엇에 관심을 기울이는가,
그리고 이에 대해 어떻게 말하고 쓰고 그리는가?

3~11세 어린이들을 대상으로 한 조사에서 학교 밖 세상에서 가장 관심을 갖고 있는 것이 무엇이고 집에서는 무엇을 하며 놀고 싶은지 물어 보았더니, 어린이들은 거의 예외 없이 영화와 비디오, TV 프로그램, 컴퓨터 게임, 장난감 및 기타 활동과 같은 대중문화라고 대답했다(자세한 내용에 대해서는 서론에 제시된 그림 3을 참고할 것). 서너 살 정도의 유아들은 좀 더 높은 연령의 어린이들에 비해 장난감을 갖고 노는 것을 좋아하는 것으로 나타났다. 그런데 이 장난감들 역시 영화나 TV 프로그램과 관련된 피규어나 배지, 만화책, 의상 등과 같은 대중문화 상품들이었다. 다섯 살 이상 어린이들이 가장 좋아하는 것은 영화와 비디오로 나타났고, TV 프로그램은 근소한 차이로 그다음을 차지했다. 이러한 조사 결과는 어린이들이 대중문화에 관심을 갖고 있음을 분명히 보여 준다. 다음은 어린이들이 대답한 결과 가운데 일부이다.

3~4세 어린이들의 대답

모건(4년 4개월)

나는 사촌 조시와 함께 '바비 인형'을 가지고 놀아요. 바비는 분홍색 옷을 입었고, 빛나고 아름다운 금발을 가졌어요. 빨간 입술은 장미 같아요. 분홍색 드레스는 찬란하고, 왕관과 마차도 있어요. 마차로 어디든 갈 수 있어서 걸을 필요가 없어요. 말도 있는데, 암말이에요. 내가 말을 밀면 말이 마차를 끌어요.

케이틀린(4년 3개월)

나는 컴퓨터로 〈바비 게임〉을 해요. 숫자를 누르고 1, 2, 3, 4, 5, 6, 7, …, 13까지 세요. 컴퓨터를 옮길 때는 핸들을 사용해요.

개러스(3년 10개월)

나는 (닌자) 거북이 인형을 가지고 놀아요. 거북이는 마스크를 하고 녹색 다리를 가졌어요. 거북이는 괴물들을 죽여요. 거북이는 악당 괴물들과 싸우기 위한 칼을 갖고 있어요.

톰(4년 1개월)

〈배트맨〉을 갖고 놀아요. 배트맨은 벨트와 박쥐 모양의 부메랑을 갖고 있어요. 나는 배트맨 인형을 날려요. 배트맨은 리모컨이 있어서 버튼을 누르면 멀리 날아갈 수 있어요. 배트맨은 '조커'에게 부메랑을 던져요. 조커는 재미있지만 악당이기 때문에 나는 조커를 때려요.

6~7세 어린이들의 대답

애비게일(7년 2개월)

나는 〈곰돌이 푸〉를 그렸어요. 재미있기 때문이에요.

애비게일(7년 1개월)

〈스쿠비 두〉[1]를 골랐어요. 나는 이걸 TV에서 봐요. 스쿠비 두와 '마녀의 유령'[2]을 골랐어요. 스쿠비 두는 가장 좋아하는 프로그램인데, 언제나 멋진 의상을 입은 사람이 나오기 때문이에요.

---

1 미국 TV 애니메이션 시리즈의 제목이자 주인공 이름. 몸집이 크고 겁이 많은 그레이트 데인 종의 개로, 프레드, 대프니, 벨마, 섀기와 함께 신비로운 현상이나 미스터리에 대해 조사하는 '미스터리 회사'를 만들어 활동한다.
2 〈스쿠비 두〉의 한 에피소드 제목.

올리버(6년 6개월)

X box 게임의 〈스테이트 오브 이머전시〉
를 골랐어요. '마이클'은 경찰에 쫓겨요. 그
는 무기를 발견했어요. 사람들은 TV를 잡
고 있어요. 커다란 가방 같은 데에 많은 물
건을 담기도 해요. 마이클은 두 사람을 죽
였어요.

토비(7년 4개월)

나는 〈쥬라기 공원 3〉을 골랐어요. 왜냐하
면 정말 무섭기 때문이에요. '스피노사우루
스'가 '티라노사우루스'를 죽였어요.

24

10~11세 어린이들의 대답

조지아(11년 0개월)

나는 〈곰돌이 푸〉를 골랐어요. 여기 나오는 모든 인물들이 정말로 귀여운 데다, 그들이 모두 함께 친하게 지내면서 엄청나게 많은 작은 모험들을 헤쳐 나가는 것이 너무나 멋지기 때문이에요. 관련 상품도 많은데 이것들을 모으는 것도 정말 재미있어요. 나는 필통, 양말, 테디 베어 인형은 물론이고, 책과 비디오까지 갖고 있어요. 곰돌이 푸는 너무나 사랑스럽고 귀엽다고 생각해요.

토머스(11년 3개월)

〈심슨 가족〉은 '호머, 마지, 바트, 리사, 매기' 등 다섯 명으로 이루어진 가족이에요. 이 프로그램은 정말 대단해요. 지금까지 봤던 만화 가운데 가장 재미있어요. 여기 나오는 농담들은 정말 웃겨서 몇 번이고 자꾸 다시 보게 돼요. 나는 호머가 우리 아빠와 똑같다고 생각해요.

애덤(11년 4개월)

⟨X10 X10 9⟩는 인터넷 게임이에요. 격투를 하는 게임인데, 단계를 높여 가며 계속 싸움을 하는 거예요. 주먹만으로 싸우는 것이 아니라, 쌍절곤이나 대나무 지팡이 같은 여러 가지를 사용할 수 있어요. 내가 이 게임에 대해 쓰기로 한 이유는 이 게임이 여태까지 내가 해 본 것들 중 최고의 게임이기 때문이에요. 이 게임은 인터넷 게임 사이트에서 찾을 수 있어요.

대니얼(10년 1개월)

나는 ⟨해리 포터⟩ 책을 재미있게 본 후 해리 포터 게임, 인형, 그 밖의 관련 상품 수집에 관심이 갔고, 영화도 보았어요. 해리 포터를 창작한 조앤 롤링은 놀라운 상상력을 가졌다고 생각해요.

21세기에 필요한 리터러시의 본질 변화

재닛 에번스 Janet Evans

어린이들의 학교 밖 관심사

어린이들은 대체로 자신의 관심사에 대해 이야기할 기회가 주어지는 것에 대해 긍정적인 반응을 보인다. 어린이들은 자기 자신에 대해서 이야기하는 것, 그리고 자신이 좋아하거나 싫어하는 것에 대해 이야기하기를 좋아한다. 그렇다면 과연 학교에서는 어린이들의 관심사에 대해 얼마나 자주 물어봐 주고 있을까? 그리고 어린이들의 관심사를 학교 교육과정에 끌어와 교수학습 과정의 일부로 만드는 일에 대해 얼마나 노력을 기울이고 있을까?

학교 밖 관심사에 대해 말하고 그림을 그려 보라고 하자, 여덟 살이 된 남자 어린이 데이비드와 세 살 난 여자 어린이 엘리는 모두 컴퓨터 게임에 대한 그림을 그렸다. 데이비드는 플레이스테이션에서 하는 축구 경기 게임을 그렸고(그림 1 참고), 엘리는 인기 TV 채널인 '니켈로디언 주니어(Nickelodeon Junior)'[3]와 관련된 게임을 그렸다(그림 2 참고). 두 어린이 모두 컴퓨터, 좀 더 정확히 말하면 컴퓨터 게임에 능숙한 것으로 보였다.

이 두 어린이의 사례가 보여 주는 것처럼, 아흔 명 이상의 3~11세 어

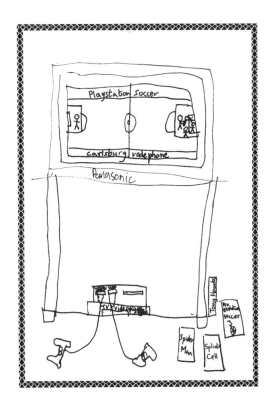

그림 1

데이비드가 그린 〈프로 에볼루션 사커 3〉

〈프로 에볼루션 사커 3(Pro-Evolution Soccer 3)〉은 내가 가장 좋아하는 플레이스테이션 게임이다. 이 게임은 정말 대단하다. 이 게임을 하려면 게임팩을 사야 한다. 이것은 진짜 시합 같다. 관중들은 신경을 긁을 정도로 큰 소리로 떠들어 댄다. 선수들은 진짜같이 생겼고 오버헤드킥이나 다이빙헤딩과 같이 다양한 모습으로 움직일 수도 있다. 페널티킥이 있는 것도 좋은데, 왜냐하면 골키퍼를 조정하고 공을 향해 돌진할 수 있기 때문이다. 선수 교체로 대형을 변화시킬 수도 있고, 마치 우리 할아버지처럼 우리 팀의 최고 선수를 퇴장시킨 심판을 향해 야유를 보낼 수도 있다(데이비드, 8년 6개월).

린이들에게 학교 밖 관심사가 무엇이고 집에서는 무엇을 하며 놀고 싶은지 묻는 조사를 실시한 결과, 어린이들 사이에 가장 인기 있는 것은 주로 영화나 비디오 보기, TV 프로그램과 컴퓨터 게임하기인 것으로 나타났다. 아주 어린 유아들 사이에서는 장난감을 가지고 노는 것이 가장 인기가 높았다. 한편 '기타 활동'에 대해서는 모든 연령대에 걸쳐 거의 언급한 어린이가 없었다(그림 3 참고).

조사 결과에서 책 읽기를 학교 밖 관심사로 선택한 어린이는 단 한 명뿐이었고, 상상 놀이나 야외 활동을 꼽은 어린이도 두 명뿐이었으며, 글쓰기나 그림 그리기라고 대답한 어린이는 한 명도 없었다. 물론 책 읽기나 글쓰기와 같은 분야에 대한 어린이들의 관심이 현저히 부족하게 나타난 이유는 조사 당시 어린이들에게 질문을 던진 방식 때문일 수도 있다. 마거릿 매키(Margaret Mackey)가 〈미디어를 넘나드는 리터러시: 텍스트를 '플레이'하기(*Literacies Across Media: Playing the Text*)〉(2002)에서 논의한 바와 같이, 어린이들의 대중문화에 대한 관심은 보다 전통적인 리터러시 활동과 전혀 관련 없는 별개의 활동이 아니기 때문이다. 매키의 연구에 따르면, 많은 어린이들은 어떤 경우에도 매우

---

3 미국의 케이블 방송국 MTV가 소유한 TV 채널 및 게임을 위한 웹사이트로, 영유아를 위해 놀면서 배우는 TV 프로그램과 게임을 제공한다. 줄여서 '닉 주니어(Nick Jr.)'라고도 한다.

다양한 유형의 텍스트나 활동에 관심을 가지고 있었다.

디지털 기술로 인한 리터러시의 본질 변화

21세기의 어린이들은 컴퓨터, DVD, 비디오, 휴대전화, 이메일, 문자 메시지 등과 같은 디지털 기술들을 활발히 이용하고 있다. 이러한 기술들은 어린이들의 활동에 영향을 주고 어린이들을 변화시킨다. 그리고 이와 같은 어린이들의 활동 변화는 리터러시에도 영향을 주며 그것을 변화시키고 있다. 분명한 것은 전통적인 리터러시 자체도 변화하고 있을 뿐 아니라, 21세기에 들어서면서 기존과는 다른 새로운 종류의 리터러시가 급속도로 생겨나고 있다는 점이다(Lankshear et al., 2002). 새로운 리터러시의 등장은 '기술, 미디어, 경제, 제조업, 금융, 커뮤니케이션 등의 분야에서 일어나는 글로벌한 규모의 빠른 움직임들'에서 생겨나는 변화를 반영한다(Lankshear & Knobel, 2003: 16).

그림 2
엘리가 그린 〈블루스 클루스〉에 나오는 강아지 블루
이것은 〈블루스 클루스(Blues Clues)〉에 나오는 나의 강아지 블루이다. '블루스 클루스'는 '닉 주니어'에서 하는데, 다양한 물건을 찾는 게임들이 있다. 다섯 가지를 연속으로 찾으면 '스와이퍼'라는 이름의 여우가 내 가방에 담긴 것을 모두 가져가 버린다. 나는 이 게임을 컴퓨터로 한다. 어떤 게임은 어렵고 어떤 게임은 별로 어렵지 않은데, 배우면서 셈을 하는 게임으로는 〈버즈 라이트 이어〉[4]와 〈인어공주〉 게임이 있다. 〈외계인〉 게임이 가장 어려운데, 힌트가 필요하면 클릭을 하면 된다(엘리, 3년 11개월).

한편, 이와 같은 흐름 속에서 21세기의 학교는 청소년들의 요구를 충족시키지 못할 뿐 아니라, 그들이 지속적으로 변화하고 있는 세계에서 살아갈 수 있도록 준비시키지도 못하고 있다는 불만이 지속적으로 제기되고

---

4 애니메이션 영화 〈토이 스토리(Toy Story)〉에 나오는 주인공 앤디가 생일 선물로 받은 인형의 이름으로, 앤디의 방에 있는 장난감 인형들의 대장 역할을 한다.

어린이들의 학교 밖 관심사		
3~4세 어린이(한 학급 28명)	**6~7세 어린이(한 학급 29명)**	**10~11세 아동(한 학급 34명)**
영화와 비디오(2) 니켈로디언 주니어 슈퍼 마리오	**영화와 비디오(20)** 스쿠비 두(4) 반지의 제왕(5) 쥬라기 공원 2: 잃어버린 세계(2) 곰돌이 푸(2) 해리 포터 니모를 찾아서 터미네이터 3 글래디에이터 멍청씨 부부 이야기 요술 손가락 E.T.	**영화와 비디오(17)** 곰돌이 푸(6) 반지의 제왕(3) 타이타닉(2) 제임스 본드 니모를 찾아서 죠스 드라큘라 8 mile 헌티드 맨션
TV 프로그램(9) 뚝딱뚝딱 밥 아저씨(3) 텔레토비(2) 빌라모리 트위니스 바니 베어 핌블스	**TV 프로그램(8)** 심슨 가족(3) 바닷속의 괴물들(2) 톰과 제리 라쳇과 클랭크 스쿠비 두	**TV 프로그램(6)** 심슨 가족(3) 모터바이크 익스트림 브리드 올 어바웃 잇 럭비 월드컵 프리뷰
컴퓨터 게임(3) 배트맨 게임 닌자 거북이 게임 바비 컴퓨터 게임	**컴퓨터 게임(1)** 스테이트 오브 이머전시—Xbox 게임	**컴퓨터 게임(3)** 롤러코스터 타이쿤 B3TA—게임 및 만화 웹사이트 X10 X10 9
장난감(12) 바비 인형(6) 바비 장난감 자전거 바비 자동차 뚝딱뚝딱 밥 아저씨 피규어와 장비 배트맨 피규어와 장비 닌자 거북이 피규어 액션맨 피규어	**장난감(0)**	**장난감(1)** 바비 수집품
기타 활동(2) 스쿠터—야외 활동 자전거—야외 활동	**기타 활동(0)**	**기타 활동(7)** 재클린 윌슨의 책 음악(일반적인 관심사) 네트볼(일반적인 관심사) 위 목록과 다른 활동(4)

그림 3 어린이들의 학교 밖 관심사

있다. 많은 국가에서 정부 관료들은 학교 교육과정의 변화에 대한 사회적 요구를 반영하지 못했기 때문이다. 그러나 학교 교육과정에 대한 변화를 요구하는 수준 높은 연구 결과들이 제시된 이후(예를 들어 State of Queensland, 2000), 21세기가 시작된 지 20년이 흐르는 사이에 캐나다, 호주, 핀란드, 싱가포르, 미국 등 많은 나라의 교육 체제들은 인쇄물과 문자 중심의 전통적 리터러시에서 벗어나 디지털 미디어 환경의 확장된 리터러시 교육을 학교 교육과정에 포함하는 방향으로 변화해 왔다. 아직도 학교에서 이루어지는 리터러시 교육에서 전통적 리터러시 교육이 여전히 강조되고 있기는 하지만, 21세기를 살아가고 있는 어린이들과 그들이 학교 밖에서 실제로 경험하는 리터러시는 분명히 변화했다. 어린이들은 매우 빠른 속도로 변화하고 있는 새로운 리터러시에 발을 디디고, 이를 활용하며 익숙해져 가고 있다. 오늘날 어린이와 청소년들은 금세기 들어 빠른 속도로 발전하고 있는 첨단 기술의 발달에 따라 디지털 기술의 도움을 받으며 살아가고 있다. 이와 관련하여, 랭크시어와 그 동료들의 저서(Lankshear et al., 2002)에서는 어린이들의 컴퓨터 사용 및 비디오, 비디오 게임, CD, 휴대전화, DVD, 위성통신 등과 같은 컴퓨터 기반 신기술의 사용을 뜻하는 용어인 '기술 기반 리터러시(technoliteracies)'와 '뉴 리터러시(new literacies)' 개념을 제안한 바 있다. 가이 머천트(Guy Merchant, 2003, 그리고 이 책에 수록된 내용)는 어린이들이 이러한 '기술 기반 리터러시'를 친구들과의 소통에서 어떻게 활용하고 있는지 보여 주고 있다.

어린이와 청소년들이 기술과 맺는 관계는 상호공생적이다. 즉 어린이와 청소년들은 자신에게 주어진 기술을 사용하는 동시에 새로운 기술을 요구하기도 한다. '상품'으로서 기술은 어린이와 청소년들의 요구에 반응하여 변화하고 발전한다. 이 둘은 하나이며, 서로가 서로를 키우고 서로 기대어 자라난다. 또한 이 둘은 변화를 야기하는 방식으로 발전하고 적응한다. 제대로 작동하는 기술은 체제 속에 수용되고 동화되어 빠르게 규범이 되는 반면, 제대로 작동하지 않는 기술은 조절되거나 수용되지 않고 쇠퇴하여 죽게 된다. 이처럼 기술을 살아 있는 생물에 비유하는 것은 서구(자본주의) 문화가 계속 발전해 가는 방식의 중심에 21세기의 어린이와 청소년들이 어떻게 놓여 있는지를 설명하는 데 매우 유용한 방법이다. 실제로 어린이들의 역할은 결정적이다. 많은 새로운 기술의 진보는 이들의 '욕구', 즉 관심사와 요구 사항에 초점을 맞추어 생겨나기 때문이다. 켄웨이와 불런(Kenway & Bullen, 2001)은 어린이가 소비자로서 지닌 능력의 측면에서 어린이의 역사를 기록하고 있는데, 역사 속에서 어린이들이 어떻게 그 자체로 시장의 목표가 되어 왔는지를 보여 준다. 그들에 따르면 마케팅 담당자들은 TV, 온라인 컴퓨터 링크, 인터넷 쇼핑 등과 같은 새로운 미디어 형식을 통해 어린이들에게 접근하는 것이 중요하다는 점을 점점 더 인식하고 있으며, 그럼으로써 그들의 목표 수용자에 도달하기 위해 끊임없이 새로운 미디어를 개발하고 있다. 분명한 것은 디지털 기술에 대한 어린이들의 관심과 21세기 소비자로서 어린이들의 영향력이 앞으로도 지속될 것이라는 점이다.

텍스트의 개념 정의와 복합양식적 특성

이브 번(Eve Bearne)이 QCA[5]와 UKLA[6]에서 펴낸 저서 〈언어 이상의 것: 교실에 존재하는 복합양식 텍스트(*More Than Words: Multimodal Texts in the Classroom*)〉(Bearne *et al.*, 2004), 그리고 이 책에 수록된 챕터의 내용

---

5   Qualifications and Curriculum Authority. 한국교육과정평가원에 해당하는 영국의 국가 연구 기관의 명칭으로, 2008년 이후에는 QCDA(Qualifications and Curriculum Development Agency)와 Ofqual(Office of Qualifications and Examinations Regulation)로 기능이 분화되었다.

6   영국리터러시협회(UK Literacy Association). 웹 주소는 http://www.ukla.org 이다.

에서 언급하고 있는 바와 같이, 오늘날에는 텍스트(text)에 대한 개념 정의 자체가 이미 변화했다. 예전에는 텍스트가 '인쇄물의 한 구절이나 말의 일부분, 혹은 이미지'(Lankshear et al., 2002: 45)를 뜻하는 것이었다. 즉 텍스트란 책, 잡지, 신문 등과 같이 쓰인 것으로 생각되었다. 그러나 이제 텍스트는 이보다 훨씬 더 많은 것을 뜻하는 것으로 받아들여지고 있다. 텍스트는 이제 의사소통의 단위로 간주되며, 형식의 측면에서 볼 때 글로 쓰인 것일 수도 있지만 말, 대화, 라디오 프로그램, TV 광고, 문자 메시지, 신문의 사진 등과 같은 '담론의 일부'일 수도 있다. 텍스트 가운데 많은 것이 어린이들의 대중문화의 일부이며, 이 대중문화 텍스트들은 어린이 독자들의 읽기에 대한 기대, 사고, 의미 구성 방식에 변화를 가져왔다. 번(Bearne, 2003a)이 지적했듯 '이제 어린이들이 접할 수 있는 텍스트 형식은 다양해졌으며, 여기에는 인쇄물과 이미지뿐 아니라 소리, 목소리, 억양, 자세, 몸짓, 움직임까지도 포함된다'. 또한 번(Bearne, 2003b: 98)은 '교실에서 이루어지는 리터러시에 대한 어떤 접근도 어린이들이 일상생활에서 접하는 새로운 형식의 텍스트를 인정하는 방식으로 이루어질 필요가 있으며, 리터러시의 교육과정에서도 복합양식 텍스트(multimodal text)[7]는 굳건한 자리를 차지할 필요가 있다'고 적고 있다.

사회적으로 민감한 입장에서 텍스트에 반응하기: 비판적 리터러시

텍스트란 무엇인가에 대해 최근에 받아들여지고 있는 새로운 정의는 리터

---

7 복합양식 텍스트란 하나의 텍스트 안에 문자, 음성, 이미지, 동영상 등 다양한 형태의 기호가 복합적으로 결합되어 의미 구성에 기여하는 텍스트를 뜻하는 용어로, 어느 한 가지 형태의 기호로만 구성된 텍스트를 뜻하는 '단일양식 텍스트(monomodal text)'와 반대되는 개념이다. 미디어 텍스트들은 이러한 의미에서 복합양식 텍스트인 경우가 많다.

러시가 진공 상태에서 일어나는 것이 아니라, 더 광범위한 사회적, 문화적, 역사적, 정치적 맥락 속에서 일어나는 것임을 깨닫게 한다. 모든 텍스트는 이데올로기적이다. 모든 텍스트는 특정한 입장에서 쓰이게 마련이다. 따라서 어느 쪽에도 치우치지 않은 객관적인 텍스트란 있을 수 없고, 중립적인 관점에서 이루어지는 텍스트 읽기, 쓰기, 보기, 말하기도 존재할 수 없다. 두 가지 다른 신문에 실린 뉴스 헤드라인만 보더라도 그렇다. 같은 사건을 보도하는 경우라 하더라도, 보도 방향은 보도자의 개인적 시각, 기사를 쓰는 이유, 혹은 정치적 연관성 등에 따라 달라질 수 있다. 따라서 어린이들은 누가 규칙을 만드는지, 누가 상황을 통제하며 영향력을 갖고 있는지, 정의가 무엇인지를 누가 고안하는지, 누가 지식을 창조하고 이에 대해 글을 쓰는지에 대해 질문을 제기하기 위한 도구로 비판적 리터러시를 활용함으로써, 텍스트에 비판적으로 반응할 필요가 있다. 콤버(Comber, 2001: 271)는 교사와 어린이들이 비판적 리터러시를 다룰 때 '언어와 힘에 대한 질문, 사람들과 라이프스타일에 관한 질문, 도덕과 윤리에 관한 질문, 현 상태에서 이익을 얻는 이는 누구이며 불이익을 얻는 이는 누구인가에 관한 질문'을 할 수 있어야 한다고 말한다. 이 책에 수록된 에번스의 글은 이러한 질문 가운데 몇 가지를 다루고 있다. 중요한 것은 단지 질문을 하는 것이 아니라, 질문에 대한 답을 얻기 위해 비판적 리터러시를 활용하는 것이다. 이 책에 나오는 비비언 바스케스(Vivian Vasquez)의 연구에 참여한 다섯 살짜리 어린이들은 오로지 남성들만이 캐나다의 기마 경찰대가 될 수 있는 규범에 도전하기 위해 포스터를 제작하는 방식으로 비판적 리터러시를 적용했다. 이러한 규범에 대해 생각해 보고 토론해 보기 이전에는 이 어린이들도 그 규범을 아무런 의문 없이 받아들였지만, 비판적 리터러시를 배움으로써 이 문제에 관한 상당한 지식을 얻을 수 있었다(Vasquez, 2003, 보다 자세한 내용은 이 책에 실린 바스케스의 글을 참고할 것).

대중문화에 대한 어린이들의 관심과 학교의 요구 사항 사이에 다리 놓기

거역할 수 없는 새로운 디지털 기술과의 연계를 인정하면서도, 랭크시어와 노벨(Lankshear & Knobel, 2003: 18-19)은 우리가 살고 있는 세상에는 '물리적 공간과 아날로그 시대에 익숙한 사람들과, 온라인 공간과 디지털 시대에 익숙한 사람들'이 공존하고 있다는 사실을 환기시킨다. 그들은 '"새로운" 것을 수행하기 위해 "낡은" 수단을 사용'해야 할 필요성에 대해 논의하는 동시에, 21세기의 어린이들은 변했고 따라서 변화된 방식으로 돌볼 필요가 있다고 말한다. 이러한 낡은 것과 새로운 것의 융합(Millard, 2003)은 주간 방송, 위성 TV, 비디오 게임, 그리고 폭력적이고 규제받지 않는 컴퓨터 게임이 유아들의 마음에 악영향을 끼친다고 믿는 많은 교육자들에게는 받아들이기 쉬운 일이 아니다. 한 유아 보육 교사는 다음과 같이 말했다.

> 어린이들이 이렇게 규제받지 않는 TV, 영화, 컴퓨터 게임에 노출되는 것은 상당히 걱정스럽습니다. 사실 저는 어린이들이 양질의 책을 보지 않는 것이 매우 위험하다고 생각합니다. 아주 어린 유아들까지도 온종일 상업적인 게임을 하거나 비디오를 보며 놀고 있습니다. 우리 모두 상업적인 대기업에 이끌려 세뇌당하고 있는 것입니다.

램버스(Lambirth, 2003)는 많은 교사들이 이와 유사하게 대중문화의 영향에 대해 우려하고 있으며, 대중문화를 수업에 활용하는 것에 반대하고 있음을 알게 되었다. 많은 교사들은 그들 자신이 어린 시절에 즐겼던 대중문화 아이콘에 대해 즐거운 기억을 갖고 있으면서도, '어린이들은 이미 가정에서 대중문화를 충분히 접하고 있으므로 학교에서까지 대중문화를 접할 필요는 없다'라는 견해를 갖고 있었다. 같은 관점에서 마시(Marsh,

2003) 역시 어린이들의 대중문화에 대한 관심을 예비교사들이 교육과정 계획에 활용하는지 살펴본 결과, 그런 욕구를 갖고 있기는 하지만 이로 인해 비난받을 것을 염려하여 그래서는 안 된다고 생각하고 있음을 알게 되었다. 그러나 교육자로서 우리는 우리 어린이들이 경험하고 있는 새롭고도 다른 세계들을 인식할 필요가 있다. 이 세계들은 어린이들의 사회적 관습과 문화, 그리고 그들의 일상생활을 반영하고 있기 때문이다. 우리는 어린이들이 살고 있는 역동적이고 지속적으로 변화하는 세계와, 아직도 많은 어른들에게 존재하는 보다 낡은 세계(변화하지 않는, 20세기까지는 거의 영원할 것으로 생각되었던 움직이지 않는 세계) 사이의 간극을 메울 수 있게 하는 방식으로 디지털 기술과 미디어 문화를 활용할 필요가 있다. 이를 위해 우리는 어린이들의 대중문화에 대한 관심과 기술적 전문성을 알아보고, 이에 대해 관심을 보이며 긍정적 평가를 내릴 필요가 있다. 또한 이와 같은 어린이들의 문화 자본(Bourdieu, 1991)은 현재 대부분의 나라에서 법적 의무로되어 있는 학교 교육을 보다 의미 있게 만들기 위한 귀중한 노력으로 평가되어야 한다.

이 책은 모두 3개의 부로 구성되어 있다. 1부는 '새로운' 리터러시 개념과 실천에 대해 살펴보는 4개의 장으로 구성되어 있다. 2부에서는 텍스트를 비판적 시선으로 바라보는 데 초점을 둔 세 편의 연구를 소개한다. 세 명의 저자들은 비판적 리터러시와 정체성에 대해 배울 수 있는 기회를 어떻게 만들어 낼 수 있는지를 대해 보여 준다. 3부에서는 어린이들의 개인적 관심과 학교 교육과정의 요구 사이에 다리를 놓을 수 있는 방법에 대해 논의한다.

각 장의 도입부에는 교육 현장에서 일어날 수 있는 장면을 설정해 제시하였다. 이를 통해 그 장에서 논의하고자 하는 바를 한눈에 볼 수 있을 것이다. 마지막 부분은 '교육 활동에 대한 시사점'으로 끝맺고 있다. 여기에서는 여러 가지 생각할 거리와 더불어 교실에서 시도해 볼 수 있는 다양한 아이디어를 제공한다.

이제 열 살이 된 어린이 리베카는 자신의 관심사에 대해 이야기해 보라고 하자, 바비 인형, 곰돌이 푸, 컴퓨터 게임, 재클린 윌슨(Jaqueline Wilson)[8]의 책, 그리고 이것들과 관련된 수집품 등 다양한 관심을 드러내 보여 주었다. 이러한 것들을 선택한 이유에 대해 리베카는 '모두 나와 다른 어린이들이 좋아하는 것이고, 어린이들이 이것들을 가지고 놀거나 볼 때 행복함을 느끼기 때문'이라고 말했다.

나는 우리가 리베카가 한 이와 같은 말에 귀를 기울이고, 대중문화와 컴퓨터 기반의 새로운 디지털 기술, 비판적 리터러시를 교실에서 활용함으로써 더 많은 어린이들을 행복하게 해 주어야 한다고 생각한다.

---

[8] 영국 도서상(British Book Awards)을 포함한 많은 문학상을 수상한 영국의 저명한 어린이 문학 작가로, 아동 학대, 부모의 이혼, 입양 등 어린이들이 처한 현실적인 고통을 정면으로 다룬 현실주의 작가로 알려져 있다.

참고문헌

Bearne, E. (2003a) 'Ways of knowing; ways of showing - towards an integrated theory of text', in M. Styles & E. Bearne (eds) *Art, Narrative and Childhood*. Stoke-on-Trent: Trentham Books.

Bearne, E. (2003b) 'Rethinking Literacy: Communication, Representation and Text', *Reading: Literacy and language*, 37 (3).

Bearne, E., Ellis, S., Graham, L., Hulme, P., Merchant, G. & Mills, C. (2004) *More than Words: Multimodal Texts in the Classroom*. London: QCA/UKLA.

Bourdieu, P. (1991) *Language and Symbolic Power*. Cambridge, MA: Harvard Unversity Press.

Comber, B. (2001) 'Critical Literacies and Local Action: Teacher Knowledge and a "New" Research Agenda', in B. Comber & A. Simpson (eds) (2001) *Negotiating critical literacies in classrooms*. Mahwah, NJ: Lawrence Erlbaum.

Kenway, J. & Bullen, E. (2001) *Consuming Children: Education-Entertainment-Advertising*. Buckingham: Open Unversity Press.

Lambirth, A. (2003) ' "they Get Enough of That at Home": Understanding Aversion to Popular Culture in Schools', *Reading: Literacy and Learning*, 37 (1).

Lankshear, C., Gee, J., Knobel, M. & Searle, C. (2002) *Changing Lteracies*. Buckingham: Open University Press.

Lankshear, C. & Knobel, M. (2003) *New Literacies: Changing Knowledge and Classroom Learning*. Buckingham: Open University Press.

Mackey, M. (2002) *Literacies Across Media: Playing the Text*. London: RoutledgeFalmer.

Marsh, J. (2003) 'Taboos, Tightropes and Trivial Pursuits: Pre-service and Newly Qualified Teachers' Beliefs and Practices in Relation to Popular Culture and Literacy.' Paper presented at AERA annual meeting, Chicago, April 2003.

Merchant, G. (2003) 'E-mail me your thoughts: Digital Communication and Narrative Writing', *Reading: Literacy and Language*, 37 (3).

Milard, E. (2003) 'Towards a Literacy of Fusion: New Times, New Teaching and Learning?' *Reading: Literacy and Learning*, 37 (1).

State of Queensland, Department of Education (2000) *Literate Futures: Report of the Literacy Review for Queensland State Schools*, available at: http://www.education.qld.gov.au.

Vasquez, V. (2003) 'Pairing Everyday Texts with Texts Written for Children', in V. Vasquez (2003) Getting beyond 'I Like the Book': *Creating Space for Critical Literacy in K-6 Classrooms*. Delaware: International Reading Association.

'새로운' 리터러시와
어린이들이 이를 활용하는 방식

I

기존의 리터러시와 구별되는 '새로운' 리터러시는 컴퓨터 텍스트와 게임, 비디오 게임, 문자 메시지, 각종 미디어 기기와 장난감 등 디지털 기기의 화면을 기반으로 하여 의미를 읽고 쓰는 것을 뜻한다. 이 '새로운 리터러시'는 디지털 리터러시 혹은 기술 기반 리터러시라고 불리는 기술의 진보를 포용하며, 복합양식 텍스트를 포함한 보다 광범위한 텍스트에 대한 정의를 포함한다. 새로운 리터러시는 시각 이미지, 그림, 소리, 단어 등을 사용하여 기존의 리터러시와는 다른 방식으로 소통이 이루어진다. 심지어 이제는 우리가 살고 있는 공간, 몸짓, 몸의 움직임도 텍스트로 간주되고 있다. 1부에서는 이러한 '새로운' 리터러시 학습을 위해 어린이들과 작업한 결과에 대해 논의할 것이다.

1장

복합양식 텍스트

복합양식 텍스트란 무엇이며 어린이들은
이것을 어떻게 사용하는가?

이브 번 Eve Bearne

최근에 일어난 디지털 기술의 발달은 리터러시의 의미에 대해 재평가하게 한다. 이제 '읽기'는 그림(정지된 그림이든 움직이는 그림이든)을 읽는 일을 포함하게 되었고, 읽기의 과정은 과거에 비해 다양해졌다. '쓰기' 역시 이미지, 도식, 레이아웃의 사용 등을 포함하게 되었다. 이제 쓰기는 글을 구성한다는 뜻의 작문만이 아니라 그것을 설계하는 일까지도 포함하게 되었다. '텍스트'의 개념 또한 새롭게 정의되고 있다. 복합양식 텍스트에 대한 연구는 표상과 소통이 다양한 차원으로 이루어진다는 점을 우리에게 상기시켜 준다. 이 장에서는 이러한 다양한 차원의 표상과 소통에 대해 알아보고, 리터러시의 새로운 정의가 학교 교실에 요구하는 사항들이 무엇인지 살펴볼 것이다.

들어가며

우리는 많은 것이 요구되는 시대에 살고 있다. 의사소통의 영역에서 일어난 변혁으로 인해 리터러시는 예전의 개념과는 매우 다르게 변화했다. 이러한 변화는 교육에도 영향을 미친다. '리터러시'에 포함되는 것을 다시 정의할 필요가 있을 뿐 아니라, '텍스트'라는 용어가 새로운 뜻으로 사용되고 있다는 사실도 주목해야 한다. 이제 어린이들은 독자로서 서로 다른 양식과 미디어가 결합된 다양한 텍스트를 접하고 있으며, 따라서 '텍스트'는 단지 글과 이미지가 결합된 것뿐 아니라 동영상, 그리고 이와 연관된 사운드 트랙까지도 포함하는 것이 되었다. 디지털 기술로 인해 화면(screen) 기반의 텍스트의 수와 종류는 3D 애니메이션, 웹사이트, DVD, 플레이스테이션 게임, 하이퍼텍스트 서사, 채팅방, 이메일, 가상현실 표상 등으로 엄청나게 증가했다. 이 가운데 많은 것들은 단어와 동영상, 소리, 색, 다양한 사진, 그림 혹은 디지털 이미지들이 결합된 것이다. 또한 이 가운데 어떤 텍스트들은 상호작용적인 것으로, 독자로 하여금 기술에 의해 제공된 다양한 자원을 통해 글을 쓰고, 의미를 나타내고, 소통하도록 한다. 한편 이런 새로운 유형의 디지털 텍스트뿐 아니라 많은 책과 잡지들도 화면 기반의 기술을 반영한 이미지, 글, 페이지 디자인, 타이포그래피를 사용하고 있다. 이러한 텍스트들이 많아지고 어린이들이 이에 익숙해지게 되었다는 것은, 어린이들이 이전에 비해 훨씬 더 광범위한 텍스트 경험을 갖고 수업을 받게 되었다는 점만을 뜻하는 것이 아니다. 이로 인해 다차원적인 세계를 경험하게 됨으로써 이전과는 다른 방식으로 사고하게 되었음을 의미하는 것이다(Simon, 1998; Brice Heath, 2000). 따라서 리터러시의 교육과정과 교육방법은 커뮤니케이션과 어린이들의 텍스트 경험에서 일어난 변화를 수용하는 방식으로 바뀔 필요가 있다.

21세기의 리터러시 교육과정에 제기되는 요구사항과 도전을 고려하는 데 있어서는, 텍스트, 텍스트가 사용되는 맥락, 이를 둘러싼 언어를 제대로 이해하는 것이 매우 중요하다(Lankshear & Knobel, 2003; Snyder, 2003). 여기에는 어린이들이 집에서 가족들과 경험하는 텍스트로까지 사고의 범위를 넓히는 것이 포함된다. 가정에서 이루어지는 리터러시 경험에 대한 고려는 교실 밖에서 어린이들이 선호하는 대중문화가 어린이들의 리터러시 풍경 속에 포함되어 있음을 인정하는 것이다. 그러나 실제 교실에서는 교사가 텍스트의 선택에 있어 상당한 검열을 하고 있다. 당연히 그러해야 겠지만, 어린이들이 교실에서 경험하는 리터러시를 중재하는 중요한 이들은 다름 아닌 교사와 리터러시 교육에 관여하는 전문가들이다. 내가 여기서 교사의 역할이 '중요하다'고 표현한 이유는, 우선 어린이들에게는 리터러시 교육을 받을 권리가 있고, 어린이들의 리터러시 학습이 계속해서 진전될 수 있도록 교사들이 도움을 주어야 한다는 점이 매우 중요하기 때문이다. 또 다른 측면에서 보면, 리터러시 교육에 대한 어린이들의 권리에는 비판적으로 읽을 권리가 포함되어야 한다는 점 역시 중요하다. 따라서 교사들은 리터러시 교육과정을 다루는 데 있어 이 두 가지 의미의 중요성 모두를 염두에 둘 필요가 있다. 지금까지 언급된 이 모든 것들은 텍스트와 리터러시의 의미, 그리고 이것을 교실에서 가르치는 방법에 있어 새로운 접근을 발전시킬 필요가 있음을 말해 준다. 그런데 어린이들이 새로운 형식의 텍스트를 접하는 곳은 가정과 같은 교실 밖 환경인 경우가 많다. 따라서 어린이들과 함께 그들의 텍스트 경험에 대해 이야기하는 것은 과연 21세기의 '리터러시', 특히 비판적 리터러시가 의미하는 바가 무엇인지를 고려하는 데 있어 매우 중요한 일이라 할 수 있다.

아주 어린 유아들조차 새로운 커뮤니케이션 형식과 텍스트에 대해 일정한 정도의 지식을 지닌 독자의 입장에서 학교 수업을 받게 되었다는 사실은 교수 학습에 있어 새로운 문제를 제기하고 있다. 오늘날 학교에서 접할 수 있는 많은 책들은 예전의 책과는 달리 글만 보아서는 의미를 알 수 없다. 교육과정에 학습 내용으로 제시된 텍스트들은 책의 양쪽 면에 걸쳐 이미지를 제시하고 있는 경우가 많다. 이러한 이미지들은 글이 제공하는 정보를 보완하기 위해 레이아웃, 글자 크기와 형태, 색채 등을 통해 디자인된다. 예를 들어 시각적 정보를 극대화한 독특한 편집 스타일인 이른바

'DK 스타일'[9]은 글과 이미지를 의도적으로 신중하게 결합하여 디자인한 것을 뜻하는데, 학교에서는 물론 가정에서도 어린이들에게 친숙하게 이용되고 있다. 레이아웃과 이미지의 사용에서 나타나는 이러한 변화는 리터러시에 대한 우리의 사고와 이를 가르치는 방식에 대한 재고를 요청한다. 가장 중요한 것은 시간과 순서에 의해 지배되는 글쓰기의 논리, 그리고 공간과 동시성에 의해 지배되는 이미지의 논리, 이 둘 사이의 차이와 관계를 이해하는 것이다. 글로 적힌 이야기나 정보는 의도된 순서에 따라 읽힐 때만 이해될 수 있는 반면, 그림에 나타난 모든 것들은 보는 이에게 이야기나 정보를 동시에 제공하는 특성을 지닌다는 점을 이해할 필요가 있는 것이다.

이러한 글과 이미지의 새로운 결합은 글자들이 모여 단어를 이루고 단어들이 모여 말의 순서를 이루는 순차적인 방식일 때의 리터러시 학습과, 그림이나 다른 이미지들이 공간적 배치를 통해 의미를 나타낼 때의 리터러시 학습이 동일한가 하는 본질적인 의문을 제기한다. 이러한 의문은 다음과 같은 질문들을 포함한다.

- 이미지로는 보여 줄 수 있는데 단어로는 보여 줄 수 없는 것은 무엇이며, 글쓰기나 말하기로는 제시할 수 있는데 이미지로는 제시할 수 없는 의미는 무엇일까? 그리고 새로운 의사소통의 풍경에서 찾아볼 수 있는 대부분의 텍스트는 글, 이미지 그리고 소리까지도 결합하는 복합양식적 특성을 지닌다는 사실을 어떻게 다루어야 할까? 이러한 질문이 리터러시 교육에 대해 지니는 함의는 복합양식 텍스트를 읽고 쓰는 능력의 발달을 평가하는 것이 리터러시 교육에 포함되어야 한다는 점이다.

9 일러스트레이션을 사용한 참고서적으로 유명한 돌링 킨더슬리(Dorling Kindersley) 출판사에서 펴내는 책이나 잡지의 편집 스타일.

- 어떻게 하면 '읽기 교육'이 어린이들이 접할 수 있는 모든 새로운 유형의 텍스트를 포함하는 방식으로 발전할 수 있을까? 현재로서는 성인과 어린이들 모두 교실에서 이루어지고 있는 읽기에 대한 접근으로 포괄되지 않는 다른 차원의 읽기의 즐거움을 교실 밖에서 경험하고 있다.
- 새로운 텍스트 경험은 교실에서 이루어지고 있는 어린이들의 복합양식 텍스트 쓰기와 생산에 대한 우리의 이해에 어떤 도움을 줄 수 있을까? 여기에는 어린이들이 복합양식 텍스트 생산에 어떤 가치를 부여하고 어떻게 반응하도록 하며 이를 어떻게 발전시키도록 할 것인가와 같은 쟁점이 존재한다.

이 장에서 나는 이 문제들이 리터러시의 교수 학습에 제기하는 문제와 함의를 다룸으로써 이러한 쟁점들을 살펴보고자 한다.

양식, 미디어, 행동유도성[10]

이미지와 글이 의미를 실어 나르는 방식의 차이에 있어 첫 번째 제기되는 문제는 양식(mode), 즉 말, 글, 이미지, 몸짓, 음악 등을 통해 문화가 의미를 만들어 내는 방식과 관련된다. 문화는 오랜 세월에 걸쳐 양식에 적용되는 규칙, 패턴, 기대 등을 발전시켰다. 물론 사람들은 관념을 표상하기 위

---

10 '어포던스(affordance)'의 번역어. 어떤 행동을 유도한다는 뜻으로, 어원인 '어포드(afford)'는 본래 '~할 여유가 있다, ~하여도 된다, ~을 공급하다, 산출하다'라는 뜻을 가지고 있다. 그러나 인간 컴퓨터 상호작용, 인지 심리학, 산업 디자인, 인터랙션 디자인, 환경 심리학 그리고 인공지능학 분야에서는 '서로 다른 개념을 연결하는 것'이란 뜻으로 쓰이기도 한다. 다시 말해 물건(object)과 생물(organism, 주로 사람) 사이의 특정한 관계에 따라서 제시되는 것이 가능한 사용(uses), 동작(actions), 기능(functions)의 연계 가능성을 의미한다.

해 여러 가지 양식을 함께 사용한다. 말을 할 때 몸짓이 동반되거나, 어떤 관념을 소통하기 위해 그림을 사용하는 것 모두 우리에게는 익숙한 일이다. 따라서 텍스트는 언제나 복합양식적 요소 혹은 가능성을 지닌다고 할 수 있으며(Andrews, 2001; Bearne, 2003; Kress, 2003), 이러한 복합양식적 요소들은 나이 어린 학습자들에게 학습 동기를 유발하기 위해 지난 몇백 년간이나 사용되어 왔다. 체코의 교육학자 코메니우스(Comenius)가 17세기에 최초의 어린이 그림책이라 할 수 있는 어린이용 백과사전인 〈오르비스 픽투스(*Orbis Pictus*)〉(Comenius, 1659)를 만든 것은, 어린이들이 감각, 특히 시각적 감각을 사용할 때 가장 잘 배울 수 있다고 믿었기 때문이었다. 글과 이미지의 두 가지 양식을 결합해 만든 그림책은 어린이들의 읽기 교육에 있어 오랫동안 중심적인 위치를 차지해 왔다. 시간이 흐르면서, 각 사회가 가진 저마다 다른 기술은 책, 잡지, 컴퓨터 화면, 비디오, 영화, 라디오 등과 같이 의미를 실어 나를 수 있는 다양한 미디어를 만들어 냈다. 현재 그리고 미래에 이루어질 양식과 미디어의 결합은 리터러시 개념의 변화를 요구하고 있다.

　의미를 소통한다는 점에서 볼 때 제기되는 문제 가운데 하나는 어떤 양식이나 이와 다른 양식, 혹은 여러 가지 다른 양식의 결합을 사용함으로써 할 수 있는 것, 즉 '행동유도성'의 문제이다. 이러한 문제는 문자로 쓰기가 가능하게 하거나 소통을 쉽게 하는 것은 무엇인가, 그리고 문자로 쓰기와 비교하여 이미지가 제공해 줄 수 있는 것은 무엇인가를 고려하는 문제뿐만 아니라, 주로 복합양식 텍스트를 경험하며 살아가고 있는 어린이들의 교육에 있어 지니는 함의가 무엇인가를 따지는 문제이다. 복합양식 텍스트가 제공하는 의미의 다양한 가능성을 인지한다는 것은 텍스트가 관념을 표현하는 방식에 대해 명시적으로 논의하는 것을 뜻한다. 이는 텍스트 전체를 고려할 때에나 그 일부인 한 페이지를 고려할 때에나 똑같이 중요한 것이다. 예를 들어 인쇄된 책을 읽는 것이 TV에서 텍스트를 보는 것과 비교하여 가능하게 하는 행동은 무엇인가? 소설과 영화의 비교는 이와 같은 행동유도성과 관련된 쟁점, 즉 독자/관객이 해당 소설 혹은 영화의 서사와 관련하여 어떻게 위치 지어지는지를 밝혀 줄 수 있다. 책을 읽는 독자는 무엇인가를 자세히 묘사하고 있는 문단들을 건너뛸 수도 있고, 읽기의 속도를 조절할 수도 있으며, 세부사항을 확인하거나 서사의 흐름을 다시 살펴보기 위해 앞에서 읽은 페이지로 되돌아갈 수도 있다. 물론 비디오를 보는 경우에도 '되감기'나 '빨리 감기'와 같은 장치를 사용할 수 있기는 하지만, '건너뛰기'는 좀 어려우며, 이는 서사적 의미의 흐름을 방해하게 된다. 이와 마찬가지로, 영상물에서 세부 묘사는 시각적 이미지의 일부이기 때문에 묘사의 요소를 무시하기란 거의 불가능하다. 영화는 책을 보는 것과 똑같은 독서 '행동유도'를 하지 못하는 것이다.

이와 같이 양식과 미디어에 따라 달라지는 행동유도성은 텍스트가 사용되는 방식, 반응을 일으키는 방식, 검토되거나 다시 읽히는 방식, 그리고 텍스트가 조직되고 구성되는 방식에 영향을 준다. 텍스트 유형이 달라지면 해당 텍스트가 독자 혹은 관객에게 유발하는 행위가 달라지고, 이에 따라 텍스트의 조직 구조 혹은 응집성의 패턴이 달라진다. 글로 적힌 이야기나 보도를 통해 표상되는 텍스트는 시간적 응집성에 의해 조직되므로 '그다음에, 나중에, 마침내' 등과 같은 시간을 연결하는 말들에 의해 필자의 생각들이 연계된다. 반면, 시각적 혹은 도식적으로 표상되는 텍스트는 화살표, 인쇄된 문단과 그림의 덩어리, 혹은 도식 등의 병렬과 같은 시각적 연결을 사용하는 공간적 응집성에 의해 텍스트가 조직된다. 한편, 라디오 뉴스 진행자의 목소리와 같이 소리를 매개로 이어지는 텍스트의 경우는, 글과 마찬가지로 시간적 논리에 의해 응집성이 만들어지기는 하지만, 글에서라면 불필요한 군더더기로 여겨질 반복이 응집성에 있어 중요한 역할을 한다.

그림 1.1
리엄의 열대우림에 대한
글과 그림

또한 연극, 발레, 오페라와 같이 신체의 움직임, 소리, 몸짓 등에 의해 연결되는 텍스트들은 공간적 응집성과 소리를 반복하는 응집성 장치 모두를 결합해 사용하는데, 여기서 공간적인 것은 시각적 텍스트에서와는 달리 이차원적인 것이 아니라 삼차원적인 것이다. 이와 같이, 행동유도성은 텍스트의 물질적인 측면에 따라 달라지며, 텍스트가 구성되는 방식에 영향을 미친다.

어린이들의 텍스트 경험은 메시지를 전달하기 위해 다양한 양식과 미디어를 결합하는 것이 가능하다는 암묵적 인식에 의해 구성된다. 이처럼 '복합양식성(multimodality)'이 어린이들의 일상적 텍스트 경험의 일부가 되었기 때문에, 학교에서 강조되는 특정한 종류의 읽기 및 쓰기와 어린이들의 일상적인 텍스트 경험 사이의 관계를 시급히 해결해야 할 필요가 제기되고 있다. 특히 어린이들이 자신의 의미를 표상하기 위해 복합양식 텍스트를 사용하는 경향이 점차 증대하고 있다는 점에 대해 우리가 어떻게 인지하고 반응해야 할 것인가 하는 문제가 중요해지고 있다. 이 문제에 대한 대답은 그림 1.1에 제시된 다섯 살짜리 소년 '리엄'의 열대우림에 대한 텍스트를 살펴보면 더욱 명확해질 것이다. 이 열대우림에 대한 텍스트는 정보 텍스트를 쓰기 위한 이 어린이의 '글쓰기 계획'이었다. 리엄은 먼저 그림을 그리고 난 후에 이에 대한 안내문을 썼다.

이 결과물은 연극과 리터러시 그리고 예술과 수학 교과까지도 아우르는 교과 간 연계 수업에서 이루어진 것인데, 이처럼 수업 시간에 열대우림 텍스트를 그림으로 그리는 것은 어린이들이 본격적으로 글을 쓰기 시작하기 전에 이루어지는 관행이며 오랫동안 시행되고 있는 일이다. 글쓰기를 하기 위해, 수업에서는 아마존 열대우림에 관한 간단한 텍스트들을 읽기도 하고, 다양한 텍스트가 글과 이미지를 통해 제시되는 방식에 대해 살펴봄으로써 정보가 제시되는 방식에 대해 알아보기도 했다.*

리엄은 자신이 알고 있는 바를 요약하고 소통하기 위해 이미지와 함께 추가적인 정보를 언어로 덧붙여 텍스트를 만들기로 마음먹었다. 리엄은 여러 가지 이미지 속에 제시한 매우 세밀한 회화적 정보를 통해 그의 생각을 유머러스하면서도 기이하게 전달하고 있다. 이 텍스트에서는 그가 독자로서 무엇을 경험해 왔는지가 잘 드러난다. 또한 이 텍스트에서 어떤 생각은 공간적으로 제시되고 또 어떤 생각은 글을 통해 제시되어 있다는 점을 볼 때, 그가 이미지와 글의 행동유도성에 대해 어느 정도 암묵적으로 이해하고 있다는 것이 분명히 드러난다. 리엄은 텍스트의 레이아웃을 정보 구조의 일부로 사용하고 있는데, 예를 들어 앵무새의 쭉 뻗은 날개는 그림에 묘사된 다른 열대우림 생물들의 풍부함을 가리키면서 마치 글의 도입과도 같은 역할을 하고 있다. 그림들 하나하나는 짧은 묘사로 볼 수 있는데, 리엄은 이미지 사이의 흰 공간을 구두점으로 사용하기보다는 자신의 생각을 구분하기 위해 사용하고 있다. 레이아웃 역시 '지붕처럼 늘어진 나뭇가지, 축축함, 다양한 색깔의 생물들'이라는 열대우림의 세 가지 핵심적인 특징을 보여 주기 위해 지면의 왼편에 '아치를 만들고 있는 나무, 빗방울, 앵무새'를 배치하는 식으로 사용하고 있다. 이와 같이 레이아웃은 열대우림과 관련된 적절한 주제에 관한 리엄의 생각을 잘 보여 주고 있다. 그는 마치 자신이 독자로서 읽어야 할 잘 디자인된 정보 책자에 제시된 텍스트처럼, 오른쪽에는 글 뭉치를 제시하여 분위기에 대한 세부 정보를 곁들이고, 그림을 통해서는 사실적 정보를 제시하는 식으로 의미의 균형을 맞춤으로써 자신의 생각과 재료를 구조화하고 있다. 아마도 '열대우림은 무덥고 어둡고 습하고 비가 오며 열기가 넘친다'라는 하나의 복문을 통해 묘사하게 된 것은, (특히 이 나이의 어린이 입장에서는) 이미지로는 분위기를 묘사하기가 어려웠기 때문이 아닌가 짐작된다. 이러한 결정을 통해 리엄은 그가 여러 가지 양식들이 지닌 행동유도성의 차이에 대해 암묵적으로 이해하고 있다는 점을 보여 주고 있다.

학습과 관련된 측면에서 보면, 리엄의 열대우림 텍스트는 어린이들의 복합양식 텍스트 생산을 가르치고 평가하는 문제가 글쓰기 자체를 가르치고 평가하는 것과는 구분되는 독특한 영역이 아닌가 하는 문제를 제기한다. 만약 리엄에게 그가 알고 있는 바에 대해 글로만 쓰라고 했더라면, 이 어린이의 열대우림에 대한 지식이 표현되었을까? 아마도 이 어린이가 지닌 매우 인상적인 상세한 지식은 드러나지 못했을 것이다. 대부분의 학교 교실에서는 여전히 그림을 그리는 것이 아니라 글을 쓰는 것이 어린이가 배운 바를 표현하고 평가하는 수단으로 여겨지고 있다. 그러나 리엄의 텍스트에 나타난 회화적 요소는 그 나이의 어린 필자들이 글쓰기만을 통해 전달할 수 있는 것보다 훨씬 많은 양의 정보를 담고 있다. 리엄은 열대우림에 대해 상당히 많은 것을 알고 있을 뿐 아니라, 레이아웃이 이해를 돕는 방식에 대해서도 알고 있다. 어린이들에게 이와 같은 복합양식 텍스트를 통해 자신의 생각을 표상하도록 격려하는 것은 그들이 일상생활에서 개인적으로 접한 텍스트 경험을 사용하도록 도와줌으로써, 어린이들의 부족한 점을 강조하기보다는 장점을 드러내도록 한다. 바로 이 점이 복합양식 텍스트를 교수 학습에 활용하는 교육적 함의라 할 수 있다.

복합양식 텍스트의 의미 구성

리엄은 지면(page)을 설계함으로써 읽기에 대해 자신이 알고 있는 바를 보여 주었다. 즉, 열대우림에 대한 리엄의 텍스트 작성은 읽기 역시 '디자인'으로 볼 수 있다(Kress, 2003)고 보는 읽기에 대한 지식을 바탕으로 한 것이다. 그림을 보는 것도 읽기의 일종이라고 여기는 것은 특히 저학년 시기에는 이상한 일이 아니며, 이 시기의 학교 교육에서 어린이들에게 다양한 양식이 복합적으로 사용된 책을 읽도록 하는 것은 리엄의 경우와 마찬가지로 어린이들이 이미지와 글이 결합된 책을 쉽게 읽을 수 있다는 가정 때문이다. 그러나 이러한 가정에는 몇 가지 문제가 있다. 글 읽기는 언제나 가르칠 필요가 있는 것으로 여겨져 왔다. 그렇다면 과연 이미지나 복합양식 텍스트를 읽는 것이 글자만 있는 텍스트를 읽는 것보다 쉬운 일일까? 만약 그렇지 않다면, 복합양식 텍스트를 읽는 법은 어떻게 가르쳐야 할까? 또 다른 문제는 읽기 평가와 관련된 것이다. 인쇄된 글을 읽는 능력이 발전되었는지에 대한 평가는 글을 소리 내어 읽도록 함으로써 가능하다. 그러나 복합양식 텍스트 읽기는 인쇄매체와 같이 선형적인 방향을 따라 이루어지지 않으며, 글자만이 아니라 이미지도 함께 읽어야 하나의 온전한 텍스트가 된다. 따라서 비록 복합양식 텍스트 역시 '말'을 하거나 이야기를 전달하고 있는 것으로 볼 수는 있지만, 이것을 읽는 능력은 소리 내어 읽는 방법으로는 온전히 평가할 수 없다. 이 점은 어린이들이 시간적 순서에 따라 언어로 구성되는 이야기나 정보를 읽을 때와는 달리 복합양식 텍스트를 읽을 때에는 어떻게 읽는가의 문제, 그리고 읽을거리의 비중 가운데 복합양식 텍스트가 점차 증대되고 있는 상황에서 읽기 평가가 어떻게 이루어져야 하는가 하는 문제와 관련하여 중요한 질문을 제기하고 있다. 그러나 이러한 질문들은 우리에게 닥친 장애물이라기보다는 극복해야 할 도전 과제라 할 수 있다. 어린이들이 글을 읽을 때 저자의 스타일을 추론하고 그것에 대해 논평하는 것을 어려워한다는 점이 걱정스러운 것은 사실이지만, 어린이들이 복합양식 텍스트를 읽을 때에는 텍스트에 포함된 몸짓과 행동까지 포함된 이미지 읽기를 자신감 있게, 그리고 유창하게 하는 경우가 늘어나고 있음은 긍정적인 사실이라는 점에 대해서도 생각할 필요가 있다.

그렇다면 독자들은 복합양식 텍스트에서 정보와 이야기를 어떻게 끌어내는가? 만약 인쇄된 텍스트를 읽는 것이 글자, 단어, 통사, 의미 등의 차원에서 이루어지는 '다차원적인 처리 과정'(Rumelhart, 1976)임을 인정한다면, 여기에 레이아웃, 글 자체의 특질, 이미지 등이 덧붙여짐으로 인해 읽기 과정의 복잡성은 더 커질까, 아니면 그와 비슷한 정도가 될까? 이러한 읽기 처리 과정의 복잡성을 고려하는 시도는 독자들이 인쇄된 텍스트를 읽는 방법을 고려하는 일일 뿐 아니라 읽기 경로(reading paths) 자체를 고려하는 일이 될 것이다. 군터 크레스(Gunther Kress)는 '설계된 텍스트', 즉 '양쪽 면에 펼쳐진 텍스트'를 읽는 경로와 연속된 인쇄 텍스트를 읽는 경로 사이의 차이를 '보여 주기(showing)'와 '말하기(telling)'의 차이라고 보았다(Kress, 2003: 152). 예를 들어 연속적인 인쇄 텍스트로 이야기를 읽을 때 독자는 연속된 문장들을 통해 사건들 사이의 관계에 대한 '말을 듣게 된다'. 반면에, 이미지를 읽을 때에는 공간 속에 놓인 이미지를 통해 어떤 생각이나 대상의 의미 관계를 '보게 된다'. 연속된 인쇄물의 읽기 경로는 명백하다. 즉, 서구식 인쇄물의 경우에는 읽기 경로가 왼쪽에서 오른쪽 그리고 위에서 아래를 따른다. 그러나 이미지, 텍스트의 덩어리, 활자체, 색깔 등이 책의 '양쪽 면에 펼쳐진 텍스트'의 읽기 경로는 그렇게 명백하지 않다. 비록 독자의 시선을 지시하는 서구적 텍스트의 관습이 어느 정도 존재하기는 하지만(Kress & van Leeuwen, 1996), 여전히 독자는 읽기 경로를 선택할 수 있다. 복잡한 그림 혹은 복합양식 텍스트에서 읽기 경로는 주변부와 중심부가 끊임없이 연관되는 방사식이 될 수도 있다. 예를 들어 'DK 스타일'로 편집된 책에서 연속된 두 페이지가 펼쳐져 있는 모습을 떠올려 보자. 우리의 시선은 맨 처음 어디를 향할까? 우리의 시선은 가장 강렬한 중심부의 이미지에 가닿을 수도 있고, 해당 페이지의 또 다른 영역을 향할 수도 있다. 그러나 그다음에는 또 어디로 시선이 향하게 될까? 아마도 우리의 시선은 그 페이지를 읽을 당시에 중요하게 생각되는 측면에 초점을 두어 선택하면서 해당 페이지를 방사선 모양으로 훑어가게 될 것이다. 우리의 눈은 마치 이정표와도 같이 우리의 시선을 인도하는 화살표, 즉 크기와 방향을 가진 강렬한 벡터(vector)와 같은 이미지 내의 장치들에 의해 이끌려 갈 것이다. 이와 마찬가지로, 그림책을 만드는 사람은 프레임의 순서를 통해 독자의 시선을 유도하거나, 두 페이지에 걸친 지면을 콜라주와 같은 방식으로 사용하여 더욱더 열린 읽기 경로를 제시할 수도 있다. 이러한 텍스트들은 독자에게 활발한 정보 처리 과정을 요구한다. 그렇다면 어린이들이 연속적인 인쇄 텍스트에 비해 이러한 복합양식 텍스트를 더 잘 읽는다는 것을 어떻게 알 수 있을까?

다양한 양식으로 구성된 텍스트 전체를 읽는 일은 좀 더 복잡하다. 예를 들어 장편 소설이나 단편 소설과 같이 연속된 인쇄 텍스트에서 주제의 연결은 언어의 반복, 암시, 추론 등을 통해 제시된다. 반면에 그림책에서 주제의 연결은 아마도 어느 정도는 언어적 응집성 장치에 의해 이루어질 수 있으나, 이미지, 색, 모양, 그리고 페이지 위의 배치 등을 통해 이루어진다. 이러한 복합양식 텍스트의 읽기 방식을 어린이들에게 가르칠 때, 인쇄 텍스트에서 언어의 의미를 추론하며 읽는 것과 같은 방식으로 가르칠 수 있겠는가? 이와 같은 질문에 대한 우리의 대답은 어린이들로 하여금 언어로 이루어진 텍스트의 행간을 읽도록 하는 데 그치는 것이 아니라 보이는 이미지 너머에 있는 의미를 비판적으로 읽도록 도와주어야 하며, 이를 위해서는 이미지와 언어 사이의 관계 혹은 다양한 이미지들 사이의 관계에 의해 생성되는 의미를 묘사하고 평가할 수 있는 어휘를 발달시킬 필요가 있다는 것이다.

텍스트에 의해 제공되고 독자/관객에 의해 채택되는 다양한 읽기 경로에 대해서는 좀 더 살펴보고 논의할 필요가 있다(Moss, 2001; Unsworth, 2001). 경험 많은 독자는 다양한 방식으로 시각적 텍스트를 읽는 경로를 터득하고 있을 것이지만, 이러한 읽기 경로들이 읽기 과정의 일부로 명시되거나 교육되는 경우는 매우 드물다. 예를 들어 지도를 읽는 다양한 방법에 대해 생각해 보면, 다음과 같은 읽기 목적에 따라 다양한 읽기 경로를 선택할 수 있음을 알 수 있다.

- 만약 지도에서 목적지를 정확히 짚어 내기를 바란다면, 아마도 바깥 경계 부분에서 교차점에 이르는 방향으로 읽게 될 것이다.
- 우리가 살고 있는 곳으로부터 최상의 경로를 찾고자 한다면, 아마도 중심점으로부터 바깥쪽으로 이동하게 될 것이다.
- 특별한 방향성 없이 특이한 지명을 찾아 즐기면서 지도를 본다면, 단순히 훑어보게 될 것이다.
- 우리는 종종 이야기가 묘사하는 곳을 찾아보기 위해 책 뒤에 있는 지도를 참고하기도 한다.

이러한 예들은 처음에 생각했던 것과 비교하면 좀 더 '읽기 지도(reading maps)'에 가까운 것이 존재한다는 점을 보여 준다. 성인이나 숙달된 독자라면 이러한 다양한 읽기 경로를 자신보다 미숙한 독자에게 분명히 설명해 줄 수 있을 것이다. 컴퓨터 텍스트를 읽을 때에도 익숙한 독자들은 정보를 찾거나 다른 이들과 소통하는 가운데 이처럼 복잡한 경로를 택한다. 웹 페이지를 검색하는 일은 다양한 화면을 지그재그로 오가며 생각이 만들어 내는 일종의 네트워크를 통해 자신이 찾고자 하는 정보를 이해하는 것이다. 플레이스테이션 게임은 연속적이고 반복적인 경로를 포함하는 경향이 있으며, 웹사이트를 통해 다른 이들과 소통하는 것은 (매우 빠른 속도의) 글쓰기와 이미지 쏟아 내기 과정의 일부인 의미 생산이 네트워킹을 위한 움직임과 결합된 것이라 할 수 있다. 경험 많은 독자라면 (성인이든 어린이든) 다양한 읽기 경로를 따라갈 수 있는 능력을 이미 갖추고 있으며, 따라서 자신의 동료나 어린이들에게 복합양식 텍스트를 통해 정보를 이해하는 방법을 가르쳐 줄 수 있는 지식을 지니고 있다.

다양한 양식을 통한 글쓰기

복합양식 텍스트에 대한 어린이들의 경험은 그들의 문화 자본(Bourdieu, 1977)과 리터러시 자본의 일부이다. 어린이들은 다차원적으로 사고한다. '미아'라는 어린이가 〈피터와 늑대(Peter and the Wolf)〉라는 애니메이션의 음악을 들은 후 만들어 낸 활기 넘치는 텍스트에서 보여 주는 바와 같이, 어린이들은 자신이 의미하는 바를 표상할 때, 노래하고 춤추다가 이내 지면을 넘어서 버린다(그림 1.2 참조).

이 텍스트에서 미아는, 위아래로 뛰고 있는 새의 모습을 표시하기 위해 만화 스타일의 동작선을 사용하고, 나무 위의 안전한 장소로 뛰어오르려다 실패하여 나무껍질에 발톱 자국을 남기며 천천히 미끄러지고 있는 고양이를 그려 넣음으로써 활동성을 더하고 있다. 이런 방법을 통해 미아가 그린 그림, 즉 이차원으로 표현된 '정적인' 이미지는 음악과 몸짓을 포착하고 있다. 또한 그림 1.3에 제시된 '캐시'라는 어린이가 쓴 (〈Chicken Little〉이

그림 1.2
미아가 〈피터와 늑대〉에 대한
반응으로 그린 그림

라는 동화책을 읽고 쓴 글로 여겨짐) '록시(Loxy)라는 이름의 여우'에 대한 글에서 볼 수 있듯이, 어린이들은 글쓰기 안에 소리와 행동을 포착하기도 한다. 이 예에서 캐시는 글자 크기와 모양을 조절함으로써 소리를 표현하기도 하고, 때로는 누군가에게 들은 이야기나 노래의 억양을 표현하기도 한다.

　이야기의 도입부에서 캐시는 크게 소리 지르는 것을 큰 글자로 표시했고, 중간 부분에는 대니 케이(Danny Kaye)의 노래 〈미운 오리 새끼(The Ugly Duckling)〉의 가사 일부를 따서 "그리고 나서 그들은 꽥꽥하고 매우 슬피 울면서 가버렸다"[11]라고 적고 있다. 이야기의 마지막 부분에서는 독자에 대한 고려가 완전히 사라져 버린 채, 자신의 마음속에 들리는 소리만을

11　대니 케이의 노래에서 본래 가사는 "And he went with a quack and a waddle and a quack. And a very unhappy tear"라고 되어 있는데, 이 어린이는 이를 조금 바꾸어 "then they went with a waddle and a qack and a very very world tear."라고 쓰고 있다.

다음과 같이 적고 있다.

> 묻지 마! 왜냐면 너무 짜증나니까. 알았어? 알았어. 그렇게 할게… 좋아, 그럼. 그 후 그들은 건방진 리키를 만난다. 하하하. 내가 간다. 내가 간다. 그래. 정말로. 그래. 내가 무슨 말 하는지 알아? 어, 어. 입 닥쳐, 이 머저리야. 어, 어. 입 닥쳐 입 닥쳐. 알았어. 알았어.

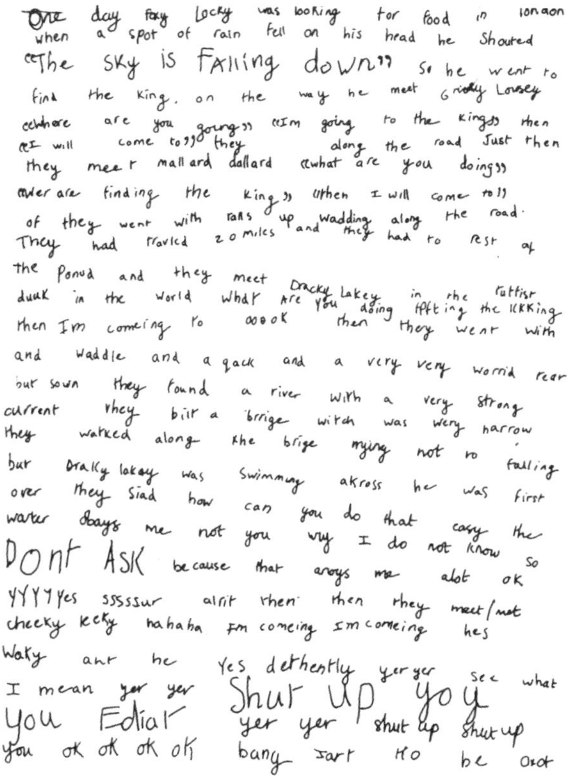

어린이들의 이러한 복합양식적 경험은 다양한 양식이 어떻게 작동하는지, 그리고 의미가 하나의 양식에서 다른 양식으로 어떻게 전이될 수 있는지에 대해 학교 수업에서 명시적으로 가르칠 필요가 있다는 점을 함의한다. 물론 정확한 글쓰기와 일관성 있는 글쓰기는 여전히 리터러시의 학습에서 중요한 측면이다. 따라서 독자와 진정한 소통이 이루어지는 글쓰기를 위해 어린이들이 이미 내적으로 지니고 있는 시각적, 청각적 경험을 어떻게 들여올 것인가에 대한 논의를 제대로 드러내 놓고 할 필요가 있다. 캐시가 쓴 이야기는 그가 지니고 있는 청각적 상상력을 명백히 보여 주고 있다. 이러한 사실이 리터러시 수업에 제기하는 문제는, 현재로서는 소리가 지닌 행동유도성에만 의존하고 있는 이 어린이의 내적 관념의 재현(inner representation)이 글쓰기라는 양식을 통해 다른 이들과의 의미 있는 소통으로 이어지게 하기 위해 이 어린이에게

One day Foxy Locky was looking for food in london
when a spot of rain fell on his head he Shouted
"The sky is FAlling down" so he went to
find the king. on the way he meet Goosey Loosey
"where are you going" "I'm going to the kings then
he will come to" they along the road Just then
they meet mallard dallard "what are you doing"
"we are finding the king" "When I will come to"
of they went with rans up wadding along the road.
They had travled 20 miles and they had to rest of
the Ponud and they meet Dracky lakey in the fattist
dunk in the world what are you doing ffffting the lkkking
then I'm coming to coook then they went with
and Waddle and a qack and a very very worrid rear
bur sown they found a river with a very strong
current they bilt a brige witch was wery narrow
they walked along the brige nying not to falling
bur Draky lokay was swimming akross he was first
over they siad how can you do that easy the
water doays me not you wy I do not know so
DONT ASK because that aroys me alot ok
YYYYes sssssur alrit then then they meet/not
cheeky kcky hahaha I'm comeing I'm comeing hes
Waky aht he Yes dethently yer yer see what
I mean yer yer Shut up you
You Ediat yer yer shut up shut up
you ok ok ok ok bang Jart Ho be Osot

Cathy's *Foxy Loxy* story

그림 1.3
캐시가 쓴 '록시라는 이름의 여우' 이야기

어떤 도움을 줄 수 있을 것인가 하는 점이다.

어떤 어린이들은 소리에 대한 내적 경험을 바탕으로 글쓰기를 시도한다. 하지만 시각적 상상력(visual imagination)에 의지하여 이를 글쓰기의 자원으로 활용하고자 하나, 자신들이 보는 것을 글로 표현하지는 못하는 어린이들도 있다. 이런 어린이들의 글이 혼란스럽고 일관성 없어 보이는 것은 분명하지만, 이는 단지 자신들이 내적으로 보고 있는 것 혹은 내적으로 듣고 있는 소리를 언어로 옮겨 적지 못한 결과일 수도 있다. 그림 1.4는 초등학교 3학년인 '리'라는 어린이가 찰스 디킨스(Charles Dickens)의 소설 〈위대한 유산(*Great Expectations*)〉에 나오는 해비셤 여사에 대한 묘사를 들은 것에 반응하여 쓴 글이다. 이 부분이 리에게 깊은 인상을 남긴 것은 분명하며, 리는 그의 머릿속에 강렬히 그려지는 시각적 이야기를 다음과 같이 글로 적었다.

예전에 집에 가고 싶었던 때가 있었다. 그러나 이 집은 집이 아니라 '그 낡은 집'이었다. 덱스터와 나는 행복하지 않았다. 우리는 방으로 들어갔다. 그 방은 깨끗하지 않았다. 덱스터가 '여보세요'라고 말하자 누군가도 '여보세요'라고 말했다. '무서워'라고 나와 덱스터가 말했다. 덱스터가 '너, 브렌다니?'라고 물었다. '너희는 덱스터와 루이스니?'라는 말이 들려왔다. '그래.' 그럼 들어와.[12]

이 글은 매우 혼란스럽지만, 다음과 같이 문장들 간에 구분이 이루어진다면 좀 더 일관성 있고 이해하기 쉬운 글이 된다. 각각의 문장은 마치 서로 다른 시각적 장면의 소제목처럼 읽힌다.

---

12 원문에는 철자법과 문법이 잘못되어 있는 곳이 많고, 문장과 문장 사이가 분명히 구분되지 않는 부분이 있다. 그러나 의미를 전달하는 데 주력한 이 번역에는 이러한 측면을 반영하기 어려웠다.

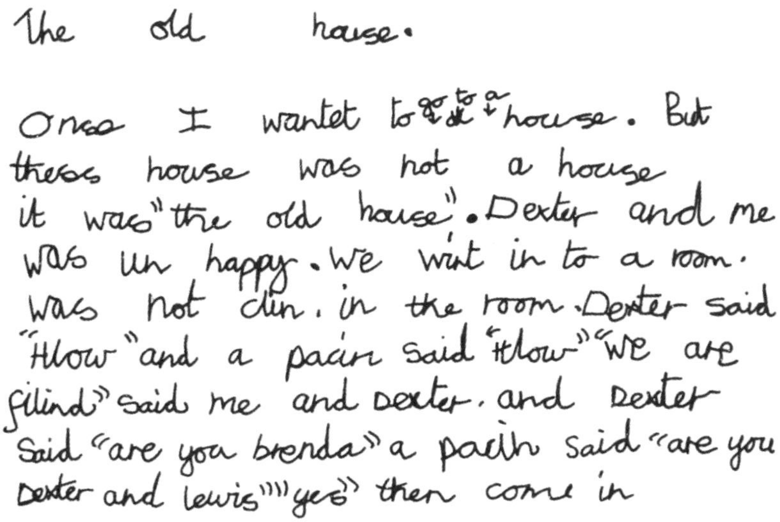

the old house.

Once I wantet to 우리집 house. But theses house was not a house it was "the old house". Dexter and me was un happy. We wint in to a room. Was not clin. in the room. Dexter said "Hlow" and a pacin said "Hlow" "We are filind" said me and dexter. and dexter said "are you brenda" a pacin said "are you dexter and lewis"" "yes" then come in

그림 1.4
리가 쓴 '그 낡은 집'이라는
제목의 글

예전에 집에 가고 싶었던 때가 있었다.

그러나 이 집은 집이 아니라 '그 낡은 집'이었다.

덱스터와 나는 행복하지 않았다.

우리는 방으로 들어갔다.

그 방은 깨끗하지 않았다.

덱스터가 '여보세요'라고 말하자 누군가도 '여보세요'라고 말했다.

'무서워'라고 나와 덱스터가 말했다.

덱스터가 '너, 브렌다니?'라고 물었다.

'너희는 덱스터와 루이스니?'라는 말이 들려왔다.

'그래.'

그럼 들어와.

이렇게 적어 놓고 보면, 이 글을 쓴 어린이가 자신의 눈에 보이는 이야기를 마치 그림을 그리듯이 이미지의 연속으로 보여 주고 있음을 매우 쉽게 이해할 수 있다. 캐시와 리의 글에 대한 분석 역시 다양한 양식이 어우러진 표현이 수업에 어떻게 적용되어야 할지와 관련된 시사점을 제공한다. 이는 글과 이미지가 각각 어떻게 의미를 나타낼 수 있는지, 그리고 필자가 마음속에 지닌 소리나 이미지를 어떻게 하면 단어들을 연속적으로 결합해 제시하는 글로 바꿀 수 있는지에 대해 어린이들과 이야기할 필요가 있다는 사실이다.

결론

어린이들의 텍스트 경험과 새로운 유형의 텍스트가 어린이들이 사고를 형성하는 방법에 있어 다양한 차원이 존재한다는 점을 설명하는 것은 리터러시의 개념을 재검토하는 데 매우 필수적이다. 어린이들의 경험을 진정으로 교실에서 인정하려면, 학교 안팎에서 그들이 접하는 여러 텍스트에 대해 그들이 알고 있는 바가 무엇인가, 그리고 어린이들이 자신의 생각을 표상하는 다양한 방법은 무엇인가를 정확히 아는 것이 중요하다. 기술이 변화해 온 속도와 그 속성은 '읽기'와 '쓰기'가 뜻하는 바가 무엇인지를 변화시켜 왔고, 이에 따라 21세기에 시각적 리터러시는 20세기의 언어적 리터러시만큼이나 중요한 것이 되었다. 리터러시 교육은 이제 복합양식성, 즉 다양한 양식이 복합적으로 사용되는 의미작용에 대해 가르치는 것을 의미하며, 이는 다음과 같은 것을 포함한다.

- 다양한 텍스트와 양식들이 작용하는 방식을 이해하기
- 이에 대해 이해할 수 있도록 수업에서 시범 보여 주기
- 어린이들로 하여금 자신의 생각을 형상화하고 소통하기 위해 다양한 양식을 복합적으로 사용하도록 하기

- 어린이들에게 다양한 양식을 사용할 수 있는 능력을 길러 주고, 소통 목적에 적합한 양식을 적절히 선택할 수 있도록 도와주기

리터러시에 대한 재검토를 위해서는 어떻게 하면 어린이들이 다양한 양식을 스스로 통제할 수 있는 능력을 기르고 이를 실제로 사용할 수 있도록 도와줄 수 있을 것인지에 대해 꾸준히 연구하는 것이 필요하다. 그리고 이를 위해서는 어린이와 교사 모두 자신이 다차원적인 텍스트에 대해, 그리고 이러한 종류의 텍스트가 작동하는 방식에 대해 알고 있는 바가 무엇인지를 명확히 해야 한다. 이 과제에서 중요한 것은 단지 다양한 텍스트가 요구하는 표현 방식을 어린이들이 인식할 수 있도록 도와주는 것이 아니라, 복합양식성에 대한 전문적 경험을 가진 교사 집단을 길러 내는 것이다. 학습자들이 다양한 양식 사이를 쉽게 오갈 수 있도록 하려면, 몸짓, 소리, 역동적 연계, 인쇄 텍스트의 시각적·언어적 특질 등을 포함한 텍스트의 다양한 차원에 대한 기술적 용어를 이해할 필요가 있다. 또한 몸짓을 중심으로 한 텍스트와 동영상 텍스트의 '언어' 또한 이해해야 한다. 이러한 요구는 어린이들이 텍스트에 대해 알고 있는 바는 무엇이며, 다양한 양식을 사용할 수 있는 능력의 발달이 뜻하는 바는 무엇인가 등을 설명할 수 있는 방법을 어떻게 개발할 것인가 하는 심층적인 문제들을 제기한다. 그러나 무엇보다도 중요하게 요구되는 것은 자신의 생각을 표상하고 소통할 수 있는 다양한 방법에 대해 어린이들이 이미 지니고 있는 지식을 끌어낼 수 있고, 이러한 능력을 교사의 전문성으로 인식하고 발전시킬 수 있는 교육과정, 그런 의미에서 21세기적인 교육과정을 꿈꾸는 일일 것이다.

교육 활동에 대한 시사점

텍스트가 독자에게 어떤 행동을 하도록
유도하는지 좀 더 자세히 살펴보고 식별하기

텍스트에 존재하는 다양한 종류의 행동유도성 문제를 다루기 위해서는, 어린이들에게 (성인도 마찬가지겠지만) 예를 들어 영화는 제공하지만 책은 제공하지 않는 것이 무엇인지, 혹은 그림책의 독자는 할 수 있지만 비디오 시청자는 할 수 없는 것은 무엇인지 등을 구분해 보도록 할 필요가 있다. 예를 들어 레이먼드 브리그스(Raymond Briggs)의 〈스노우맨(The Snowman)〉이나 〈곰(The Bear)〉과 같은 작품은 둘 다 그림책과 비디오, 이 두 가지 형식으로 제작되었고, 작가 자신이 비디오 제작에 참여했기 때문에 이러한 비교를 하는 데 도움이 될 수 있다. 이처럼 두 가지 다른 형식으로 제작된 작품들을 주의 깊게 읽고 보게 되면 둘 사이의 흥미로운 차이점을 발견할 수 있다. 예를 들어 비디오로 제작된 〈곰〉은 그림책에 제시된 이야기의 '속편'을 포함하고 있다. 이러한 속편이 왜 비디오에 포함되었는지 고려해 볼 필요가 있을 텐데, 아마도 그것은 그림책은 앞뒤로 페이지를 넘겨 가며 다시 펼쳐 볼 수 있다는 점, 이에 비해 비디오는 그럴 수 없다는 점과 관련이 있을 것이다. 물론 비디오 역시 되감기 버튼을 눌러 앞 장면을 다시 볼 수 있다. 그러나 이것이 그림책을 다시 읽는 기회가 제공하는 것과 같은 행동을 유도하는 것일까? 로알드 달(Roald Dahl)의 그림책도 대부분 비디오 버전이 존재하는데, 〈제임스와 거대한 복숭아(James and the Great Peach)〉, 〈우리의 챔피언 대니(Danny, Champion of the World)〉, 〈마틸다(Matilda)〉, 〈내 친구 꼬마 거인(The BFG)〉 등을 예로 들 수 있다. 이런 그림책 혹은 보다 현실적인 소설인 루이스 새커(Louis Sachar)의 〈구덩이(Holes)〉와 같은 작품은 글과 동영상뿐 아니라 소리와 색이 독자에게 유도하는 행동에 대해 토론할 수 있게 해 준다. 이러한 텍스트의 동일한 장면을 비디오와 책으로 봄으로써, 각각의 텍스트가 어떻게 분위기를 연출하고, 인물을 묘사하며, 이야기의 전개 방식을 구조화하는지 살펴볼 수 있다.

교실에서 이루어지는 복합양식 텍스트 생산의
발달에 대해 생각하고 관찰하고 기술하기

복합양식 텍스트 생산의 발달에 대해 묘사하는 것은 많은 교사들에게 낯선 일이다. 그러나 이는 21세기의 리터러시를 재검토하는 데 필수적인 부분이다. 간단하게는 학년이 시작할 때마다 어린이들이 생산하기에 적합한 복합양식 텍스트를 몇 가지 선정한 후, 발달의 표지를 발견할 수 있을지 생각해 보는 것으로 시작할 수 있다. 이는 실제로 사용된 발달 지표들에 대해 재검토하는 것을 뜻한다.

학교에서 문자 텍스트의 발달을 확인하기 위해 사용하고 있는 평가의 틀이 복합양식 텍스트에도 유용하게 적용될 수 있을까? 전혀 적용되지 않는 지표는 무엇인가? 어떤 지표가 추가로 필요한가? 이러한 질문들에 대해 생각해 보는 것은 복합양식 텍스트 읽기와 쓰기를 진정으로 설명할 수 있는 평가 및 기록 절차를 개발하는 데 도움이 될 것이다.

어린이들이 다양한 읽기 경로를 선택할 수 있도록 도와주기

인쇄된 소설의 읽기 경로와 공간적으로 배열된 텍스트의 읽기 경로를 간단히 비교해 보더라도, 텍스트 읽기에는 다양한 경로가 있음을 알 수 있다. 그러나 이보다 더 다양한 읽기 경로를 지닌 것으로 생각되는, 웹사이트의 정보를 따라 이루어지는 하이퍼텍스트 읽기 경로에 대해서는 아직 논의를 시작하지도 못했다. 하이퍼텍스트 읽기는 우리가 원하는 정보를 찾기 위해 찾아보기를 활용하고 특정 지면 사이를 오가게 되는 백과사전이나 교과서 읽기와 다른 경로로 이루어지는가? 동료 교사들과 함께 성인으로서 그들이 다양한 텍스트를 읽을 때 따르게 되는 다양한 읽기 경로에 대해 살펴보는 것, 그리고 이러한 다양한 읽기 경로를 어떻게 명시적으로 가르칠 수 있을지에 대한 토론으로 이어 가는 것도 의미 있는 일이다. 아마도 서로 다른 읽기 경로를 요구하는 텍스트들을 구별해 내는 것, 그리고 어린이들에게 독자로서 이러한 텍스트들을 어떻게 읽을 것인지 물어보는 것도 가능할 것이다. 한두 명의 독자를 선정하고 그들에게 다양한 텍스트를 읽도록 하면서 그들의 읽기 경로를 관찰하도록 한다면, 좀 더 흥미롭고 초점화된 탐구를 할 수 있을 것이다. 이때 제기되는 문제는 이것이 읽기 교수법에 시사하는 바가 무엇인가 하는 점이다.

예를 들어 이미지와 소리를 글로 바꾸는 것처럼, 하나의 양식을 또 다른 양식으로 바꿀 수 있는 능력을 어린이들에게 길러 주기

어린이들이 다양한 양식을 사용하는 복합양식 소통에 대한 경험을 갖고 있음을 인식하는 것은 좋은 일이다. 어린이들이 자신의 경험을 형상화하기 위해 복합양식 텍스트를 사용한다는 점은 분명하다. 그런데 문제는 자기 자신이 내적으로 지니고 있는 텍스트 경험을 글쓰기에 대한 요구로 변환하지 못하는 어린이들이 있다는 것이다. 한 가지 양식을 다른 양식으로 변환하는 것이 반드시 쉬운 일은 아니다. 어린이들의 내적 경험이 외적 경험으로 전환되는 방향은 소리에서 글, 이미지 혹은 동영상에서 글쓰기, 글쓰기에서 이미지 등의 다양한 방향으로 이루어질 수 있다. 그런데, 여기서 중요한 점이 있다. 예를 들어 소리 내어 읽기나 반 전체 어린이들에게 들은 것을 그림으로 그리도록 하는 식으로 어린이들의 사고과정에 대한 세부 정보가 드러나도록 하는 경우, 그 활동의 목표가 단지 소리를 이미지로 변환하는 것에 그쳐서는 안 된다. 이러한 활동은 더 나아가, 그 두 가지 양식이 어떻게 서로 관련되는지를 명시적으로 설명해 주고, 각각의 양식에서 분명한 소통이 이루어지기 위해 필요한 것은 무엇인지 어린이들과 함께 탐구하며, 어린이들이 의미를 소통하기 위해 선택한 것들에 대해 이야기를 나누는 활동으로 확장될 필요가 있다. 예를 들어 어린이들이 레이아웃, 색, 클로즈업, 원거리 이미지 등을 사용하기로 했다면 왜 그런 결정을 내렸는지에 대해 설명하도록 요구하는 방식으로 교육 활동을 확장하는 것이다. 이와 같이 양식 간 차이를 알아보기 위한 접근은 이야기가 있는 서사적 텍스트와 비서사적 텍스트 모두에 적용될 수 있다. 비디오의 일부를 글로 옮겨 보도록 하는 것은 어린이들에게 이야기에서 일어난 행위에 대해 말해 보고 분위기나 인물에 대해 묘사해 보도록 요구하는 것을 뜻한다. 텍스트의 생산자로서 어린이들이 선택한 것에 대해, 그리고 다양한 양식과 미디어 사이의 변화가 지닌 함의에 대해 토론하는 것은 다양한 텍스트가 독자에게 유도하는 행동의 차이, 그리고 각각의 양식과 미디어에 생각을 표현하려 할 때 텍스트에 담기는 것의 차이에 대해 명백히 인식하도록 하는 것이다.

*   크로이던 학교(Croydon School)의 리엄, 아이린 네이피어 선생님, 린다 그레이엄 선생님에게 고마움을 전한다. 리엄의 텍스트는 번 외(Bearne *et al.*, 2004)에도 수록된 바 있다.

참고문헌

Andrews, R. (2001) *Teaching and Learning English*. London: Continuum.

Bearne, E. (2003) 'Ways of knowing; ways of shwing - towards an integranted theory of text', in E. Bearne & M. Styles (eds) Art, *Narrative and Childhood*. Stoke-on-Trent: Trentham Books.

Bearne, E, Ellis, S., Graham, L., Hulme, P., Merchant, G. & Mills, C. (2004) More Than Words: Multimodal Texts in the Classroom. London: QCA/UKLA.

Bourdieu, P. (1977) *Outline of a Theory of Practice* (trans. Nice, R.). Cambridge: Cambridge University Press.

Brice Heath, S. (2000) 'Seeing Our Way', *Cambridge Journal of Education*, 30 (1), 121–32.

Comenius, J. A. (1659) *Orbis Pictus*, presented by Sadler, J. E. (1968) in facsimile. London: Oxford University Press.

Kress, G. (2003) *Literacy in the New Media Age*. London: Routledge.

Kress, G. & van Leeuwen T. (1996) *The Grammar of Visual Design*. London: Routledge.

Lankshear, C. & Knobel, M. (2003) *New Literacies: Changing Knowledge and Classroom Learning*. Buckingham: Open University Press.

Moss, G. (2001) 'To work or play? Junior age non-fiction as objects of design', *Reading literacy and language*, 35 (3), 106–10.

Rumelhart, D. (1976) 'Toward an interactive model of reading', *Technical Report No. 56*. San Diego Center for Human Information Processing, University of California at San Diego.

Salomon, G. (1998) 'Novel constructivist learning environments and novel technologies: some issues to be concerned with', *Research Dialogue in Learning and Instruction*, 1 (1), 3–12.

Snyder, I. (2003) 'Keywords: a vocabulary of pedadgogy and new media', in E. Bearne, H. Dombey, & T. Grainger (eds) *Classroom Interactions in Literacy*. Maidenhead: Open University Press.

Unsworth, L. (2001) *Teaching Multiliteracies Across the Curriculum: changing contests of text and image in classroom practice*. Buckingham: Open University Press.

2 장

영상물에 담긴 이야기

어린이집에서 이루어진
디지털 편집 교육 사례

재키 마시 Jackie Marsh

어린이집이나 유치원 교실에서 이루어지고 있는 유아들의 미디어 제작 사례에 대해 설명한 연구는 찾아보기가 매우 어렵다. 현대적 소통 관습의 핵심적 측면에 대한 이와 같은 무관심은 유아교육자들에게 몇 가지 시사하는 바가 있는데, 가장 중요한 시사점은 어린이들이 미디어에 대해 지닌 엄청난 경험과 지식이 학교에서 평가절하되고 있으며, 충분히 발달되고 있지 않다는 점이다. 이 장에서는 영국의 한 어린이집에서 이루어진 활동 사례를 전체적으로 보여 줌으로써, 이 분야의 교수 학습에 대해 '더 이상 설명이 필요 없을 만큼 생생한 이야기'(Mitchell, 1994)를 들려주려고 한다. 이 장에서는 네 살배기 어린이들이 만든 애니메이션 작품을 중심으로, 이러한 유형의 활동을 통해 발달되는 기능과 지식이 전통적인 인쇄물 기반의 리터러시 교육을 통해 발달되는 기능 및 지식과 어떤 관계를 맺는지에 대해 논의할 것이다.

'걷잡을 수 없이 빠르게 변화하는 세계'에서 요구되는 리터러시

케임브리지 대학교 킹스칼리지(King's College)의 학장을 지낸 에드먼드 리치(Edmund Leach) 교수는 1967년에 방송된 유명한 BBC 라디오 강연에서, 정부와 과학자의 통제로부터 벗어나 빠른 속도로 소용돌이치듯 변화하는 세계에 대해 '걷잡을 수 없이 빠르게 변화하는 세계(runaway world)' (Leach, 1968)라고 이름 붙인 바 있다. 이후 영국의 사회학자 앤서니 기든스(Anthony Giddens)는 1999년 BBC 라디오 강연에 출연해, 특정 지역의 일상생활에까지도 세계화가 매우 중요한 영향을 미치게 된 시대에 대해 언급하면서 이 '걷잡을 수 없이 빠르게 변화하는 세계'라는 표현을 다시 사용했다. 오늘날에는 지식, 경제, 기술과 인구가 그 이전 세대는 알 수 없었던 규모로 국가의 경계를 넘나들게 된 세계화의 영향으로 인해, 모든 것들이 예전에 비해 훨씬 더 불확실하고 예측 불가능하게 되었다. 리터러시의 실행에 일어난 최근의 변화를 고려하고 그것이 교육자들에게 지니는 함의에 대해 논의할 필요가 제기된 오늘날의 상황은, 바로 이처럼 미래가 어떻게 진행될지 알 수 없는 세계적인 불안의 시대 속에 자리하고 있다.

기술이 우리의 소통 관습을 변화시킴에 따라 어떻게 리터러시가 변화하고 있는지에 대해 기록한 연구들은 제법 많다(Cope & Kalantzis, 2000; Kress, 2003; Lankshear & Knobel, 2003). 그러나 이러한 방대한 양의 연구물이 존재함에도 불구하고, 리터러시의 본질이 무엇인지는 여전히 명확하게 규정되지 않고 있다. 이 장의 목적은 '리터러시'라는 용어와 관련된 또 다른 혼란스러운 담론을 추가하는 것이 아니다. 리터러시가 과연 단수의 개념인가 복수의 개념인가에 관한 이견이 존재할 뿐 아니라(Barton, 1994; Hannon, 2000; Cope & Kalantzis, 2000; Kress, 2003), 리터러시의 특수성에 관해서도 근본적인 차이들이 존재하기 때문이다. '미디어 리터러시'나 '디지털 리터러시'와 같은 개념이 광범위하게 사용되고 있기는 하지만(Buckingham, 2003), 뉴미디어 시대의 리터러시가 지닌 본질에 대해 가장 명확한 설명을 제공하는 것은 크레스(Kress, 2003: 23-24)의 저작이다. 그는 리터러시란 본래 문자로 이루어지는 표상을 지칭하는 용어인데, '리터러시'

라는 용어가 다른 방식으로 사용되면서 점차 다양한 양식, 그리고 텍스트의 생산 및 배포와 관련된 다른 자원들과 융합되는 방식을 뜻하게 되었다고 본다(Kress, 2003: 23). 그런데 이 주제와 관련하여 크레스의 저작이 많은 점에서 명확한 설명을 제공하고 있기는 하지만, '리터러시'라는 용어가 새로운 디지털 기술을 다양한 측면으로 사용할 수 있는 능력을 가리키는 방식으로 광범위하게 사용되고 있는 것도 현실이다. 따라서 리터러시의 의미를 양식에 한정하여 제한적으로 사용하는 것은 불가능한 일이라고 여겨진다. 한편, 이 장에서 설명할 프로젝트의 이론적 틀을 발전시켜 나가는 과정에서, '디지털 리터러시'(Glister, 1997), '새로운 리터러시'(Lanksheare & Knobel, 2003), '미디어 리터러시'(Buckingham, 2003), '동영상 리터러시'(Burn & Leach, 2004) 등의 용어들을 접하게 되었는데, 이 용어들 모두 디지털 기술에 의해 매개되는 인쇄물, 정지된 이미지와 동영상 이미지, 소리와 몸짓 등과 같이 일련의 다양한 양식들을 사용하여 의미를 입력하고 해독하는 능력을 설명한다는 점에서 어느 정도 동일한 사고방식을 기반으로 한다고 생각된다. 리터러시의 정의가 혼란스러워진 것은 의미 구성의 장소가 '지면'에서 '화면'으로 이동했기 때문이다. 이 장에서 다루는 프로젝트에서도 의미가 구성되는 장소는 지면이 아니라 화면이다. 이 장에서 '리터러시'라는 용어는 크레스(Kress, 1997)가 제안한 바와 같이 문자로 이루어지는 표상에 한정해 사용하기로 하고, 의미 생산을 위한 다른 양식들에 대해서는 스트리트(Street, 1997)가 제안한 바와 같이 '소통 실태(communicative practices)'라는 용어를 사용하기로 하겠다.

이 장에서 살펴볼 내용은 네 살배기 어린이들이 컴퓨터를 사용하여 애니메이션 영화를 만드는 과정에서 사용된 디지털적 소통 관습에 대한 것이다. 애니메이션 영화는 일련의 정지된 이미지들을 한데 모아 그것들이 움직이는 것처럼 보이게 하는 방식으로 만들어진다. 애니메이션 영화를 만드는 방법은 그림 그리기, 모델과 컴퓨터 그래픽 이용하기 등 다양하며, 애니메이션 영화는 〈토이 스토리〉(Walt Disney Pictures, 1995)나 〈니모를 찾아서(*Finding Nemo*)〉(Walt Disney Pictures, 2003)와 같은 작품들이 인기를 끌었던 것에서 알 수 있듯이 어린이들의 문화생활에서 차지하는 비중이 상당히 크다. 어린이집, 유치원, 학교 등에서 이루어지는 이런 활동의 중요성은 최근 영국에서 유아교육자와 초등교사를 대상으로 출간된 〈영화와 TV 및 영상물 교육을 위한 안내서〉(BFI, 2003)에 잘 제시되어 있는데, 그 내용은 다음과 같다.

> 영화, TV, 비디오, 그리고 점차 늘어나고 있는 웹사이트와 컴퓨터 게임 등과 같은 영상물들은 우리 문화의 중요하고 귀중한 일부분이다. 따라서 어린이들에게는 이러한 미디어에 대해 학교에서 배울 기본권이 있다.(p.1)

이처럼 영상물에 대한 교육이 많은 이들에 의해 '기본권'으로 인식되고 있음에도 불구하고, 이와 같은 현대 사회의 가장 강력한 양식을 학교 교육의 초기 단계부터 가르치기 위한 교육 자료 개발이나 연구는 매우 미미한 수준이다. 이러한 상황이 초래된 이유에는 미디어를 무시하고 있는 리터러시의 교육과정, 이 분야에 대한 교사들의 지식 부족, 좋은 현장 수업 사례에 대한 소개 부족 등이 복합적으로 존재한다. 이 장에서 어린이집의 실천 사례를 소개하는 이유는 바로 이 때문이다. 여기서 소개하는 것과 같은 현장 사례 연구들은 교사와 연구자들로 하여금 리터러시에 대한 전통적 생각이 절대적인 것이 아니라는 점을 보여 줄 수 있다(Nixon & Comber, 2004). 사례에 대한 논의에 앞서 영상물이 유아 대상의 리터러시 교육과정에 어떻게 통합되어 있는지를 먼저 살펴볼 필요가 있다.

미디어 교육

영화, 애니메이션, TV 프로그램, 광고 등과 같은 영상물의 분석과 제작은 전통적으로 미디어 교육에서 다루는 내용으로 여겨져 왔다. 일부 국가에서는 미디어 교육이 '미디어 연구(Media Studies)'라는 제목의 독립된 과목으로 구성되어 학교 교육의 후반기라 할 수 있는 만 11~18세의 어린이나 청소년들에게 제공되는 경우도 있다. 그러나 미디어 관련 과목이 모든 국가에서 학교 교육으로 제공되고 있는 것은 아니다(Hart, 2000, 2001). 하트(Hart, 2001)는 호주, 캐나다, 러시아, 영국을 포함한 다양한 유럽 국가에서 이루어지는 미디어 교육의 본질에 대해 다음과 같이 제시한 바 있다.

> 각 나라마다 국가 혹은 지역 정부 차원의 통제와 지원 수준이 다양하고, 교사 교육을 위한 전문적 학위와 학습 자료 지원 정도가 다르며, 교사들 간에 개념적 틀도 다양하다. 그러나 교육과정 내 미디어 교육 내용의 부족, 정부와 교육청의 지원 부재, 교사 교육의 부족은 모든 나라에서 공통적으로 나타나고 있다.(p.2)

중학교와 고등학교에 비해 초등교육의 사정은 훨씬 더 열악하다. 초등학교 교육과정에서 미디어 교육 내용은 거의 찾아보기 어렵다. 더 큰 문제는 초등교사 양성 교육에서는 미디어에 대한 이해가 거의 다루어지지 않고 있다는 점이다. 이와 관련하여 하트(Hart, 2001)는 영국에서 미디어 교육 분야의 교사 교육에 대해 지금까지 이루어진 조사들 중 가장 광범위한 조사를 시행한 바 있다. 이 조사는 주로 중등교사들에게 제공되는 교육에 초점을 둔 것이지만, 초등교사 양성 과정의 경우 미디어에 대한 이해를 거의 다루고 있지 않다는 점에 대해서도 근거를 제시하고 있다. 하트(Hart,

2001)의 조사는 영국에 존재하는 99개의 고등교육기관을 조사한 것이다. 이 가운데 72개 대학의 웹사이트에 제시된 학교 소개를 검토하였고, 27개의 대학이 이 조사에 응답했는데, 그 결과는 다음과 같다.

> 대부분의 경우, 초등교사 양성 교육에는 미디어 교육이 배제되어 있다. 초등교사 양성에서 미디어 교육을 명시적으로 언급하고 있는 5개 대학의 경우, 2개 대학은 일부 과목에서 미디어 교육을 어느 정도 다루고 있다고 대답했다. 이 가운데 하나는 학부에 초등교사 양성 과정이 설치된 대학에서 '영화 연구' 과목을 개설한 경우였고, 다른 하나는 대학원에 초등교사 양성 과정이 설치된 대학에서 20회 강좌 가운데 1개 강좌(세 시간)를 미디어 교육에 할애하고 있는 경우였다.(p.10)

이러한 조사 결과는 영국의 교사 양성을 담당하는 대학에서 미디어의 이해에 대한 관심이 부족하다는 점, 또한 이로 인해 많은 초등학교에서 미디어 교육이 최소한으로 이루어질 수밖에 없다는 점을 보여 주는 매우 염려스러운 지표라 할 수 있다. 초등학교의 사정이 이러하다면, 학교 교육 이전의 유아교육 단계에서 이루어지는 미디어 교육은 불행하게도 거의 존재하지 않는다고 볼 수 있을 것이다. 실제로, 유아들은 미디어 제작 능력이 부족하다는 주장이 종종 제기된다. 예를 들어 저명한 미디어 이론가인 데이비드 건틀릿(David Gauntlett)은 자신이 수행한 어린이와 미디어의 관계에 관한 연구 프로젝트에서 7~11세 사이의 어린이들에게 환경을 주제로 한 비디오를 제작하도록 한 바 있는데(Gauntlett, 1996), 그는 이 연령대의 어린이들을 대상으로 프로젝트를 수행한 이유에 대해 다음과 같이 밝혔다.

너무 어린 아이들의 경우에는 환경에 관한 TV 프로그램을 다양하게 봤을 것으로 기대하기 어렵고, 비디오 카메라를 사용하여 의미 있는 무언가를 만들 수 있을 것이라고 기대하기도 어렵기 때문에, 이 연구에서는 너무 어린 아이들은 배제해야만 했다.(p.79)

한편, 영상물의 분석과 제작에 관한 번과 리치(Burn & Leach, 2004)의 최근 연구는 영국에서 이루어진 미디어 교육에 관한 중요한 연구 열두 편을 검토하고 있는데, 이 가운데 네 편만이 초등학교 연령의 어린이들을 대상으로 이루어진 것이었다. 이 열두 편의 연구물 가운데 만 3~7세 사이의 유아들을 대상으로 한 연구는 단 한 편도 없었다.

우리가 현재 살고 있는 탈포드주의(Post-Fordism) 사회의 청소년들은 기술이 주도하는 세계화된 사회에서 직장을 갖기 위해 다양한 기능과 지식을 갖추어야 한다(Luke & Luke, 2001). 이 점에서 볼 때, 유아 단계의 교육에서 다양한 현대적 소통 실태에 대해 이토록 관심이 없다는 것은 매우 염려스러운 일이다. 더욱이 이러한 소통 실태에 대한 관심 부족은 어린이집이나 유치원에 오기 시작할 무렵 유아들이 이미 지니고 있는 컴퓨터 게임과 휴대전화와 같은 다양한 뉴미디어에 대한 방대한 지식도 무시해 버린다(Marsh, 2004). 그러므로 기술을 잘 다루는 능력 있는 시민에게 필요한 이해력을 갖추고 학교를 졸업할 수 있도록 하기 위해서는, 그리고 어린이들이 '지식에 대한 즐거움'(Moll et al., 1992)을 바탕으로 계속해서 뻗어 나가기를 원한다면, 시급히 유아교육과정에 미디어 교육을 도입할 필요가 있다. 그러나 미디어 교육이 어린이집과 초등학교에서 독립된 과목이 되려면 상당히 오랜 세월이 걸릴 것이다. 따라서 그 이전에는 리터러시의 교육과정에 인쇄물 이외의 다른 양식들이 확실히 포함되도록 할 필요가 있다. 이런 관점에서 이 장에서는 어린이들이 영상물을 통해 소통하는 방법을 배운 사례를 소개하고자 한다.

번과 리치(Burn & Leach, 2004)는 그동안의 연구 결과를 검토한 결과, 영상물에 대한 교육이 어린이들에게 가져다줄 수 있는 교육적 혜택을 다음과 같이 네 가지로 나누어 살펴보았다.

1 영상물은 어린이와 청소년들의 사회문화적 관심과 경험 안에 존재한다.
2 영상 미디어를 다루는 활동은 (광범위한 의미의) 리터러시 능력의 습득을 이끈다.
3 미디어 제작은 협동적인 과정이다.
4 영상 미디어를 다루는 활동은 학습 동기 유발에 도움이 된다.

아마도 이 책의 독자들의 시각에서 가장 중요한 혜택은 영상 미디어 교육이 리터러시 기능, 지식, 이해에 대한 발달로 이어질 수 있다는 두 번째 항목이 아닐까 생각된다. 디지털 촬영과 편집을 교육과정에 도입한 50개 학교에 대한 연구 보고서(Reid *et al.*, 2002)에서는 영상 미디어를 다루는 활동을 도입한 것이 '문제해결력, 협상력, 사고력, 추리력, 위험을 감수하는 능력'(Reid *et al.*, 2002: 3) 등과 같이 다른 상황에도 전이될 수 있는 다양한 종류의 기능 발달에 도움이 되었음을 보여 준 바 있다. 특히 애니메이션 작업은 어린이들로 하여금 목소리, 몸짓, 음악, 이미지, 언어를 결합할 수 있도록 한다는 점에서 매우 강력한 교육적 효과가 있었다. 비록 이 분야의 제한된 문헌 검토를 통해서나마 우리가 알 수 있는 것은, 학교에서 영상 미디어를 다루는 활동이 매우 풍부한 교육적 기회를 제공할 수 있다는 점이다. 이 장의 나머지 부분에서는 한 어린이집에서 이루어진 디지털 애니메이션 작업에 초점을 두어, 영상 미디어 교육을 통해 축적될 수 있는 교육의 수혜를 보다 면밀히 분석하고자 한다. 특히 이 활동에서 어린이들이 내린 선택에 대한 분석을 통해 이러한 활동에서 강조된 소통 관습이 무엇이며, 어린이들이 사용한 재료가 어떤 행위를 가능하게 했는지를 탐구하고자 한다.

사례 연구의 맥락

이 연구는 잉글랜드 북부의 한 어린이집에서 이루어졌다. 이 어린이집에는 다양한 인종 및 언어권의 어린이들과 이 지역 내 난민 가정의 어린이들이 다수 다니고 있다. 이 지역에는 경제적 궁핍과 높은 실업률로 인해 종종 '위기 가정'으로 불리는 가정이 많다. 그러나 여기서 '위기'라는 개념은 빈곤을 유발한 보다 광범위한 사회·정치적 맥락을 우선시하기보다는 특정 집단에 초점을 두는 용어라는 점에서 비판의 대상이 되기도 한다(Carrington & Luke, 2003). 애니메이션 제작 활동에 참여한 어린이들은 많았지만, 이 장에서는 만 4세에 해당하는 '레아', '클로이', '소피아' 등 세 명의 어린이에 대해서만 초점을 두고자 한다. 이 가운데 레아는 부모가 모두 아프리카계 영국인이고, 클로이는 부모 중 한쪽은 아프리카계, 한쪽은 전통적인 영국인인 여자아이였는데, 둘 다 영어를 모국어로 사용했다. 이에 비해 소피아는 소말리아에서 온 난민 가정의 어린이였고, 모국어는 아랍어였다. 레아와 클로이의 경우는 집에 컴퓨터가 있기는 했지만 이전에 애니메이션을 만들어 본 일은 없었다. 소피아의 경우는 집에 컴퓨터가 없었다.

연구를 위해 어린이집 한쪽 구석에 '애니메이션 스튜디오'가 차려졌다. 이 스튜디오는 웹캠이 설치된 2대의 노트북 컴퓨터로 구성되었다. 그밖에 장난감 인형, 공예품과 배경 등 애니메이션을 만드는 데 사용될 수 있는 다양한 도구들이 놓여졌다. 애니메이션을 만드는 방법 가운데에는 찰흙을 사용해 인물의 형상을 만들고 관절을 움직여 인물의 행동을 나타내는 '클레이 애니메이션'이 있다. 그러나 유아들에게는 찰흙 재료가 너무 부드럽기 때문에 관절을 만들기가 어렵다는 문제가 있다. 또 그림을 그려 잘라

낸 후 이를 이용해 만드는 '컷 아웃 애니메이션'의 방법도 있지만 이 역시 어린이집에 다니는 어린이들이 하기에는 너무 복잡하다. 이런 이유로 인해 어린이들이 작은 집을 지으며 놀 때 종종 사용해서 익숙한 플라스틱 인형을 이 프로젝트에 사용하기로 했다. 어린이들은 웹캠을 사용하여 플라스틱 인형을 촬영했다. 웹캠을 사용한 이유는 그것이 작고 둥근 모양을 하고 있어서 어린이들이 노트북 컴퓨터와 연결하여 안정적인 위치에 놓고 사용할 수 있기 때문이었다.* 촬영한 후에 어린이들은 '아이무비2(imovie2)'[13]라는 편집용 소프트웨어를 사용하여 애니메이션을 편집했다. 아이무비2는 중학교의 미디어 수업과 같이 더 수준 높은 영상 제작에 사용되기에는 한계가 있다고 알려져 있지만(Reid et al., 2002), 이 장에서 논의되는 프로젝트에 사용하기에는 매우 효과적이었다. 그림 2.1의 캡처 화면에서 볼 수 있는 것처럼, 이 소프트웨어의 화면 레이아웃은 사용하기에 매우 편리하다. 화면의 왼쪽 맨 위에는 어린이들이 만들고 있는 영화를 볼 수 있게 되어 있다. 되감기 버튼, 빨리 감기 버튼, 정지 버튼, 재생 버튼들도 마우스를 처음 조작해 보는 어린이들도 매우 쉽게 알아볼 수 있게 되어 있다. 화면의 오른쪽에 있는 '선반'에 정지된 이미지들을 개별적으로 저장해 둔 후, 화면의 바닥에 놓여 있는 시간 표시 공간으로 끌어와 내려놓음으로써 원하는 순서로 이미지를 배치하도록 되어 있다. 사운드트랙 역시 이 '선반' 아래에서 미리 틀어 본 후, 시간 표시 공간으로 끌어와 내려놓으면 완성된다. 이 모든 과정이 네 살짜리 어린이들에 의해 모두 쉽게 이루어졌다.

만약 우리가 어린이들에게 이른 시기부터 의미를 생산하는 능력을 길러 주고자 한다면, 텍스트를 생산하는 과정이 지닌 물질성, 즉 다양한 종류의 텍스트를 생산하는 데 필요한 자원들에 대해 고려하는 것이 매우 중요하

---

13 애플 컴퓨터에 포함되어 있는 소프트웨어로, 사용법이 간단한 동영상 편집 프로그램이다.

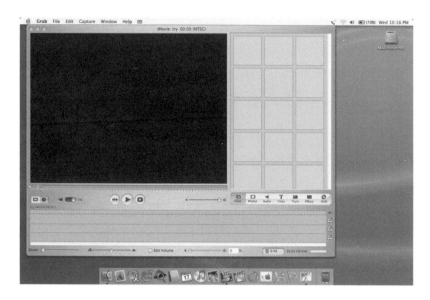

그림 2.1
'아이무비2'의 정지 화면

다(Bomer, 2003). 문자 텍스트 읽기와 쓰기를 효과적으로 가르치는 데 필요한 다양한 자원들에 대해서는 상당한 양의 연구물들이 존재한다(Roskos & Neuman, 2001; Makin, 2003). 그러나 문자 이외의 다른 양식들에 대한 연구는 국제적으로 볼 때에도 여전히 초기 단계에 머물러 있기 때문에, 복합 양식 텍스트의 생산과 분석을 지원할 수 있는 학습 자료와 도구에 대한 안내는 찾아보기가 매우 어렵다. 여기서 논의된 활동에서 사용한 도구들에 대한 간략한 소개는, 유아들에게 영상 작업을 수행하도록 가르치는 데 필요한 자원을 최소한으로 사용하고자 한 시도로 볼 수 있다. 유아교육과정에서 이루어진 이러한 소박한 시도가 어린이들이 좀 더 자란 후에 받게 될 보다 집중적인 미디어 교육에 대한 관심으로 이어지기를 소망한다.

이야기 만들기

레아, 클로이, 소피아, 이 세 어린이는 여러 차례에 걸친 활동을 통해 앞서 소개한 촬영과 편집 장비를 가지고 '놀았다'. 선생님들은 이렇게 일정한 방향 없이 자유롭게 탐구하며 놀게 하는 것이 어린이들에게 주어진 재료의 한계를 시험하면서 기술을 다루는 데 자신감을 가질 수 있게 하는 매우 중요한 첫 단계라고 보았다. 로보와 레인킹(Lobbo & Reinking, 2003)의 연구에서 밝힌 바와 같이, 놀이는 어린이들이 컴퓨터 기술 사용 능력을 발달시키는 데 있어 중요한 역할을 한다. 어린이들이 첫 번째 활동으로 한 일은 노트북 컴퓨터에 연결된 웹캠을 사용해 플라스틱 인형의 사진을 찍는 것이었다. 그 사용법이 워낙 간단했기 때문에, 선생님들이 일단 웹캠과 함께 제공된 소프트웨어 사용법에 대해 시범을 보여 주자, 어린이들은 선생님들의 도움 없이 스스로 이 장비를 사용할 수 있었다. 그러나 사진을 찍은 후 사진을 아이무비2에 옮기는 것은 어린이들에게 기술적으로 다소 복잡했기 때문에, 이 부분은 어른이 대신 해 주었다. 그런 다음 선생님들은 어린이들에게 아이무비2의 기본적인 조작법을 알려 주었다. 앞서 언급했듯 이 프로그램의 기본적인 조작법은 어린이들이 스스로 감당할 수 있는 정도였으므로 한 번 시범을 보여 주었다. 이후 어린이들은 어른의 도움 없이 스스로 이 소프트웨어를 사용할 수 있었다. 그 밖의 다른 과제들, 예를 들어 하나의 숏(shot)에서 다른 숏으로 옮겨 가는 것이나 제목을 삽입하는 것 등은 이보다 더 복잡한 일이었지만, 어른들의 도움을 받아 가며 어린이들이 스스로 완성할 수 있었다.

어린이들이 영상 촬영과 편집을 위한 하드웨어와 소프트웨어를 능숙하게 사용할 수 있게 된 후에는 아이무비2를 사용하여 애니메이션으로 이야기를 만들 계획을 세우도록 하였다. 레아, 클로이, 소피아, 이 세 명의 여

The daddy falls.　　　And the police had　　　The baby gave
　　　　　　　　　　to arrest the daddy.　　　daddy a hug.

그림 2.2
클로이가 만든 이야기
아빠가 넘어졌어요. 그러자 경찰이
아빠를 체포했어요. 아기가 아빠를
안아 주었어요.

자 어린이 모두 종이를 사용해 이야기를 계획했다. 어린이들이 계획한 이
야기는 모두 이 연령대 어린이들이 만드는 매우 전형적인 이야기로, 가정
생활에서 경험할 수 있는 내용과 익숙한 인물들이 등장하는 간단한 줄거리
로 구성된 것이었다. 세 어린이가 구성한 이야기들은 모두 처음과 중간, 끝
이 분명하게 구분되고 시작, 갈등, 해결이 있는 전통적인 이야기 구조를 따
르고 있었다(이에 대해서는 그림 2.2, 그림 2.3, 그림 2.4를 참조할 것). 이 계획은
어린이들이 글쓰기의 기술적 측면과 관련하여 다양한 수준에 있음을 보여
주는데, 클로이와 소피아는 그림과 구분되는 표시를 함으로써 쓰기를 표상
할 수 있었던 반면, 레아는 글자와 비슷한 형태를 만들었다.

　어린이들이 만든 이야기를 애니메이션 영화로 바꾸는 과정에서, 세 명
의 어린이는 모두 줄거리를 주의 깊게 따라가며 만들었다. 그런데 종이 위
의 이야기를 화면으로 옮기는 이 과정에서 몇 가지 흥미로운 패턴이 나타
났다. 예를 들어 클로이와 레아의 경우에는 프레임과 프레임이 연결되면서

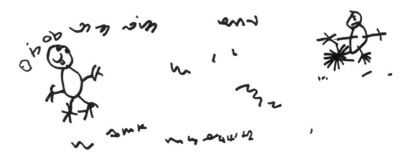

그림 2.3
레아가 만든 이야기
아기가 걷다가 넘어졌어요. 엄마가
와서 아기를 안아 주었어요.
언니가 엄마를 찾았어요.

The baby was walking and fell over.

The mummy came and picked the baby up.

The sister found her mum.

움직임이 생겨나는 애니메이션의 원리를 이해하지 못하고, 그림 하나를 하나의 장면 전체로 취급했다. 이것은 만 6~9세 어린이들의 애니메이션 작업에 대해 살펴 본 세프턴 그린과 파커(Sefton-Green & Parker, 2000)의 연구 결과와 일치하는 것이다. 이 연구에서 세프턴 그린과 파커는 어린이들의 경우 움직임을 묘사하기보다는 이야기 속의 주요 행위를 담아내는 데 더 주력하는 경향이 있다고 밝힌 바 있다. 이러한 특징은 이 장에서 논의되는 연구의 주인공인 두 명의 네 살짜리 어린이들에게서도 마찬가지로 나타난다. 이러한 경향이 나타나는 것은 아마도 어린이들이 종이 위에 적힌 이야기 속의 플롯을 새로운 양식으로 변형하는 것에 대해 이해하는 방식, 즉 애니메이션 활동을 단순히 종이 위에 적힌 플롯을 화면으로 전환하는 것이라고 이해하고 있음을 보여 주는 것으로 생각된다. 사실 인쇄물과 영상물의 양식에는 많은 유사점이 있고, 이야기 구조의 측면에서도 비슷한 특징이 있다(Robinson, 1997). 그러나 이러한 양식들은 독자나 관객에게 매우 다른 행동을 유도하며, 하나의 양식에서 다른 양식으로 이동할 때에는 상당히 근본적인 변화가 일어난다. 크레스(Kress, 2003)는 이처럼 서로 다른 양식들 간의 변환 과정에 대해 유전학에서 말하는 '형질전환(transduction)'과

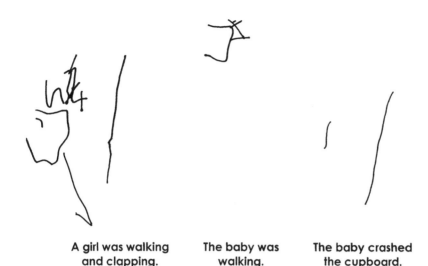

| A girl was walking and clapping. | The baby was walking. | The baby crashed the cupboard. |

그림 2.4
소피아가 만든 이야기
어떤 여자아이가 걸으면서 손뼉을
치고 있어요. 아기가 걷고 있어요.
아기가 벽장에 부딪쳤어요.

같은 것이라고 묘사한 바 있다.

> 이것은 하나의 양식 내에 존재하는 구조와 요소들에 일어나는 과정을 뜻하는
> 변형 과정이 아니라, 하나 이상의 양식들 내에 설정되거나 형성되어 있는 어
> 떤 것이 원래의 것과는 매우 다른 양식의 행동유도성으로 인해 다시 설정되거
> 나 형성되는 형질전환을 뜻하는 것이다. 이것은 매우 다른 질서를 갖는 변화,
> 아주 철저한 변화이다.(p.47)

여기서 논의되는 어린이집의 사례 연구에서는 어린이들에게 두 가지
매체로 이야기를 완성하도록 한 후, 자신이 만든 종이 버전의 이야기와 영
상 버전의 이야기 사이에 어떤 유사점과 차이점이 있다고 느껴지는지 물어
보았다. 이에 대한 어린이들의 대답은 표 2.1에 상세히 나와 있다.

유사점	차이점
같은 인물이 나온다.	애니메이션 영화에서는 인물이 움직인다.
둘 다 같은 이야기이다(플롯 구조에 대한 지적).	애니메이션 영화에는 소리가 나온다.

표 2.1 어린이들이 말한 매체별 이야기의 유사점과 차이점

나는 이것이 크레스가 언급한 '형질전환'의 원리에 대한 발생적 이해를 보여 주며, 이러한 이해는 어린이들이 아주 어린 나이부터 다양한 미디어에 나오는 이야기를 접하며 경험한(Robinson & Mackey, 2003) 덕분에 발달된 것이라고 본다.

클로이와 레아의 작품은 어린이들이 애니메이션 영화를 구성하는 데 있어 '지속 시간(duration)'이라는 요소를 이해하기 어려워한다는 것을 보여 주지만, 소피아의 작품을 보면 이 시기의 어린이도 애니메이션의 속성을 자연스럽게 이해하기 시작한다는 점을 알 수 있다(그림 2.5 참조). 소피아가 계획한 이야기는 그림 2.4에 제시된 '어떤 여자아이가 걸으면서 손뼉을 치고 있어요. 아기가 걷고 있어요. 아기가 벽장에 부딪쳤어요'라는 설명에 잘 나타나 있다. 여기서 흥미로운 점은 손뼉을 치는 행동이 포함되었다는 점이다. 이 행동이 포함된 것은 아마도 자신의 사운드트랙에 손뼉 치는 소리를 삽입하고 싶었기 때문일 것이다. 소피아는 아이무비2를 가지고 놀면서 이 소리 파일이 저장되어 있다는 것을 알게 되었고, 이것을 여러 번 반복해 틀어 보면서 즐거워했다. 만약 소피아가 자신의 이야기 계획을 글로 쓸 수 있었다면 실제 작품에 이 소리가 들어간 것처럼, 계획서에도 이를 반영했을 것이다.

프레임 1에서 소피아는 이야기의 주인공인 아기를 등장시킨다. 이 클립에는 인형을 가져다 놓는 소피아의 손이 보이는데(프레임 8도 마찬가지),

그림 2.5
소피아가 만든
애니메이션 영화의
스틸 사진

프레임 1 프레임 2 프레임 3 프레임 4

프레임 5 프레임 6 프레임 7 프레임 8

프레임 9 프레임 10

그 이유는 인형을 특정 위치에 가져다 놓은 손을 치우기 전에 사진을 찍었기 때문이다. 자기가 찍은 영화를 다시 틀어 보면서 이 장면을 보게 되자 소피아는 다소 부끄러운 목소리로 '내 손이 저기 보이네!'라며 한숨을 쉬었다. 다음에 다시 애니메이션 영화를 만들게 되었을 때 소피아는 자신의 손이나 팔이 보이지 않는지 확인한 후에 스틸 사진을 찍으려고 주의를 기울이기도 했다. 이와 같은 자기 수정은 분명 특정한 매체에 대해 배워 나가는 데 있어 중요한 단계라 할 수 있다.

프레임 2에서 소피아는 자신의 이야기에서 중요한 역할을 하는 또 다른 대상인 옷장을 제시한다. 이 옷장은 그다음에 나오는 6개의 숏에서도 같은 위치에 놓여 있고, 이것을 배경으로 하여 인형들이 놓인다. 이는 소피아가 '연속성(continuity)'의 필요성에 대해 어느 정도 이해하고 있음을 보여 준다. 프레임 3에서는 소녀가 제시된다. 프레임 4에서 이 소녀 인형은 카메라에 더 가까이 다가간다. 이처럼 하나의 프레임에서 다음 프레임으로 이동하는 것은 프레임 7에서 프레임 8로의 이동에서도 찾아볼 수 있다. 여기서 소피아는 이야기의 플롯에서 중요한 또 다른 부분을 촬영하는 것이 아니라, 시간의 흐름에 따라 변화하는 움직임을 묘사하고 있다. 이러한 예를 통해 볼 때 소피아는 클로이와 레아, 그리고 세프턴 그린과 파커(Sefton-Green & Parker, 2000)의 연구에서 더 연령이 높은 어린이들이 보여 주었던 동영상 편집에 대한 이해를 훨씬 넘어서고 있다. 이러한 연속성에 대한 이해가 소피아의 영화 전체에서 나타나는 것은 아니지만, 그럼에도 불구하고 이 영상의 맥락에서 매우 중요하게 다뤄지고 있다.

　프레임 5에는 아무런 인물도 나오지 않고, 이어지는 프레임 6에는 아기가 등장한다. 아마도 소피아는 프레임 4에서 등장한 인물이 나간 후 프레임 6에서 또 다른 인물이 등장하기까지의 시간 흐름을 담아내고 싶었던 것 같다. 그러나 이 데이터만으로는 소피아의 의도를 확정짓기 어렵다. 프레임 9와 프레임 10에서는 아기가 다시 등장하는데, 이 장면은 앞선 프레임과의 연속성이 부족하다. 소피아가 종이 위에 쓴 애니메이션 계획에 따르면, 이 장면은 '아기가 벽장에 부딪친 것'이고, 그래서 아기와 옷장이 모두 넘어져 있다. 소피아는 자신이 작성한 이야기 구조를 충실히 따른 것이다. 소피아는 이 영화에 사운드트랙을 입혔는데, 손뼉 치는 소리는 앞서 언급한 바와 같이 여기에 도입된 첫 번째 소리였다. 아이무비2에 미리 녹음되어 있는 다른 소리들 중에는 유리가 부서지는 소리가 있었는데, 소피아는 선택 가능한 모든 녹음된 소리를 들어 본 후에 이 손뼉 소리를 클릭해 시간 표시 공간에 끌어다 놓았다. 그런 후에 이 이야기를 자신의 목소리로 녹음했다(아이무비2에서는 창작자가 2개의 사운드트랙을 동시에 만들 수 있다). 이 또한 소피아가 자신이 애초에 글로 쓴 이야기를 충실히 따르고 있음을 보여 준다. 이러한 모든 작업은 웹캠의 소프트웨어에서 아이무비2로 사진을 옮겨 오는 작업만 제외하면 모두 소피아가 누구의 도움도 없이 독립적으로 해낸 것이다. 이 애니메이션 영화는 단지 10개의 프레임으로 구성되어 있고 전체 지속 시간이 3.7초밖에 되지 않지만, 네 살짜리 어린이가 만든 작품이라는 점에서는 매우 의미 있는 성취로 볼 수 있다. 이와 같은 복합양식 텍스트의 생산은 영상 미디어의 속성과 가능성을 이해하는 데 있어 매우 중요한 단계이며, 유아교육과정에서 일반적으로 다루어지는 인쇄매체 기반의 활동만큼이나 중요한 현대적 소통 관습이라 할 수 있다.

이 어린이들이 영화를 만드는 과정을 관찰하면서 나온 증거들은 그들이 이 과정에 완전히 매혹되어 있었음을 보여 준다. 어린이들은 총 150분에 걸쳐 지속된 활동 시간에 너무나 집중한 나머지, 영화 만드는 시간 이후 다른 어린이들과 함께 해야 하는 전체 활동에 참여하고 싶지 않아 할 정도였다. 어린이집의 원장인 에벌린 선생님은 이 애니메이션 작업에 대한 인터뷰에서, 자신도 이 어린이들이 보여 준 집중력에 매우 놀랐다고 말했다.

어린이들은 동기부여가 무척 잘되어 있었고, 너무나 열심히 참여했어요. 아이들이 얼마나 집중했는지를 보면 알 수 있죠. 실제로 어린이들은 대체로 한 번에 두 시간 반이나 지속되곤 했던 이 활동에 상당히 열중했어요. 또 장비를 사용해야 할 때 자신의 차례가 돌아오기를 기꺼이 기다렸고, 서로의 작품을 보면서 서로에게 격려하는 말을 하기도 했습니다. 또 그 주에 한 일을 다음 주가 되었을 때에도 기억하고 있었습니다. 그다음 주가 되었을 때, 어린이들은 지난주에 한 일을 기억했을 뿐 아니라, 선생님이 장비를 가져다줄 때까지 서서 기다리기도 했습니다. 사실 저는 소피아에게 선생님이 오실 거라고 미리 말해 주었고, 그래서 소피아는 선생님을 기다리고 있었던 거랍니다!

어린이들이 영상물을 사용한 활동에 대해 이 정도로 높은 관심을 갖고 동기부여가 된다는 점에 대해서는 다른 연구에서도 밝혀진 바 있다(Burn & Leach, 2004).

애니메이션 영화 만들기에 대해서는 이 활동에 참여한 어린이들의 가정에서도 큰 관심을 보였다. 어린이들이 미디어 활동을 하거나 새로운 기술을 다루는 활동을 하는 것을 많은 부모들이 지지한다는 연구 결과도 있다(Dyson, 1997, 2003; Marsh, 2004). 이 장에서 소개하고 있는 활동에 대해서도 부모들은 어린이들의 작업에 대해 매우 긍정적인 반응을 보였다. 이에 대해 에벌린 원장 선생님은 다음과 같이 말했다.

어린이들은 자기가 잘해 낸 것에 대해 함께 만든 아이들끼리, 그리고 다른 아이들, 교사, 부모님과 함께 나누는 것을 좋아했어요. 가족이 격려해 주면서 다음 주에는 더 잘하라고 말해 주는 식으로 긍정적인 피드백을 많이 받았거든요.

어린이들의 삶에서 뉴미디어가 얼마나 중요한지에 대해 교육자들과 부모들의 생각이 불협화음을 내면 어린이들이 가정에서 경험하는 것이 학교에서는 적절하지 않은 것이 되고, 또 반대로 학교에서 경험하는 것이 가정에서는 적절하지 않은 것이 되어 버린다. 그리고 이는 어린이들이 한 영역에서 배운 것을 또 다른 영역으로 전이시키는 능력을 발달시키는 데에 여러 가지로 부정적인 영향을 미친다(Makin *et al.*, 1999; Marsh, 2003). 유아교육자들에게 중요한 것은 디지털 기술에 관해 어린이들과 그들의 가족이 이미 지니고 있는 전문성의 기반 위에서 교육을 시작하는 것이다. 이 장에서 소개한 것과 같은 접근들은 어린이들의 학습에 대한 부모들의 더 큰 참여와 관심을 끌어낼 수 있다.

어린이들이 새로운 기술에 대해 갖는 전문성은 부모나 어른들을 훨씬 능가하는 경우가 많다. 에벌린 원장 선생님은 앞서 소개한 소프트웨어 사용법을 배우려 노력했던 어떤 어른들보다 어린이들이 훨씬 더 편안하게 받아들이는 것 같았다고 말했다.

저는 이것을 배우는 것이 어린이들의 능력을 벗어나는 일이라고 생각했었어요. (…) 그래서 어린이들이 너무나 잘 다루는 것을 보고 놀라게 되었지요. 어린이들은 카메라와 컴퓨터 사용법의 순서를 매우 빨리 이해하고 잘 기억했어요. 어른들은 장비를 사용해야 하는 것에 위축되었던 반면, 어린이들은 전혀 그렇지 않았어요. 두 번째인가 세 번째 주에 어린이들이 이야기를 먼저 만들고 그다음에 애니메이션을 만들었는데, 저는 어린이들이 갈피를 못 잡을 줄 알았거든요. 그래서 아이들이 자신이 계획한 스토리보드와 유사한 애니메이션을 완성한 것에 대해 정말 깊은 인상을 받았어요. 돌이켜 생각해 보니, 마리아 선생님(어린이집의 보육 교사)과 내가 어린이들보다 훨씬 더 이 과정을 어렵게 따라간 것 같아요.

어린이들이 하드웨어에 대해 보이는 자신감은 그들이 가정환경에서 접하는 기술과의 관계를 반영한다. 연구에 의하면 많은 유아들은 TV, 컴퓨터, 휴대전화 등과 같은 장비를 다루는 법에 대해 아주 어린 나이부터 배우고 있다(Gillen *et al.*, 2004; Marsh, 2004). 이것은 새로운 기술에 관한 성인들의 자신감 부족과 직접적으로 대조되는데, 이러한 세대 차이는 뉴미디어 시대의 교육을 실행하는 데 있어 중대한 시사점을 준다(Luke & Luke, 2001).

유아기를 넘어선 좀 더 연령이 높은 어린이들에 대한 연구는 디지털 편집을 하는 것이 다양한 교육적 이점을 가져다준다는 점을 보여 주고 있다(Reid *et al.*, 2002). 이 장에서 소개한 연구에서 에벌린 원장 선생님은 이러한 활동이 어린이들의 기능, 지식, 이해를 다양한 방식으로 발달시켰다고 보았다.

어린이들은 리터러시, 이야기 구조화하기, 순서 짓기 등에 관해 많은 것을 배웠습니다. 이 활동을 통해 단지 이야기 창작이나 애니메이션 활동의 측면만 배운 것이 아니라, 언어를 통해 서로를 지지했다는 점, 그리고 이번에는 누가 인형을 움직일 차례인가, 누가 장비를 사용할 차례인가, 누구의 이야기를 촬영할 차례인가 등에 대해 협상했다는 점에서 볼 때 어린이들의 말하기와 듣기 능력도 함께 발달했습니다. 물론 이 활동을 통해 ICT 기능도 발달했지요. 우리 교사들, 그리고 학교와 가정의 다른 어른들에게서 받은 긍정적인 반응을 통해 어린이들의 자긍심과 자신감도 향상되었다고 봅니다.

이처럼 애니메이션 영화를 만드는 과정은 어린이들에게 다양한 학습 기회를 제공한다. 종이에 쓴 이야기를 화면으로 옮기는 과정을 탐구하면서, 클로이, 레아, 소피아 이 세 어린이들은 이야기란 다양한 미디어를 통해 말해질 수 있는 것이라는 점(Mackey, 2002), 즉 이미지, 소리, 언어가 결합하여 이야기를 구성할 수 있으며(Bearne, 2003), 종이 위에 계획된 이야기는 '형질전환' 과정을 통해 다른 매체로 변화될 수 있다는 점(Kress, 2003), 그리고 또 다른 미디어는 이전의 미디어와는 다른 행동을 독자 혹은 관객에게 유도하게 된다는 점, 또한 이야기는 어떤 미디어로 만들어지든 처음과 중간, 끝이 있으며 하나 이상의 등장인물을 포함한다는 점 등을 배웠다. 이를 통해 배운 모든 기능, 지식, 이해는 어린이들이 오늘날의 기술이 제공하는 복합적인 플랫폼을 탐색하기 시작하는 데 있어 필요한 것이라는 점에서 뉴미디어 시대에 배워야 할 중요한 학습 내용이라 할 수 있다(Mackey, 2002).

결론

이 장에서는 영상 미디어 교육의 일부가 도입된 한 어린이집의 교육과정에 대해 논의하였다. 비록 이것이 소규모의 일회적 사례일 수는 있겠으나, 이러한 사례 연구들은 몇 가지 점에서 교육 현장에 시사하는 바가 있다.

첫째, 이러한 사례는 '더 이상 설명이 필요 없을 만큼 생생한 이야기'로서, 예전에는 다소 불분명하게 여겨졌던 이론적 관계들을 명백한 것으로 만들어준다(Mitchell, 1994: 239). 사례에서 보여 준 네 살배기 어린이들의 복합양식 텍스트 생산에 대한 분석은, 비록 제한적이기는 하지만 서로 다른 양식들 간의 '형질전환'이라는 이론적 개념을 분명히 설명해 준다. 이러한 형질전환 과정에 관계된 것들이 무엇이며, 이와 관련하여 어린이들의 경험에 최적화된 비계 설정을 제공할 방법은 무엇일지에 대해 완전히 이해하기 위해서는 이러한 설명들이 필요하다.

둘째, 개별적인 수업 실천 사례에 대한 설명은 교사의 교수학적 내용 지식(pedagogical content knowledge)(Shulman, 1987)을 발전시키는 데 기여할 수 있다. 교사는 어린이들이 발달시켜야 할 기능과 지식이 무엇인지를 아는 것만으로는 충분하지 않으며, 그러한 내용이 어떻게 교육적으로 형성되어야 할지에 대해서도 알아야 하기 때문이다.

마지막으로, 혁신적인 수업 사례에 대한 증언은 실제 교육 현장에서 실행 가능한 것들에 대한 지식을 확장하고, 현행 교육과정의 한계에 대해 의문을 제기하게 한다. 이처럼 경계를 넓혀 가는 것만이 고도로 기술이 발달된 21세기를 살아가기에 적합한 교육과정을 만들어 갈 수 있는 방법일 것이다.

교육 활동에 대한 시사점

유아교육자들에게 이러한 영상 미디어 교육은 다음과 같은 여러 가지 시사점을 준다.

유아교육과정에 미디어 교육을 포함시키기

미디어 교육은 현대 사회에서 매우 중요하다. 어린이들의 일상생활 가운데 많은 부분이 새로운 기술과 미디어 텍스트를 통해 중재되고 있기 때문이다. 이러한 작업은 더 이상 무시하거나 하찮은 것으로 여겨져서는 안 되며, 따라서 교사들은 이 분야의 지식을 발전시킬 필요가 있다.

어린이들에게 디지털 편집에 참여할 기회를 제공하기

유아들에게 디지털 촬영과 편집 장비를 사용하도록 독려할 필요가 있다. 이를 통해 뉴미디어 시대에 직업을 갖고 여가를 즐기는 데 있어 중요한 기능, 지식, 이해를 발달시킬 수 있기 때문이다.

책, 비디오/DVD, CD-ROM 등의 다양한 형식으로 제공되는 동일한 이야기를 비교하고 대조하기

교사들은 어린이들이 여러 미디어로 구현된 이야기의 특징에 대해 다양한 양식 간의 유사점과 차이점을 찾아내며 탐구하고 토론하도록 격려할 필요가 있다. 이런 방법으로 어린이들은 다양한 종류의 미디어가 독자나 관객에게 유도하는 행동에 대한 이해를 발달시킬 수 있다.

어린이들에게 다른 미디어를 사용해 이야기를 다시 말해 보도록 하기

어린이들은 하나의 양식에서 다른 양식으로 이야기를 변환하는 경험을 할 필요가 있다. 어린이들은 '형질전환' 과정, 즉 하나의 양식에 형성되어 있었던 것을 다른 양식에서는 다르게 형상화하는 과정과 관련된 기능과 이해를 발달시킬 필요가 있다.

이 분야에 대해 어린이들이 지니고 있는 전문성을 시작점으로 활용하기

뉴미디어 사용에 있어 어린이들이 현재 갖고 있는 지식과 기능을 인정하고, 이를 바탕으로 학습이 이루어질 필요가 있다. 어린이들이 어린이집이나 유치원을 다닐 무렵에는 이미 이러한 기술에 대한 상당한 이해와 엄청난 관심을 지니고 있다. 이러한 이해와 관심을 지속적으로 길러 주고 확장해 주어야 하며, 이를 하찮게 여기거나 간과해서는 안 된다.

이 장에서 자세히 설명한 것과 같은 프로젝트가 이러한 작업을 위한 훌륭한 출발점이 될 수 있을 것이다. 그러나 교육과정 개발에 대한 책임을 지고 있는 정부와 정책결정자들도 유아 미디어 교육에 더 큰 관심을 가질 필요가 있다. 어린이들, 그리고 일부 교사들이 새로운 기술에 대한 엄청난 열정과 전문성을 갖고 있기는 하지만, 교육과정의 틀이 이러한 현대적 소통 실태를 반영하지 않는다면 보다 넓은 세계에서 일어나고 있는 엄청난 속도의 발전에서 교육 현장은 늘 뒤처질 수밖에 없을 것이다. 호주의 퀸즐랜드 주 교육

과정과 같이 한층 진보된 사고를 보여 주는 예도 존재한다(예: the State of Queensland, 〈*Literate futures*〉, 2000). 그러나 이 분야에서의 발전은 더 속도를 낼 필요가 있다. 만약 이러한 발전이 이루어지지 않는다면, 리터러시 교육 분야는 이렇게 '걷잡을 수 없이 빠르게 변화하는 세계'(Leach, 1968; Giddens, 2000)를 절대로 따라잡을 수 없을 것이다.

---

*   버밍엄의 로빈후드 초등학교의 앤 애스턴(Ann Aston) 교장 선생님이 이 프로젝트에 대해 기술적 조언을 해 주었다. 이 장에 기술된 작업은 이 학교의 초등학생들을 대상으로 다년간 이루어져 왔다. 이 학교의 선구적인 ICT와 미디어 작업의 사례에 대해서는 이 학교의 웹사이트(http://www.robinhood.bham.sch.uk)를 참고할 수 있다.

참고문헌

Barton, D. (1994) *Literacy: An Introduction to the Ecology of Written Language*. Oxford: Blackwell.

Bearne, E. (2003) 'Playing with possibilities: Children's multi-dimensional texts', in E. Bearne, H. Dombey & T. Grainger (eds) *Classroom Interactions in Literacy*. Buckingham: Open University Press.

Bomer, R. (2003) 'Things that make kids smart: A Vygotskian perspective on concrete tool use in primary literacy classrooms', *Journal of Early Childhood Literacy*, 3 (3), 223–47.

British Film Institute (2003) *Look Again: A Teaching Guide to Using Film and Television with Three-to-Eleven-Year-Olds*. London: BFI Education.

Buckingham, D. (2003) *Media Education: Literacy, Learning and Contemporary Culture*. Oxford: Polity Press.

Burn, A. & Leach, J. (2004) 'ICTs and Moving Image Literacy in English', in R. Andrews (ed.) *The Impact of ICT on English 5–16*. London: RoutledgeFalmer.

Carrington, V. & Luke, A. (2003) 'Reading, Homes and Families: From Postmodern to Modern?', in A. van Kleeck, S. A. Stahl & E. B. Bauer (eds) *On Reading to Children: Parents and Teachers*. Mahwah, NJ: Erlbaum.

Cope, B. & Kalantzis, M. (ed.) (2000) *Multiliteracies: Literacy Learning and the Design of Social Futures*. London: Routledge.

Dyson, A. H. (1997) *Writing Superheroes: Contemporary Childhood, Popular Culture, and Classroom Literacy*. New York: Teachers College Press.

Dyson, A.H. (2003) *Brothers and Sisters Learn to Write: Popular Literacies in Childhood and School Cultures*. New York: Teachers College Press.

Gauntlett, D. (1996) *Media, Gender and Identity: An Introduction*. London: Routledge.

Giddens, A. (2000) *Runaway World: How Globalization Is Reshaping Our Lives*. London: Routledge.

Gillen, J., Gamannossi, B. A. & Cameron, C. A. (2004) ' "Pronto, chi parla? (Hello, who is it?"): Telephones as artefacts and communication media in children's discourses', in J. Marsh (ed.) *Popular Culture, New Media and Digital Literacy in Early Childhood*. London: RoutledgeFalmer.

Glister, P. (1997) *Digital Literacy*. New York: John Wiley & Sons.

Hannon, P. (2000) *Reflecting on Literacy in Education*. London: Falmer.

Hart, A. (2000) *Researching Media Teaching in England*. Southampton: Southampton Media Education Group at http://www.soton.ac.uk/~mec.

Hart, A. (2001) *Training Teachers in Media Education in the United Kingdom*. Southampton: Southampton Media Education Group at http://www.soton.ac.uk/~mec.

Kress, G. (1997) *Before Writing: Rethinking the Paths to Literacy*. London: Routledge.

Kress, G. (2003) *Literacy in the New Media Age*. London: Routledge.

Labbo, L. & Reinking, D. (2003) 'Computers and Early Literacy Education', in N. Hall, J.

Larson & J. Marsh (eds) *Handbook of Early Childhood Literacy*. London, New Delhi, Thousand Oaks, CA: Sage Publications.

Lankshear, C. & Knobel, M. (2003) *New Literacies: Changing Knowledge and Classroom Learning*. Milton Keynes: Open University Press.

Leach, E. (1968) *A Runaway World: the 1967 Reith Lectures*. Oxford: Oxford University Press.

Luke, A. & Luke, C. (2001) 'Adolescence Lost/Childhood Regained: On Early Intervention and the Emergence of the Techno-Subject', *Journal of Early Childhood Literacy*, 1 (1) 91–120.

Mackey, M. (2002) *Literacies Across Media: Playing the Text*. London: RoutledgeFalmer.

Makin, L. (2003) 'Creating Positive Literacy Learning Environments in Early Childhood', in N. Hall, J. Larson & J. Marsh (eds) *Handbook of Early Childhood Literacy*. London, New Delhi, Thousand Oaks, CA: Sage Publications.

Makin, L., Hayden, J., Holland, A., Arthur, L., Beecher, B., Jones Diaz, C. & McNaught, M. (1999) *Mapping Literacy Practices in Early Childhood Services*. Sydney: NSW Department of Education and Training and NSW Department of Community Services.

Marsh, J. (2003) 'One-way traffic? Connections between literacy practices at home and in the nursery', *British Educational Research Journal*, 29 (3), 369–82.

Marsh, J. (2004) 'The techno-literacy practices of young children', *Journal of Early Childhood Research*, 2 (1), 51–66.

Mitchell, J. C. (1994) 'Case Studies', in R. F. Ellen (ed.) *Ethnographic Research: A Guide to General Conduct*. London: Academic Press.

Moll, L., Amanti, C., Neff, D. & Gonzalez, N. (1992) 'Funds of Knowledge for Teaching: Using a Qualitative Approach to Connect Homes and Classrooms', *Theory into Practice*, 31 (2), 132–41.

Nixon, H. & Comber, B. (2004) 'Behind the scenes: making movies in early years classrooms', in J. Marsh (ed.) *Popular Culture, Media and Digital Literacies in Early Childhood*. London: RoutledgeFalmer.

Reid, M., Burn, A. & Parker, D. (2002) Evaluation Report of the BECTA Digital Video Pilot Project. London: British Film Institute.

Robinson, M. (1997) *Children Reading Print and Television*. London: Falmer Press.

Robinson, M. & Mackey, M. (2003) 'Young children becoming literate in print and televisual media', in N. Hall, J. Larson & J. Marsh (eds) *Handbook of Early Childhood Literacy*. London, New Delhi, Thousand Oaks, CA: Sage Publications.

Roskos, K. & Neuman, S. B. (2001) 'Environment and its Influences for Early Literacy Teaching and Learning', in S. Neuman & D. Dickinson (eds) *Handbook of Early Literacy Research*. New York: Guilford Press.

Sefton-Green, J. & Parker, D. (2000) *Edit-Play: How Children Use Edutainment Software to Tell Stories*. London: British Film Institute.

Shulman, L. (1987) 'Knowledge and teaching: Foundations of the new reform', *Harvard*

Educational Review, 57 (1), 1–22.

State of Queensland, Department of Education (2000) *Literate Futures: Report of the Literacy Review for Queensland State Schools*, available at: http://www.education.qld.gov.au.

Street, B. (1997) 'The Implications of the New Literacy Studies for Education', *English in Education*, 31 (3), 45–59.

Walt Disney Pictures (1995) *Toy Story*. Dir: John Lassiter.

Walt Disney Pictures (2003) *Finding Nemo*. Dir: Andrew Stanton.

3 장

어린이들의 이야기 읽기와 해석

인쇄물, 영화, 컴퓨터 게임 속 이야기

마거릿 매키 Margaret Mackey

컴퓨터 게임은 단지 폭력적이고 시간을 낭비하게 하는 환각제에 불과한 것일까? 아니면 이야기가 구성되는 방식에 대한 새로운 이해를 제공할까? 이 장에서는 작가 더글러스 애덤스(Douglas Adams)가 만든 〈스타십 타이타닉(*Starship Titanic*)〉[14]이라는 이야기 게임(narrative game)[15]을 즐기는 청소년들이 어떤 해석 전략을 사용하는지에 대해 논의하고자 한다. 그리고 나서, 이 고장 난 우주선에서 일어나는 혼란스러운 게임 세계를 인쇄물이나 영화와 같은 다른 종류의 픽션에 대한 접근 방식과 대조하여 설명하며 탐구하고자 한다. 그리고 이 장의 마지막에서는 교사들을 위한 몇 가지 시사점을 제시할 것이다.

---

14 〈스타십 타이타닉〉은 〈은하수를 여행하는 히치하이커를 위한 안내서(*The Ultimate Hitchhiker's Guide to the Galaxy*)〉의 작가 더글러스 애덤스가 디자인한 어드벤처 게임으로, '스푸키 토크' 기능을 이용하여 플레이어와 NPC(게임의 흐름에 따라 등장하는 고정된 캐릭터) 간의 대화가 단순히 입력된 대사를 따라가는 방식이 아니라, 창의적이고 풍부한 방식으로 이루어지도록 한 것이 특징이다.

15 컴퓨터 게임을 이야기의 한 형태로 보는 시각에서는 작가나 감독이 창작한 이야기를 독자가 읽어 나가는 방식인 소설이나 영화와 달리, 게임은 독자에 해당하는 게이머가 능동적으로 만들어 가는 새로운 형식의 이야기라고 본다. 이러한 시각에서는 이야기를 바탕으로 하지 않는 게임(목표물을 공격해 점수가 올라가는 방식으로 된 게임 등)보다, 전략 시뮬레이션 게임이나 롤플레잉 게임과 같이 이야기를 만들어 가는 게임에 초점을 둔다.

들어가며

비록 아직까지 학교에서는 읽기, 보기, 듣기 등의 해석 활동을 분리하여 말하고 가르치고 있지만, 현실의 우리는 이러한 언어활동들이 통합된 문화에 살고 있고, 하나의 미디어에서 얻은 통찰을 다른 미디어를 다루는 데 적용하고 있다. 얼핏 보기에는 이런 현상이 우리가 살고 있는 멀티미디어 시대에 국한된 특별한 현상이라고 생각되겠지만, 이처럼 하나의 미디어에서 얻은 통찰에 바탕을 둔 개념이 다른 미디어에 적용된 사례는 역사적으로 적지 않다. 예를 들어 회화에서 원근법의 발전은 르네상스 시대의 스토리텔링에 영향을 주었다. 르네상스 시대의 독자 혹은 관객들은 그림에 나타난 사물의 감추어진 부분을 기반으로 하여 보이지 않는 사물을 추론하는 법을 익혔으며, 일단 이렇게 원근법을 사용하게 되자 이 개념을 책으로 옮겨, 장(chapter)과 장 '사이'에 존재하는 지속적이고 일관된 이야기를 추론하는 법을 배우게 되었다(Hutson, 2003: 3). 19세기에 사진은 그 당시에 출판된 소설에 커다란 영향을 미쳤다. 사진으로 인해 새로운 방식으로 보고, 사고하고, 반응하게 된 독자들이 다른 방식의 글쓰기를 이해할 수 있게 되었기 때문이다(Armstrong, 2002/1999). 드레상(Dresang, 1999)은 이러한 주장을 더욱 발전시켜, 어린이, 그리고 성인기에 접어들기 직전의 청소년들을 겨냥한 오늘날의 많은 책들이 우리 문화의 새로운 디지털 요소들을 고려하는 방식으로 '급진적인 변화'를 겪고 있다고 주장했다. 그는 '디지털 시대의 세 가지 개념이 청소년 문학에서 일어나고 있는 모든 근본적인 변화를 뒷받침하며 침투하고 있다. 그것은 바로 연결성, 상호작용성, 그리고 접근성이다'라고 보았다(Dresang, 1999: 12). 앨리슨 심프슨(Allison Simpson) 또한 〈해리 포터(*Harry Potter*)〉 시리즈의 작가 조앤 롤링(J. K. Rowling)의 성공에 대해 그녀가 '어린이들이 멀티미디어 세계의 이미지를 받아들이는 방식에 반응'한 데 따른 것(Fray & West, 2003에서 인용)이라고 보았다.

많은 비관론자들은 요즘 청소년들이 읽기를 거부하며, 대신 '생각 없고' 때로는 폭력적인 비디오 게임을 하면서 인생을 '낭비'하고 있다고 탄식한다. 그러나 이렇게 단순히 불평만 늘어놓으며 새로운 독자 세대에 대한 기대를 접어 버리기보다는, 청소년들이 컴퓨터 게임을 할 때 실제로 알고 행하는 것이 무엇인지 주의 깊게 살펴보고, 컴퓨터 게임을 하지 않는 사람들에게조차 이러한 동시대의 미디어가 스토리텔링에 대한 가정과 관습에 어떻게 영향을 미치고 있는지를 탐구하는 것이 훨씬 더 건설적이고 흥미로운 일이 될 것이다.

많은 경우 청소년들은 과거에 이루어져 왔던 여러 가지 종류의 독서와 시청 행위를 게임 플레이와 인터넷 사용으로 대체한 것이 아니라, 기존의 독서와 시청 행위에 덧붙여 게임 플레이와 인터넷 사용을 하고 있을 뿐이다. 여러 연구 결과들은 청소년들이 과거보다 더 많이, 그리고 더 잘 읽는 것은 아니라 하더라도, 여전히 과거만큼 많이 읽고 있다는 점을 입증하고 있다(Wright, 2001). 또한 컴퓨터 게임을 자세히 들여다보면, 이야기를 진행시켜 나가기 위해서는 게이머가 매우 복잡한 반응들을 지휘해야 한다는 점을 알 수 있다. 오늘날 청소년들은 실제로 다양한 형식의 미디어와 멀티미디어, 그리고 그 다양한 미디어 사이를 오가며 섬세한 맥락의 틀 안에서 '읽기'를 실행하고 있는 것이다.

만약 리터러시를 폭넓게 정의한다면, 컴퓨터 게임을 진행시키는 법을 배우는 것 역시 리터러시의 한 형식, 이 가운데에서도 특히 이야기를 이해하는 하나의 형식으로 볼 수 있을 것이다. 컴퓨터 게임을 리터러시의 측면에서 연구한 제임스 폴 지(James Paul Gee, 2003)는 다양한 비디오 게임을 실제로 실행해 본 자신의 경험을 설명하면서 게임들의 설계와 조직을 탐구한 바 있다. 그는 이러한 게임 연구를 통해 학습과 리터러시에 관한 36가지 원리를 끌어냈다. 게임 플레이에 대한 그의 설명은 픽션 읽기에 관해 익히 알려져 있는 설명과 비교해 볼 필요가 있다. 조지 크레이그(George Craig, 1997: 39)는 독자 반응이 정서적인 동시에 전략적이라는 점에서 복합적인 행위라고 설명하면서, '감정의 이동, 에너지의 이동, 내면화된 것의 이동은 단지 읽기 행위에만 수반되는 것이 아니라, 어떤 행위의 단계에서든 생겨날 수 있는 것'이라고 했다. 지(Gee, 2003) 역시 이와 비슷하게, 게임 플레이 행위의 특징인 우발적이고 내장된, 그리고 체화된 반응 형식에 대해 다음과 같이 설명했다.

> 비디오 게임은 게이머가 게임 방법에 대해 알고 있는 명시적이고 언어화된 지식뿐 아니라, 직관적이고 암묵적인 지식까지도 필요로 한다. 이 직관적이고 암묵적인 지식은 게이머의 움직임, 몸, 그리고 무의식적인 사고방식에까지 스며든다. 게이머들은 한 가지 계통의 게임 혹은 다양한 게임 장르를 반복해서 실행하는 과정에서 이러한 직관적, 암묵적 지식을 발전시키게 된다.(p.110)

픽션 읽기에 대한 크레이그의 설명과 게임 플레이에 대한 지의 설명은 모두, 누군가가 만들어 놓은 서사적 상상력의 요구에 일시적으로 복종하는 상태를 묘사하고 있다. 또한 픽션 읽기와 게임 플레이 모두 절차적 기술의 조율과 정서적 공감의 관여가 필요한 행위라고 설명하고 있다. 이렇듯 해독 전략과 상상적 연계라는 이중성은 픽션과 관련된 모든 종류의 리터러시의 특징이다.

이 장에서는 이야기를 전개해 나가도록 되어 있는 컴퓨터 게임을 플레이하는 방법들이, 글을 읽거나 화면을 보는 기존 방식의 이야기 형식들을 어떻게 반영하고 변형시키는지에 대해 탐구하고자 한다. 즉, 지면의 글을 읽는 것이나 화면을 보는 것으로부터 얻은 기능과 전략들이 게임 플레이와 어떤 관계를 맺고 있을까? 게임을 플레이하는 것은 인쇄물을 읽는 방식이나 영화를 보는 방식에 어떤 영향을 주는 것일까? 이러한 질문들을 탐구하기 위해서는 라비노비츠(Rabinowitz, 1987)의 '읽기 원칙(rules of reading)', 그리고 더글러스와 하가돈(Douglas & Hargadon, 2001)의 '몰입(immersion)'과 '관여(engagement)' 개념 간 구분을 살펴볼 필요가 있다. 이에 대한 설명은 만 10~14세 청소년들의 게임 플레이 행위와 전략에 대한 연구를 바탕으로 이루어질 것이다(이 청소년들의 게임 플레이 전략에 대한 보다 완전한 설명은 Mackey, 2002의 연구를 참고할 수 있다).

지(Gee, 2003)의 연구는 연구자 스스로 게이머의 입장에서 어떻게 게임의 기량을 발전시켜 나갔는지에 대해 논의했다는 점에서, 전혀 게임을 하지 않는 사람들이 게임을 이해하는 데에도 매우 도움이 된다. 그러나 게임하는 방법에 관한 자신의 기량을 인식하고 정교하게 설명한 그의 게임에 관한 통찰력과 게임 능력은 어린이나 청소년이 아니라 성인 학습자, 즉 성인이 되어서야 뒤늦게 게임 플레이를 시작한 베이비붐 세대에게만 적용되는 것이기 때문에 논의의 한계가 있다. 태어나서부터 지금까지 컴퓨터 게임을 해 온 청소년들은 컴퓨터 게임에 대해 명시적으로 이해할 수도 있지만 암묵적으로 이해하고 있을 가능성이 더 높다. 컴퓨터를 가정에서부터 접해 온 우리 사회의 청소년들은 그들이 읽기를 배워 온 기간만큼 다양한 디지털 게임들을 플레이하는 법을 배워 왔을 것이다. 따라서 그들이 지닌 해석 전략에서 다양한 미디어 형식들의 경계를 넘나들며 작동하는 완전히 직관적인 기제들이 발견되는 것은 전혀 놀랄 일이 아니다. 오늘날의 성인과 어린이들은 너무나 다른 종류의 텍스트에 노출되어 왔기 때문에, 아주 다른 배경에서 매우 다양한 해석적 기제를 사용하며 텍스트를 접하고 있는 것이 사실이다. 그러므로 성인들에게 익숙한 '지면에 존재하는 텍스트'를 읽는 것에 대해서뿐 아니라 지면이 아닌 다른 형식의 이야기를 해석하는 것이 어떤 시사점을 갖는지에 대해 이해하고자 하는 성인이라면, 자신이 지닌 이해의 틀을 기꺼이 벗어나야 한다. 비록 컴퓨터 게임을 하지 않는 성인들이라 하더라도 게임에 대해 부정적으로만 생각하기보다는, 과연 어린이들이 게임에 대해 실제로 알고 있는 바가 무엇인지에 대해 존중하는 태도로 게임을 살펴볼 필요가 있는 것이다.

이야기 해석의 관습

가정에서 게임이라는 새로운 텍스트의 세계를 직관적으로 경험하고 있는 사람이든 그렇지 않은 사람이든, 이제는 이러한 새로운 현상을 이해하기 위한 방법을 찾는 일에 노력을 기울여야 한다. 게임이라는 새로운 영역에 대해 알아보는 데에는 아마도 소설이나 희곡과 같이 인쇄물로 된 픽션에서 친숙하게 사용되는 지도 그리기 등의 기술을 사용하는 것이 도움이 된다. 또한 라비노비츠(Rabinowitz, 1987)가 제시한 이야기 해석의 원칙들을 참고하는 것도 도움이 될 수 있다. 라비노비츠는 사람들이 이야기를 어떻게 해석하는지를 설명하기 위해, 19세기와 20세기의 산문 픽션을 예로 들면서 이른바 '읽기 원칙'을 해석 관습의 방향으로 제시했다. 게임 작가 더글러스 애덤스의 컴퓨터 게임인 〈스타십 타이타닉〉(Adams, 1998)을 즐기는 청소년 게이머 다섯 쌍에 대한 연구(Mackey, 2002)를 보면, 게이머들이 복잡하고 혼란스러운 이야기 게임을 풀어 나가는 방법을 설명하는 데 있어 라비노비츠가 제시한 '읽기 원칙'이 아주 잘 적용된다는 점을 알 수 있다. 그가 제시한 네 가지 규칙은 '주목의 원칙', '의미화의 원칙', '구성의 원칙', '일관성의 원칙'이다.

첫째, '주목의 원칙(rule of notice)'은 독자(혹은 관객이나 게이머)들이 어디에 주목해서 텍스트를 읽으면 좋을지를 결정하는 데 도움이 된다. 아무리 적은 분량의 글이라 하더라도, 어떤 부분은 다른 어떤 부분에 비해 더 중요하기 마련인 것처럼, 정신없이 복잡해 보이는 컴퓨터 게임 화면 역시 어떤 부분은 주제와는 관련 없는 불필요한 장면인 경우가 많다. 누구나 쉽게 알아볼 수 있는 관습적인 신호들이 이런 것들을 구분할 수 있게 해 준다. 라비노비츠는 〈햄릿(*Hamlet*)〉의 예를 들어 이를 설명했다. 이 작품에서 중요한 인물은 처음으로 말을 하는 인물('정지!'라고 외치는 경비병)이 아니라 그 사람에게 대답하는 왕자라는 사실을 알 수 있는 중요한 단서가 있는데, 이는 바로 왕자의 이름이 이 연극의 제목이라는 점이다. 소설과 같이 산문으로 된 픽션의 각 장, 그리고 각 문단의 첫 번째 문장과 마지막 문장은 특별한 '주목'을 필요로 하는 단서들로 가득 차 있다. 중요한 문장은 미리 강조하여 지적된다. 어디에 주목해서 읽을지를 결정하는 일은 여간해서는 의식되지 않을 만큼 관습화된 방식으로 표시된다.

둘째, '의미화의 원칙(rule of signification)'은 독자가 주목해야겠다고 마음먹은 곳에 어떻게 주목할지를 결정하는 데 도움을 준다. 햄릿이 중요한 인물임은 분명하지만, 그렇다고 그가 말하는 모든 것을 다 믿어야 할까? 연극이라는 픽션의 세계에는 어떤 사회적, 심리적 가정들이 존재하는가? 예를 들어 햄릿이 말하는 것을 어떻게 해석할지 결정하는 데 있어 '왕권신수설'이라는 관념을 고려해야 할까? 우리는 종종 텍스트 내에 함축되어 있는 정보뿐 아니라 텍스트 바깥에 존재하는 세계에 대한 이해를 바탕으로 하여 이야기가 제공하는 자료들을 어떻게 평가할지 결정해야 한다.

셋째, '구성의 원칙(rule of configuration)'은 이야기의 개별적인 파편들을 조합해, 이를 이해 가능한 방식으로 통합하는 데 도움을 준다. 이에 대해 라비노비츠는 아주 간단하게 설명하고 있다. 우리는 이야기 속에서 어떤 일이 일어날 것이라고 기대하지만, 아무 이야기에서나 아무 일이든 일어나기를 기대하지는 않는다는 것이다. 첫 문장에서부터 이야기는 선택 가능성을 제한한다. 우리의 기대는 대체로 관습과 장르에 기반을 두고 있으며, 이는 특정한 종류의 결과를 기대하도록 만든다. 예를 들어 1장에 등장하는 아름다운 여인에게 벌어질 일에 대한 기대는, 그 이야기가 로맨스 장르에 속하는가 아니면 살인 미스터리 장르에 속하는가에 대한 판단에 따라 달라질 것이다. 연극 〈햄릿〉을 볼 때에도 우리는 첫 부분부터 많은 것을 기대하지만, 주인공이 중간에 그의 마음과 삶을 갑자기 바꿔 어린이 놀이 그룹을 만든다거나 하는 일을 기대하지는 않는다. 우리는 우리가 기대하는 어떤 종류의 사건 패턴에 따라, 사건의 파편들에 주목하고 의미를 부여하며 특정한 패러다임에 따라 그 의미를 통합한다.

지금까지 살펴본 '주목의 원칙', '의미화의 원칙', '구성의 원칙' 등 세 가지 원칙은 읽기(혹은 영상물의 시청이나 게임 플레이)의 과정에 적용되는 것이다. 그러나 라비노비츠가 제시하는 네 번째 읽기 원칙인 '일관성의 원칙(rule of coherence)'은 대체로 해당 텍스트에 대한 경험이 종결된 뒤에 사후적으로 적용된다. 즉, 우리는 읽기 관습을 적용해 해석하며 스스로 해석한 것들을 종합해 최선의 이야기를 구성한다. 이 과정에서 주제적 연결을 시도하기도 하고, 정보가 결핍된 부분이나 넘치는 부분은 주제적 측면에서 최대한 정보를 재구성하는 등의 노력을 기울인다. 영화를 본 후에 영화관을 나서면서 관객들이 나누는 대화는 일관성의 원칙이 적용되는 가장 흔한 예라 할 수 있다.

물론 이 네 가지 읽기 원칙은 저자가 잠재된 독자에게 지시해 놓은 방향을 충실히 따라가는 이른바 '협력적 독자(co-operative reader)'를 상정한 설명이다. 라비노비츠도 독자들이 저자의 지시에 좀 더 저항하거나 비판적일 수도 있음을 분명히 알고 있었겠지만, 이러한 '저자 관점의(authorial)' 읽기야말로 읽기의 원칙과 관습들이 가장 명확히 드러나는 모델이라고 보았다. 그가 제시한 바와 같이 독자의 기대가 충족되지 않을 때조차, 이러한 기대들이 해석 경험의 일부인 것은 분명한 사실이다.

새로운 스토리텔링 형식에 기존의 읽기 관습 적용하기

초기에 라디오 극작가와 소설가로서 명성을 얻었던 더글러스 애덤스가 만든 컴퓨터 게임 〈스타십 타이타닉〉(1998)은 이 모든 관습들을 바탕으로 하여 이야기를 창조한 것이다. 그러나 중요한 점은 이 이야기에 대한 이해가 (화면에 인쇄된 것도 포함하여) 많은 다양한 형식으로 나타날 수 있다는 것이다. 앞서 언급한 매키(Mackey, 2002)의 연구에서는 만 13~14세의 청소년 열 명이 두 명씩 짝지어 이 게임을 플레이하는 것을 녹화했는데, 이들은 라비노비츠가 제시한 원칙들, 특히 이 가운데에서도 '주목의 원칙', '의미화의 원칙', '구성의 원칙'을 광범위하게 사용하고 있었다(이 청소년들에게 게임을 완료할 시간을 주지 않았기 때문에, 전체적인 일관성에 도달할 기회는 없었지만 부분적인 일관성을 찾으려는 노력은 찾아볼 수 있었다).

예를 들어 보자. 게임을 시작하기 위해서는 화면상의 시각적 요소가 지닌 의미에 주목하고 의미를 찾아야 한다. 이 게임은 우아하게 꾸며진 집 안의 서재에서 시작된다. 기분 좋은 음악이 흐르지만 아직 어떤 시각적 행위가 일어난다는 신호는 없다. 게이머들이 제일 먼저 주목해야 할 사실은, 화면의 가장자리에 놓인 커서가 큰 화살표로 변하면서 게이머로 하여금 서재 안을 여러 지점에서 살펴보도록 유도하고 있다는 점이다. 그런 다음 게이머들은 책상 위에 놓인 컴퓨터와 그 옆에 놓인 CD들을 관찰하고 그 '의미'를 알아내야 한다. 게임을 활성화하기 위해서는 은색 CD들 가운데에서 다른 색을 가진 CD를 선택한 후 이를 클릭하고, 그것을 끌어다가 컴퓨터 안에 넣어야 한다. 이러한 행위는 타이타닉이라는 이름의 우주선이 갑자기

서재의 천장에 충돌하면서 전개되는 이 게임 속 이야기의 시작을 형성한다. 그러고 나면 곧바로 '핀터블(Fintible)'이라는 이름의 로봇이 내려와 상황을 설명한다. 우주선 타이타닉은 전기장치가 고장 나, 우주 항로는 물론 우주선을 움직이는 로봇의 유지까지도 영향을 받고 있는 상태이다. 게이머는 이 상황에 도움을 주어야 한다.

이러한 설명은 핀터블에 의해 말로 전달된다. 게이머들은 대화창에 '예'라고 타이핑함으로써, 자신이 도움을 주고자 한다는 의도를 확인시켜 주어야 한다. 게이머들이 우주선에 들어서면 의사소통은 두 가지 형식으로 이루어지게 되는데, 한 가지는 우주선 안의 인물들이 소리를 내는 것이고, 다른 한 가지는 그들의 말이 화면 아래에 인쇄되는 것이다. 게이머들이 말을 하려면 대화 화면에 타이핑하면 되는데, 이 대화가 상대방에게 들리게 하려면 게이머가 자신의 말을 타이핑하면서 목소리를 내야 한다.

우주선 안을 살펴볼 때 게이머는 반드시 시각적 정보와 그들이 만나게 되는 로봇의 설명에 주의를 기울여야 한다. 핀터블이 이미 게이머들에게 고장 난 전기장치 때문에 우주선 안의 모든 로봇들이 신뢰할 수는 없게 되었다고 경고했기 때문에, 게이머의 '의미화', 즉 어느 로봇의 어떤 말을 믿어야 할지를 결정하는 일은 더욱 어려워진다. 이것은 이야기를 이해하는 과정에서 흔히 잘 드러나지 않는 사실, 다시 말해 의미화와 구성에 대한 관습적 또는 장르적 기대는 사실 우리가 무엇에 어떻게 '주목'하는가에 영향을 미친다는 점에 대한 흥미로운 교훈으로 볼 수 있다. 우리는 이야기가 제대로 진행되지 않을 때까지는 이 과정을 당연하게 여긴다.

게이머는 여러 다양한 양식에 주목해야 하는데, 이 또한 게임의 이야기 전개 과정에서 중요한 점이다. 게이머들은 로봇의 음성 언어와 문자 언어에 주의를 기울여야 한다. 또한 우주선을 탐험하는 동안 커서를 어디로 움직일지 결정할 때에는 시각적 자료의 변화에 주목해야 한다. 그리고 게이머들은 이야기 자체를 어느 정도 신뢰할 것인지 결정해야 한다. 예를 들어 그들은 '폭탄을 해체하려면 이 버튼을 누르시오'라고 적혀 있는 폭탄을 만났을 때, 이 허구적 세계의 '의미화'에 대해 중요한 교훈을 배우게 된다. 이 버튼을 누르면 폭발의 카운트다운이 시작되기 때문이다.

〈스타십 타이타닉〉 게임을 즐기는 게이머인 '잭'과 '애니타'의 경우, 첫 화면에 등장한 커서가 서재를 살펴보도록 유도하고 있다는 점에 '주목'하는 데만도 꽤 오랜 시간이 걸렸다고 말했다. 게임은 완전히 정체되었고, 초기 화면의 음악이 반복되고 서재 장면은 변하지 않고 그대로 있었다. 그들이 만약 이 이야기를 책으로 읽고 있는 상황이었다면, 초반부를 제대로 이해하지 못했다 하더라도 계속 페이지를 넘길 수 있었을 것이다. 다만 독자가 첫 번째 페이지의 중요한 결정적 단서를 놓친다면, 게임을 할 때와 마찬가지로(그러나 다른 방식으로) 장애에 부딪치게 될 것이다.

화면으로 경험하는 이야기와 지면으로 경험하는 이야기를 비교해 보는 것은 흥미로운 일이다. 게임에서는 반드시 게이머가 화면의 전개를 활성화시켜야 한다. 책에서는 언어가 이미 지면 위에 고정되어 있다. 그럼에도 불구하고, 지면 위의 이야기와 화면 위의 이야기에는 중요한 유사점이 있다. 두 경우 모두 독자 혹은 게이머가 이야기를 이해하기 위해서는 상상력이 픽션에 적합하게 '발사'되도록 만들 방법을 찾아야만 한다는 점에서 그렇다. 지면 위의 이야기이든 화면 위의 이야기이든, 일련의 기호들이 기록하고 있는 내용을 독자 혹은 게이머가 그들의 읽기 관습에 따라 조립하여 이해하는 정신적 활성화가 이 두 가지 미디어 모두에서 일어난다.

몰입과 관여

독자(혹은 관객이나 게이머)가 텍스트와 관계 맺는 방식을 알아보기 위한 또 다른 유용한 방법은 더글러스와 하가돈(Douglas & Hargadon, 2001)의 연구에서 제시된 '몰입(immersion)'과 '관여(engagement)' 개념의 구분이다. 이들의 설명에 따르면, '몰입'이란 텍스트 내의 세계에 완벽하게 빠져 있는 상태이고, '관여'란 텍스트에서 제시된 세계의 안과 밖을 오가는 것이다.

> 텍스트에 '몰입'해 있는 독자의 지각, 반응, 상호작용은 모두 대체로 고도의 통제된 상호작용을 지시하는 단 하나의 도식과 몇 가지 정해진 대본을 제시하는 텍스트의 틀 속에서 이루어진다. 이와는 달리, 우리가 '관여된 정서적 경험(engaged affective experience)'이라고 부르는 것은 관습적인 도식을 거스르는 모순된 도식들이나 요소들이 독자의 텍스트 몰입을 방해하는 경향이 있으며, 그리하여 텍스트 및 텍스트를 형성하고 있는 도식들과 그 안에서 작용하는 대본들에 대해 텍스트 밖의 관점을 갖고 볼 수 있도록 한다.(p.156)

몰입과 관여의 구분은 다양한 미디어에 대한 해석적 반응을 논의하는 데 있어 유용한 개념이다. 그러나 해석자가 이 중 어느 한 가지 형식에만 충실한 것은 아니다. 하나의 텍스트 혹은 여러 가지 텍스트를 다루는 데 있어 많은 사람들이 보통 이 두 유형 사이를 오가게 마련이며, 그러면서 원래의 이야기에 강하게 연결되어 있다고 느낀다. 이러한 현상이 어떻게 일어나게 되는지에 대해 한 가지 예를 들어 설명해 보겠다. 〈반지의 제왕(*The Lord of the Rings*)〉의 세계에 푹 빠진 사람이 있다고 하자. 책을 읽든 영화를 보든 이 사람은 완전히 '몰입'해 있을 수 있다. 몰입의 방식은 톨킨(Tolkien)이 발명한 언어를 배우거나, 팬사이트를 만들거나, 톨킨이 구축한 특별한 게임 세계의 파생상품에 바탕을 둔 〈던전 앤 드래곤(*Dungeon and Dragons*)〉[16]과 같은 게임 시나리오를 개발하는 등의 방식으로 이루어질 수 있다. 한편, '관여'는 〈반지의 제왕〉의 서사 도식의 안과 밖을 오가는 것이다. 예를 들어 DVD 버전에 수록된 해설을 살펴보거나, 이 이야기에 바탕을 둔 디지털 게임 플레이 전략에 대해 온라인으로 대화를 나누거나, 톨킨의 소설이 지닌 특징과 제약을 활용하되 완전히 다른 이야기를 만들어 내는 팬픽을 쓰는 방식으로 이루어질 수 있다.

　　오늘날의 현대 문화는 텍스트에 단 한 번 완전히 몰입하기보다는 하나의 텍스트에 다각도로 관여하는 방식을 만들어 내고 있다(현대적인 텍스트들이 독자 혹은 관객으로 하여금 원본의 경계를 넘어서서 즐길 수 있도록 하는 방식과 이러한 현상에 대한 문화적·상업적 측면에 대한 보다 자세한 설명은 Mackey, 2003을 참고할 것). 오늘날 텍스트를 해석하는 독자나 관객들이 텍스트에 대한 통찰을 얻는 원천에는 텍스트의 내적 세계뿐 아니라 외적 정보까지 포함된다. 독자, 관객, 게이머들 모두 아주 어린 나이부터 다양한 미디어를 오가며, 다른 곳에서 얻은 지식을 자신이 접하고 있는 이야기 자체에 대한 해석에 적용하는 문화적 훈련을 받아 왔다. 〈텔레토비(Teletubbies)〉 책을 읽을 때 아기 독자들은 TV 시청 및 인형을 갖고 논 경험을 통해 배운 도식을 적용한다. 이와 마찬가지로 〈스파이더맨(Spiderman)〉을 좋아하는 청소년 팬들은 만화책, TV 인터뷰, 인터넷 사이트, 관련 소설 등 복합적인 정보원을 통해 그 이야기의 배경이 되는 내용을 알게 된다. 사실, 텍스트를 만나는 형식으로서의 '관여'가 아주 새로운 것은 아니다. 그러나 현대에 들어서 다양한 종류의 이야기에 대한 적절한 접근 방식으로서 관여를 강조하게 된 것은 읽기 규범에 영향을 주는 새로운 미디어의 등장 때문이다. 아마도 '규범적' 읽기에 익숙했던 50년 전의 어린이들보다는 현대의 어린이들이 다양한 외부 정보원을

16　〈던전 앤 드래곤〉은 TSR이 1974년 최초로 출판한 테이블 롤플레잉 게임으로, 현재는 1997년 TSR을 합병한 위저드 오브 더 코스트가 판권을 소유하고 관련 서적을 출판하고 있다. 많은 판타지 소설과 컴퓨터 롤플레잉 게임이 이 게임의 설정과 규칙을 차용하였으며, 소설 〈다크엘프 트릴로지(The Dark Elf Trilogy)〉나 컴퓨터 게임 〈네버윈터 나이츠(Neverwinter Nights)〉 시리즈처럼 정식으로 사용권을 획득하여 관련 콘텐츠를 제작하기도 한다.

참고하면서 읽기를 수행할 가능성이 훨씬 더 높을 것이다. 따라서 읽기 규범에 생겨난 이러한 변화에 컴퓨터 게임과 DVD 등의 현대적 미디어가 상당한 기여를 했음을 부인하기는 어렵다.

〈스타십 타이타닉〉 게임을 즐기는 게이머들이 이야기에 어느 정도 몰입할 것인지 혹은 관여할 것인지를 결정하는 과정을 살펴보는 일은 게임을 이해하는 데 매우 도움이 된다. 경험 많은 게이머인 잭은 '픽션을 대하는 태도'와 '전략적 태도' 사이를 오가며 게임을 했다. 그는 게임을 계속해서 '저장'하여 곤경에 처할 때마다 이전 위치로 돌아갈 수 있었는데, 이런 방식으로 그는 언제든 당면한 허구적 세계의 조건으로부터 쉽게 '빠져나올' 수 있었다. '재니스'와 '매들린'은 게임 속에서 폭탄의 폭발 버튼을 누른 다음 그들이 일으킨 재앙으로 인해 발생한 가상의 공포 상황을 즐기는 등 이야기 자체에 완전히 몰입했지만, 한편으로는 "뭐, 죽으면 다시 시작하면 되죠"라고 말하면서 게임 속에서 쉽게 빠져나오기도 했다. 컴퓨터 게임은 기존의 다른 텍스트들에 비해 픽션 해석의 관습적 요소를 훨씬 더 전경화시키는 경향이 있는 것 같다. 그럼으로써 게이머들로 하여금 이야기 내에서 반응하는 것, 그리고 이야기의 밖이기는 하지만 여전히 게임 안에 존재하고 있는 전략을 선택하는 것 사이에서 자유롭게 오갈 수 있도록 한다.

그뿐 아니라 〈스타십 타이타닉〉은 한 가지 혹은 단순한 도식으로는 잘 해석할 수 없는 관여의 방식을 만들어 낸다. 매우 혼란스러우면서도 동시에 묘한 매력이 있는 세계의 한가운데에 놓인 게이머들은 게임을 한 단계씩 진행해 가면서 다양한 형식에 대한 이해를 활용하게 된다. 예를 들어 게이머들은 장르 관습에 대한 이해(다양한 형식의 기존 과학 소설을 풍자해 익살스럽고도 친숙한 형태로 다소 변형한 과학 소설)를 활용한다. 또한 어조와 언어 사용역(register)에 대한 인식(우주선 전체의 분위기는 엉뚱하고 예측할 수 없으며 불쾌함이 만연한 '부조리'로 묘사될 수 있을 만큼 냉소적이고 터무니없으며 초

현실적이다. 이와 같이 게임 진행을 어렵게 만드는 우주 환경에 익숙한 게이머들은 게임을 더 잘한다)을 활용하기도 한다. 게이머들은 게임 수행 전략(주어지는 정보가 이해되지 않는다 하더라도 되도록 많이 주목하고 기억하라. 나중에 어떤 정보가 필요할지 모르기 때문이다)을 잘 활용할 필요도 있다. 〈스타십 타이타닉〉 게임을 즐기는 열 명의 게이머에 대한 기록을 보면, 이들은 정기적으로 게임 속 이야기 세계의 밖으로 빠져나와 이러한 게임에 대한 이해를 가장 생산적으로 적용할 방법에 대해 논의했다. 그러나 이들이 이야기 세계를 빠져나간다 하더라도, 게임 영역 자체를 떠난 것이 아님은 분명했다.

오늘날 인쇄물로 존재하는 많은 픽션들 역시 이러한 패턴을 따르고 있다. 오늘날의 읽기 문화에서 독자는 상상을 하며 책을 읽기도 하지만 전략적으로 독서를 하기도 한다. 적어도 〈트리스트럼 섄디(*Tristram Shandy*)〉 (Sterne, 1760)[17] 이후 소설이 독자들에게 자신들의 읽기 방식에 대해 돌아보도록 도전해 오기는 했지만, 이러한 복잡한 형식의 독서가 훨씬 더 광범위하게 확대된 것은 오늘날에 이르러서이다.

바쁜 현대 사회의 읽기

독자가 선택할 수 있는 미디어 형식이 급속도로 늘어남에 따라, 책은 상상력을 매혹시키는 유일한 대안이 아니라 다양한 대안들 가운데 하나가 되었다. 픽션은 많은 경우 동일한 내용이라 하더라도 다양한 미디어 형식으로 존

---

17 '현대 소설의 대부' 로런스 스턴(Laurence Sterne)의 대표작. 직업이 작가인 트리스트럼 섄디가 주인공이나, 그가 태어나기 전에 일어난 사건들과 인물들에 대한 이야기가 중심이다. 소설은 주인공의 아버지 월터 섄디의 작명(作名)에 대한 강박관념이나, 토비 삼촌의 연애 사건, 소문 때문에 유명을 달리한 요릭 목사의 이야기 등에 대해 자유롭게 서술하는 방식을 취했다. 우연과 불확실성으로 가득한 우리의 삶을 유머와 해학을 통해 긍정적으로 바라볼 수 있게 하는 작품이라 평가된다.

재한다. 그러나 이러한 부인할 수 없는 사실에 대해, 책이 다른 미디어와의 경쟁에서 꼴찌를 면할 수 없는 악몽 같은 시나리오라고 간주해서는 안 된다. 이는 실제 현실에서 일어나고 있는 일을 무시하는 것이다. 사실 많은 미디어의 내용들이 책으로 옮겨지고 있으며, 나아가 책에서 영감을 얻고 그 책을 읽은 독자들을 전제한 상태에서 개발되고 있다. 아마도 가장 강력한 예는 〈해리 포터〉와 관련된 영화, 장난감, 장신구, 레고, 그리고 다양한 인터넷 사이트와 게임 등이 어린이들의 〈해리 포터〉의 독서를 방해하는 것이 아니라는 점일 것이다. 나는 〈해리 포터와 불사조 기사단(*Harry Potter and the Order of the Phoenix*)〉(Rowling, 2003)의 출판일 즈음에 많은 어린이들과 토론을 했는데, 어린이들의 첫 번째 우선순위는 되도록 방해받지 않고 가장 빠른 속도로 반복해 읽어 가는 완전한 '몰입 독서(immersed reading)'였다. 이처럼 이야기가 제공하는 세계에 깊이 있게 몰입한 이후에야 어린이들은 보다 관여적인 방식의 텍스트 경험, 즉 이야기가 제공하는 세계의 안팎을 오가며 책 자체, 그리고 책에 대한 해설과 서평, 채팅방 대화, 그리고 심지어는 장난감 사이를 오가며 누리는 엄청난 즐거움을 만끽할 수 있었다. 현대 문화에 존재하는 많은 다른 요소들 중에서도 특히 컴퓨터 게임은 어린이들에게 관여의 즐거움, 즉 이야기가 제공하는 세계에 대한 몰입과 그 세계의 안팎을 잠깐씩 오가며 전략적 논의를 하는 행복한 선택에 대해 가르친다고 볼 수 있다(어린이들의 현대 문화에서 〈해리 포터〉 책이 하는 역할에 대한 보다 자세한 설명은 Mackey, 2001을 참고할 것).

청소년들과 그들이 좋아하는 픽션의 관계

오늘날 어린이들은 다양한 픽션이 존재하는 세계에 살고 있다. 부모나 교사처럼 특정 영역에서 어린이들과 함께 지내는 어른들이 어린이들의 개인적 삶에서 일정한 균형과 다양성이 필요하다고 보는 것은 당연하다. 그러나 좀 더 추상적인 수준에서 볼 때, 인쇄된 책을 읽는 것은 모든 상상력의 근원이며 컴퓨터 게임을 하는 것은 그 자체로 사회적 타락의 원동력이라고 보는 고정관념으로부터 벗어나, 보다 폭넓은 관점을 가질 필요가 있다. 이러한 사고가 실제 교육에 어떻게 적용될 수 있을지를 생각하기 이전에, 실제로 현실에서 벌어지고 있는 일에 대해 보다 명확히 이해할 필요가 있는 것이다.

〈스타십 타이타닉〉게임을 즐기는 게이머들은 매우 복잡한 해석 기능을 활용하고 있다. 그들이 이 게임을 수행하면서 성취한 많은 것들은 다양한 미디어로 존재하는 픽션에 대한 접근에 도움이 될 것이다. 청소년들은 그들에게 제공되는 다양한 형식의 픽션들 사이를 오가면서, 상상력을 펼칠 뿐 아니라 이야기에 대한 생각을 발전시켜 가고 있다. 이러한 과정이 그들에게 제공할 수 있는 긍정적인 점에 대하여 관찰하고 연구할 때, 우리는 더 많이 배울 수 있을 것이다.

교육 활동에 대한 시사점

학생들이 다양한 이야기 형식에 대해 갖고 있는 경험과 전문성이 비록 교사의 경험이나 전문성과 다르다 하더라도 이를 인정하기

교사와 학생의 역할에 대해 교사는 전문가이고 학생은 도제라고 보는 낡은 구분 방식은 더 이상 아무런 반성적 성찰 없이 당연하게 적용될 수 없다. 교사 자신이 디지털 게임을 하는가에 관계없이, 교사들은 오늘날 그들이 교실에서 만나는 학생들이 다양하고 복잡한 방식으로 이야기의 속성을 이해하고 있다는 점을 깨달을 필요가 있다. 〈스타십 타이타닉〉의 경험을 이루는 모호하고 혼란스러운 요소들로부터 이야기에 대해 이해하는 일은 새로운 종류의 이야기가 만들어 내는 도전이다. 이러한 도전을 성공적으로 수행한 학생들은 광범위한 암묵적 해석 기능을 갖게 된다.

학생들 사이의 차이를 인식하고 수업 활동을 조직할 때 고려하기

물론 주어진 교실 상황에서 모든 학생들이 이러한 게임을 하고 있는 것도 아니고, 똑같은 게임 기능을 갖추고 있는 것도 아니다. 그렇다면 교사들이 이러한 잠재적 이해를 최대한 활용하여 학생들이 이를 분명히 이해하고, 비판적으로 성찰하며, 더욱더 유용하게 사용할 수 있도록 도움을 주기 위해서는 어떻게 해야 할까? 이 점을 고려할 필요가 있다.

다양한 종류의 이야기에 대한 탐구를 위해, 보다 일반적인 미디어 형식에 대한 학생들의 폭넓은 경험을 활용하기

서구화된 사회에 살고 있는 시민이라면 영화를 해석하는 방법에 대해 어느 정도 암묵적으로 이해하고 있다. 따라서 어린이들에게 주어진 이야기를 언어, 동영상, 그리고 디지털적인 상호작용 형식을 사용하여 말해 보는 연습을 하게 한다면, 어린이들 모두 자신들이 어느 정도 암묵적으로 이해하고 있는 바를 떠올릴 수 있을 것이다.

값비싼 장비가 필요하다고 가정하지 말기

교실에 갖추어진 장비를 사용하여 실제 영화, 혹은 이야기를 바탕으로 한 게임을 만드는 활동은 무척 재미있는 일이지만, 아직까지 많은 교실 상황에서는 현실적으로 어려운 일일 것이다. 꼭 실제 제작을 하지 않더라도 종이와 연필을 가지고 작업하는 것만으로도 놀라울 정도의 사고 작용을 끌어낼 수 있다.

말의 힘을 기억하기

종이와 연필을 갖고 작업하는 것보다 더 간단한 방법은 토의를 하는 것이다. 학생들이 탐구해 볼 만한 흥미로운 질문은 얼마든지 있다. 예를 들어

'몰입'과 '관여'에 관한 쟁점은 학생들이 다양한 종류의 경험과 개인적 성향을 바탕으로 하여 서로 다른 의견을 가질 수밖에 없는 것이므로 좋은 토의 거리가 된다.

스토리텔링의 방식을 살펴볼 수 있는 멋진 기회를 놓치지 말기

아주 오랫동안 (그리고 때로는 다소 비열한 방식으로) 교사와 사서 교사들은 시리즈물, 공포물, 만화책 등 특정 형태의 텍스트가 학교에서 활용되지 못하도록 제한해 왔다. 컴퓨터 게임은 이야기 해석에 필요한 보다 섬세하고 강력한 이해력을 개발할 수 있는 큰 잠재력을 지니고 있다. 그러므로 컴퓨터 게임이 이러한 금지된 텍스트 목록에 포함된다면 교육적 손실이 매우 클 것이다.

참고문헌

Adams, D. (1998) *Starship Titanic*. CD-ROM. New York: Simon & Schuster Interactive.

Armstrong, N. (2002/1999) *Fiction in the Age of Photography: The Legacy of British Realism*. Cambridge, MA: Harvard University Press.

Craig, G. (1997) 'So Little Do We Know of What Goes On When We Read', in P. Davis (ed.) *Real Voices on Reading*. Basingstoke: Macmillan.

Douglas, J. Y. & Hargadon, A. (2001) 'The Pleasures of Immersion and Engagement: Schemas, Scripts, and the Fifth Business', *Digital Creativity*, 12 (3), 153–66.

Dresang, E. T. (1999) *Radical Change: Books for Youth in a Digital Age*. New York: H.W. Wilson.

Fray, A. & West, P. (2003) 'Harry's Magic Is Not By the Book', *Sydney Morning Herald* 30 June. http://www.smh.com.au/articles/2003/06/30/10 56824282760.html

Gee, J. P. (2003) *What Video Games Have to Teach Us about Learning and Literacy*. New York: Palgrave Macmillan.

Hutson, L. (2003) 'An Earlier Perspective: What Renaissance Art Can Tell Us about Renaissance Reading', *Times Literary Supplement*, 30 May 3–4.

Mackey, M. (2001) 'The Survival of Engaged Reading in the Internet Age: New Media, Old Media, and the Book', *Children's Literature in Education*, 32 (3), 167–89.

Mackey, M. (2002) *Literacies across Media: Playing the Text*. London: RoutledgeFalmer.

Mackey, M. (2003) 'At Play on the Borders of the Diegetic: Story Boundaries and Narrative Interpretation', *Journal of Literacy Research*, 35 (1), 591–632.

Rabinowitz, P.J. (1987) *Before Reading: Narrative Conventions and the Politics of Interpretation*. Ithaca: Cornell University Press.

Rowling, J. K. (2003) *Harry Potter and the Order of the Phoenix*. London: Bloomsbury.

Sterne, L. (1760) *The Life and Opinions of Tristram Shandy, Gentleman* (Third edition). London: R. & J. Dodsley.

Wright, R. (2001) *Hip and Trivial: Youth Culture, Book Publishing, and the Greying of Canadian Nationalism*. Toronto: Canadian Scholars' Press.

4장
운명의 단검과 만능 핸드백

'화면상에서 이루어지는 글쓰기'에
나타난 어린이들의 정체성 탐구

가이 머천트 Guy Merchant

이 장에서는 새로운 기술에 대한 어린이들의 경험이 어떻게 그들의 이야기 구성을 풍부하게 하는지에 대해 살펴보고자 한다. 보다 구체적으로는 어린이들의 이야기 창작 프로젝트에서 나온 연구 결과를 바탕으로 하여, 어린이들에게 대중문화와 뉴미디어의 경험을 바탕으로 이야기를 창작할 기회를 주었을 때 이들이 어떻게 지면과 화면을 오가며 언어와 시각 자료를 변환하는지를 살펴볼 것이다. 이 연구는 이메일 주고받기를 포함해 학교에서 이루어진 일련의 실행연구 프로젝트 자료에 기반을 둔 것이다. 특히 여기서는 '보관함'에 누적된 이메일들과 이야기의 파편들을 통해, 어린이들이 어떻게 글쓰기 관습과 타자의 목소리를 가져오고 변형하였는지를 보여 줄 것이다. 어린이들은 자신의 글쓰기에 대중문화 텍스트를 사용하기도 하고, 수업에서 사용된 자료들을 혼합하기도 하면서 혼성적 이야기(hybrid narrative)를 만들어 낸다. 이는 어린이들이 지닌 '필자로서의 정체성(identity as a writer)' 문제를 제기하는데, 이에 대해 나는 '화면상에서 이루어지는 글쓰기(on-screen writing)'가 어린이들에게 정체성 수행의 새로운 가능성을 제공함을 주장하고자 한다. 어린이들의 주도성(agency)은 이 과정에서 필수적인 부분으로서, 디지털 기술에 대한 접근이 학교의 시·공간적 제약에도 불구하고 어떻게 글쓰기에 있어 혁신과 창의성을 증진시킬 수 있는지를 보여 준다.

들어가며

새로운 의사소통 기술이 발달함에 따라 사회적 상호작용과 리터러시의 실행에서 새로운 패턴들이 생겨나고 있다는 점에 의문을 제기할 사람은 아무도 없을 것이다. 이러한 변화를 야기하는 디지털 기술에 대한 학교 조직의 반응은 제각각인데, 이메일과 휴대전화 사용 등 대중적인 의사소통에 대해서는 특히 그러하다. 교육 정책과 실행, 그리고 학생들의 문화는 학교와 교실에서 이루어지는 '화면상에서 이루어지는 글쓰기'에 대한 인식과 사용에 영향을 미친다(Holloway & Valentine, 2002). 그러나 리터러시에 대한 지배적 개념은 여전히 상당 부분 인쇄매체를 기반으로 한 것이며, 화면상에서 이루어지는 글쓰기에 관한 전문가들의 견해 또한 책을 바탕으로 한 담론에 의해 구성되는 경우가 많다. 랭크시어, 피터스, 노벨(Lankshear et al., 1996)의 연구에서는 이에 대해 다음과 같이 논의한 바 있다.

> 현재 다량의 전자 하드웨어와 소프트웨어들이 교실 내 실행과 교육과정에서 채택되고 있지만, 이는 디지털 텍스트 영역 내에 '책공간(bookspace)'의 울타리를 재창조한 것에 불과하다. 따라서 우리는 가까운 미래에 보다 적절한 하드웨어와 소프트웨어의 사용이 필요하다고 본다. 한편 이러한 하드웨어와 소프트웨어의 사용 이외에도, 교실이라는 학습 공동체에 대한 '인식'과 성향에 있어 분명한 변화가 이루어질 필요가 있다.(p.181)

이러한 주장이 처음 제기된 지 오랜 세월이 지났으나, 교실에서의 디지털 글쓰기에 대한 지배적 패러다임은 여전히 변화하지 않은 채로 남아 있다. 즉 교실은 여전히 '책공간'의 울타리에서 벗어나지 못하고 있는 것이다. 교실 밖 세상에서는 디지털 기술의 사용과 대중화가 빠른 속도로 진행되고 있음에도, 상호작용적 전자매체의 소통이 지닌 교육적 잠재력은 여전히 교실에서 실행되지 않고 있다. 또한 많은 어린이들이 디지털 기술에 대한 상당한 경험을 지니고 있지만, '학습 공동체'에 대한 인식과 성향의 변화는 여전히 느리기만 하다. 디지털 기술에 대한 접근성이 떨어지는 어린이들을 사회에 보다 온전히 참여시키기 위해서는 디지털 기술에 대한 접근성이 공평하게 이루어지도록 할 필요도 있다(Holloway & Valentine, 2003).

만약 새로운 의사소통 기술을 외면한다면, 이는 학교 안과 밖에서 이루어지는 리터러시 수행의 양극화를 심화시키고, 학교 교육과정과 이를 배우는 학습자 간의 거리를 더욱 멀어지게 하는 결과를 초래할 것이다. 다이슨(Dyson, 1997; 2003)의 연구는 어린이의 글쓰기 행위는 이들이 사회에서 경험한 문화적 재료들을 바탕으로 이루어진다는 점을 들어, 사회적 요소들이 교육과정에 침투할 수 있음을 보여 주고 있다. 그러나 이는 특히 디지털 기술의 사용에 관한 한 교실 문화가 결정적으로 중요하다는 점을 보여 주는 것이다. 실제로 정보소통기술(ICT)에 관한 홀러웨이와 발렌타인(Holloway & Valentine, 2002)의 연구는 학교와 교실에서 기술을 제시하고 사용하는 방식에 있어 학교 정책과 교사의 실행이 큰 영향력을 발휘하고 있음을 보여 준다. 나는 디지털 글쓰기 기술이 어린이들의 경험과 정체성, 그리고 이것들과 관련된 리터러시의 실행을 인정하는 방식으로 리터러시의 교육과정에 포함되어야 한다고 주장한다(Merchant, 2003). 헐과 슐츠(Hull & Schultz, 2001)가 주장한 바와 같이, 만약 우리가 어린이들에게 접근 가능하고 그들의 삶에 의미 있는 교육을 제공하고자 한다면, 학교 밖 정체성, 사회적 실행, 그리고 이와 관련된 리터러시가 교실 생활에 융합되어야만 하기 때문이다.

　화면상에서 이루어지는 어린이들의 글쓰기에 대한 연구에서 도출해 낼 수 있는 두드러진 주제는 바로 디지털 글쓰기를 통해 정체성이 각인되고 수행되는 방식에 관한 것이다(Merchant, 2003). 어린이들의 글쓰기에서는 이것이 일반화되어 있는 반면, 적어도 이 글을 쓰고 있는 당시에도 리터러시 교육의 대부분은 여전히 교사가 설정한 목표, 소집단 및 학급 전체의 목표, 글쓰기 발달 모델 등에 의해 지배되고 있다. 그러나 이러한 모델은 선형적이고 천편일률적이며, 특정한 '책공간'의 울타리 내에서 이루어지는 리터러시에 관한 하나의 설명에 불과한 것이다. 푸코(Foucault)가 제시한 사회적 통제 모델은, 특정한 형태의 리터러시가 어떻게 교육과정에 공식적으로 명시되는 '정상화(normalised)', 교육적 연속성이 제공되는 '배열화(seriated)', 교과 시간의 제도화를 통한 '규제화(regulated)'의 과정을 겪으며 실행되어 왔는지를 알 수 있게 해 준다(Foucault, 1977). 바꿔 말하면 현행 교육과정은 특정한 글쓰기 기능을 강조하고 이러한 기능이 언제 그리고 어떻게 교육되어야 하는지를 규정함으로써, 특정한 버전의 '책공간' 내에서 이루어지는 글쓰기 개념을 구체화한 것이다.

　앞서 논의한 바와 같은 '책공간'으로 한정된 글쓰기 개념의 대안이 될 수 있는 또 다른 글쓰기 전통은 클레이(Clay, 1975), 하핀(Harpin, 1976)의 초기 연구에 의해 제시되었고, 최근에 이루어진 다이슨(Dyson, 2003)의 문화기술지 연구에 의해 다시 주목받고 있다. 이들이 제시한 대안적 리터러시 발달의 전통에 따르면, 기존의 리터러시 발달 모델은 어린이들의 발달이 궁극적으로 비선형적이고 시대와 지역에 따라 달라진다는 점을 간과하고 있으며, 이 때문에 부적절한 것이다. 다이슨은 '어린이들은 특정한 전문가에게 배당되면 그들이 시키는 대로 충실히 따르는 도제'(Dyson, 2003: 135)라고 보는 것은 잘못된 생각이라고 경고하면서, 실제로 어린이들은 학교에서 이루어지는 공식적 리터러시 교육에 의해 '잘 길들여지지 않고 있다는 점'을 상기시킨다. 다이슨이 제시하는 사례 연구들은 어린이들이 어떻게 다양한 텍스트 관습을 통해 그들이 경험하고 있는 '다양한 사회적 세계의 자료들을 공식적 리터러시의 관습 내에 재맥락화시키는지'를 보여 준다(Dyson, 2003: 94). 이러한 관점의 리터러시 발달 모델은 리터러시 교육 과정 자체에 초점을 두지 않고 다양한 사회적 관습을 통해 자기 자신의 목소리를 찾으려는 언어 학습자인 어린이에 초점을 둔다. 따라서 이와 같은 대안적 리터러시 발달 모델에서는 '정체성(identity)'과 '주도성(agency)' 개념이 상호 연관된 주요 개념으로 등장한다.

웽거(Wenger, 1998)는 교육이란 '학습 공동체'에 참여하는 것이며, 학습 공동체에 참여하는 것은 정체성을 발달시키거나 '교섭(negotiation)'하는 것과 관련된다고 주장하면서, 다음과 같이 제안한 바 있다.

> 정체성의 확립은 사회적 공동체의 구성원이 된다는 것에 관한 우리의 경험적 의미를 교섭하는 가운데 구성된다. 정체성 개념은 사회적인 것과 개인적인 것 사이의 중심(pivot)으로서 기능한다. 따라서 우리는 하나의 정체성을 다른 정체성의 맥락에서 논의할 수 있다.(p.145)

이러한 진술은 학습자들(지금 논의하는 맥락에서는 '어린이들')이 사회적 관습과 담론의 복잡한 관계 속에 어떻게 위치 지어지는지, 그리고 교실에서 이루어지는 '새로운' 담론의 관습(예를 들어 화면상에서 이루어지는 글쓰기)에 관여하는 과정이 글쓰기와 정체성의 관계에 대한 인식을 어떻게 높여 줄 수 있을지에 대해 이해할 수 있도록 해 준다. 문자 텍스트, 그리고 필자인 어린이들의 정체성은 글쓰기 프로젝트가 이루어지는 특정한 사회적 맥락 내의 상호작용을 통해 동시에 구성된다.

홀랜드와 그의 동료들(Holland *et al.*, 1998)의 연구는 정체성 개념에 관한 새로운 이론적 토대를 제공했다. 이들은 문화 비교 현장 연구를 통해 '유동성(fluidity)'과 '즉흥성(improvisation)'을 특징으로 하는 정체성 형성 이론을 발전시켰다. 이들에 따르면 정체성은 다음과 같이 규정된다.

> 정체성이란 개인적 자아들, 그리고 개인적 자아들이 평생에 걸쳐 집단의 역사 속에서 일련의 행위들을 조직하고, 형성하고, 재형성하는 중심 수단이다. (p.270)

홀랜드 외(Holland *et al.*, 1998)의 연구에서는 바흐친(Bakhtin)이 제시한 관점(Bakhtin, 1981)을 바탕으로 하여, 정체성 형성이란 '형상화된 세계(figured worlds)'와의 대화적 상호작용을 통해 '자아를 저술하는 행위(authoring the self)'라고 정의했다. 이러한 '형상화된 세계'는 본질적으로 사회적인 담론 실행의 맥락이다. 학교, 운동장, 가정은 모두 형상화된 세계를 구성하며, 이것들이 포함하는 작은 문화들(글쓰기 교육과정, 컴퓨터 세트 등)을 구성한다. 홀랜드 외(Holland *et al.*, 1998)에 따르면, 개인은 형상화된 세계 내에 존재하는 '역학 관계 내의 위치(positionality)'와 '주도성'을 갖는다. 따라서 형상화된 세계에 참여하는 개인들은 그 세계 내의 특정한 역학 관계 내에 위치 지워지는 동시에 그것을 형성하거나 재구조화할 수 있는 잠재력도 갖게 된다.

학교 교육과정이 특정한 내용을 금지하는 일에 골몰하고 지나치게 많은 교수 학습 목표를 수립하는 일에 집중하다 보면, 정작 어린이 학습자들이 학습 공동체인 수업에 참여하도록 돕는 일을 소홀히 하게 될 위험이 있다. 어린이들이 글쓰기를 통해 자신의 목소리를 찾고 정체성을 탐구할 수 있는 기회는 안중에도 없게 되어 버리는 것이다. (안타깝게도 아직까지 많은 영국 학교에서 화면상의 글쓰기는 여전히 낯설게 여겨지고 있지만) 어린이들에게 기존의 방식이 아닌 새로운 방식으로 글을 쓸 기회가 허락된다면, 어린이들은 자신만의 '대항서사(counternarrative)'[18]를 만들어 낼 수 있게 될 것이다(Peters & Lankshear, 1996). 여기서 살펴보고자 하는 것은 바로 이처럼 디지털 소통의 대항서사 속에서 출현하고 있는 글쓰기 정체성에 대한 생각이다.

정체성과 글쓰기

정체성과 글쓰기의 관계에 대해서는 두 가지 측면에서 살펴볼 수 있다. 첫째, 어린이의 '필자로서의 정체성(identity-as-a-writer)'에 대한 생각인데, 이 용어는 글쓰기를 사회적 실천으로 사용하고 가치 있게 여기는 공동체의 구성원이 되는 과정을 설명하기 위한 개념이다. 필자로서의 정체성이라는 감각이 발달되려면 주도성에 대한 인식과 글쓰기의 사회적 실행 및 맥락에 대한 개입, 즉 글쓰기가 갖는 힘에 대한 이해와 필자로서의 자신에 대한 메타적 인식이 필요하다.

　둘째는 '글쓰기에 나타난 정체성(identity-in-writing)'에 대한 생각인데, 이것은 텍스트와 텍스트 생산, 특히 어린이들의 정체성과 문화적 자원이 글쓰기 행위를 통해 수행되고 변형되는 방식에 보다 초점을 둔다. 이러한 관점에서의 정체성은 위에서 제시한 것처럼 필자로서의 자신에 대한 메타적 인식에 따라 결정되는 것이 아니라(물론 메타적 인식에 영향을 줄 수는 있겠지만), 글쓰기 행위 혹은 기호를 표기하는 행위 자체에 나타난다. 글쓰기에 나타난 정체성이란, 문자 텍스트가 그 필자에 관해, 그리고 그 필자가

18　지배적 문법에 의존하여 전개되는 지배적 서사에 대한 대립물로 제시된 서사.

어떤 사람이며 무엇을 제시하고 싶어 하는지에 대해 말해 주는 방식을 포착하는 개념인 것이다.

　정체성에 대한 이 두 가지 구분은 할리데이(Halliday)가 제시한 언어의 메타 기능에 대한 구분, 즉 '관념적(ideational)' 기능과 '대인 관계적(interpersonal)' 기능의 구분에 대한 생각과 유사한 점이 있다. 할리데이 학파의 용어인 '관념적' 기능이란 관념의 반영(reflection)을 뜻하는 것으로, '언어는 무언가에 대한 것'이며 따라서 '문화적 경험과 (⋯) 그 문화의 구성원으로서 개인의 경험을 입력'하는 것이라는 점을 강조하는 개념이다. 이와 같은 언어의 관념적 기능은 언어의 '행위(action)'적 측면을 강조하는 '대인 관계적 기능'과 보완 관계에 있는데, 이는 '언어란 무언가를 행하는 것'이며 '상황에 따른 역할 관계'를 표현하는 것이라는 점을 강조하는 개념이다(Halliday, 1978: 112). 이러한 대인 관계적 기능에서 중요한 것은 정체성이다. 따라서 이 장의 나머지 부분에서는 '글쓰기에 나타난 정체성'에 초점을 두어 정체성을 살펴보고자 한다.

연구의 개요

이 연구는 이메일과 화면상의 글쓰기를 활용한 이야기 구성에 대한 탐구를 목표로 이루어진 일련의 실행 연구 프로젝트에 근거한 것이다. 이 연구는 영국 사우스요크셔(South Yorkshire) 지역에 위치한 3개 초등학교에서 진행된 만 7~10세 사이의 학생들 52명이 참여한 글쓰기 프로젝트 수업을 통해 이루어졌다. 어린이들의 글쓰기는 '칼과 마법이 등장하는 모험 이야기', '과학 소설 이야기', '신화' 등 세 가지 대중 서사 장르를 바탕으로 하였다. 글쓰기 프로젝트에 참여한 어린이들은 집단을 이루어 화면상에서 이야기를 구성하고 작성했다.

개별 프로젝트는 어린이들이 얼마나 집중하느냐에 따라 다양한 길이로 진행되었지만, 이들은 대체로 3~5주 동안에 걸쳐 다양한 글쓰기 활동을 했다. 어린이들과 직접 만나는 미팅을 통해 나와 동료 연구자들은 어린이들의 글쓰기가 어떻게 진전되고 있는지, 어린이들이 흥미를 잃지 않고 있는지, 글쓰기에 탄력이 붙는 때는 언제였는지 등을 알아볼 수 있었다. 어린이들에게는 나와 동료 연구자들에게 정기적으로 이메일로 '연락을 취하면서', '이야기들이 어떻게 발전되고 있는지'에 대해 알려주고, '조언을 구하도록' 했다. 언제 이메일을 보낼지는 학교의 상황과 어린이들의 열의를 고려하여 결정하도록 하였다. 어떤 경우에는 학생들과 연구자가 일정한 역할을 위해 이메일을 교환하기도 했다.

이 프로젝트에 참여할 어린이들을 선택하는 일은 연구 참여 학교에서 맡았다. 연구에 참여한 어린이들의 리터러시 성취도는 대체로 글쓰기 영역에 관한 영국의 국가 표준을 만족시키고 있었다. 참여 학교들의 ICT 시설 수준은 모든 교실에 인터넷 시설이 갖추어져 있다는 점에서 대체로 유사하다고 볼 수 있다. 그 가운데 한 학교에서는 어린이들이 교실에 설치되어 있는 2대의 컴퓨터를 사용해서 작업했고, 다른 두 학교에서는 어린이들이 정기적으로 컴퓨터 실습실에 가서 컴퓨터를 사용했다. 연구에 참여한 어린이들 모두 학교에서는 이 연구가 시작되기 이전에 이메일을 사용해 본 경험이 매우 적었다.

우리는 어린이들이 생산한 텍스트들을 모두 수집해 복사했다. 어린이들이 생산한 텍스트의 목록에는 전자 파일로 저장된 이야기 및 그 이야기의 파편들뿐 아니라, 그림과 연필, 종이를 가지고 작업한 계획서까지 포함된다. 어린이들의 이메일은 모두 보관되었다(어린이들의 이메일에 대한 보다 초점화된 분석은 Merchant, 2003을 참조할 것). 연구에 참여한 어린이들은 소그룹 인터뷰에 참여했다. 어린이들의 인터뷰는 그들의 글쓰기 상대와 함께 이루어졌다. 인터뷰는 교실에서 이루어지고 녹음되었으며, 인터뷰 내용에는 어린이들이 생산한 텍스트를 보면서 자신들의 견해를 말하는 과정이 포함되었다. 이 자료들에 대한 분석은 정체성과 글쓰기의 복잡한 관계를 담고 있는 텍스트의 언어적 특징과 시각적 특징에 초점을 두었다. 자료에 대한 분류 체계는 사용된 자료 자체에서 내적으로 발전된 것으로, 다음과 같은 내용을 다루고 있다.

- 어린이들이 글쓰기를 통해 자신의 실제 존재 혹은 가상공간에서의 존재를 어떻게 드러내는가(아래에서는 '독자에게 자신을 소개하기/독자에 대해 알기'라는 소제목하에 다루어짐).
- 어린이들이 의사소통을 어떻게 시작하고 끝맺는가(아래에서는 '시작하기/끝맺기'라는 소제목하에 다루어짐).
- 어린이들이 다른 텍스트에서 나온 이야기의 파편들을 어떻게 빌려 오는가(아래에서는 '운명의 단검과 만능 핸드백'이라는 소제목하에 다루어짐).

독자에게 자신을 소개하기/독자에 대해 알기

어떤 필자든 자기 자신을 독자에게 어떻게 제시할 것인지에 대해 선택해야 하며 이것은 글쓰기의 기본이다. 이것이 소개하기와 같이 '직접적인' 방식으로 이루어지든, 아니면 어떤 역할 혹은 허구적 인물을 의식적으로 상정하는 것과 같이 '코드화된' 방식으로 이루어지든, 필자가 자기 자신을 독자에게 제시하는 방식에는 정체성 혹은 목소리에 대한 선택이 필수적으로 동반된다. 물론 직접적인 방식인가 코드화된 방식인가를 판단하는 경계는 모호하다. 예를 들어 자신을 고용할 수도 있는 누군가를 대상으로 입사 지원서를 작성하면서 자신을 소개할 때에는 자신에 대해 무엇을 제시할지에 대해 일정한 선택을 하게 된다. 입사 지원서에서 제시하는 자아는 비록 완전한 허구는 아니지만 자신에 대한 전체적인 모습은 아닐 것이다. 내가 '코드화된' 방식이라 명명한 방식, 즉 가상적인 인물을 창조하여 우리를 소개하는 것 역시 이러한 선택을 포함한다. 선택의 범위는 넓을 수 있겠으나, 우리의 창의성에는 대체로 한도가 있다. 우리가 채택한 가상의 인물은 우리가 지닌 정체성이 또 다른 모습으로 작동하는 경우일 수 있다. 어린이들도 예외가 아니다. 어린이들 역시 글을 쓸 때 이와 유사한 선택을 한다. 아래에서는 두 명의 어린이들을 예로 들어 이들이 자신을 어떻게 이야기 속 인물로 소개하는지 살펴보는 것으로 이러한 설명을 시작하고자 한다.

첫째, '검과 마법이 등장하는 모험 이야기'를 쓴 만 9세 어린이 집단은 전통적인 글쓰기 방식을 채택했다. 이 어린이들은 화면상에서 이루어지는 글쓰기를 준비하기 위해 연필과 종이를 사용해 글을 썼다. 그림 4.1은 이 그룹의 여자 어린이 가운데 한 명이 만들어 낸 가상 인물을 보여준다. 영화 〈반지의 제왕〉에 등장하는 엘프족 여왕인 갈라드리엘(Galadriel)[19]을 모델로 한 '로비나(Robina)'는 톨킨이 쓴 이야기, 특히 이를 영화로 각색한 작품에서 가져와 변형한 특정한 방식의

그림 4.1
'요정의 여왕' 인물 카드

- 이름: 로비나
- 나이: 요정이기 때문에 알 수 없다.
- 직업: 요정의 여왕
- 기능: 마법, 궁술, 치유, 최신 패션 감각
- 기타 기능: 빠름, 날렵함, 가벼운 발놀림과 공기 중에서 소리 듣기, 승마, 정말 빨리 말하지만 사람들은 그녀의 말을 분명히 알아들을 수 있다.
- 걷는 방법: 땅에 거의 닿지 않는다.
- 아이템: 말, 활 세트와 왕관.
- 깊고 어두운 비밀: 인간이 되려고 함.
- 약점: 어둠의 마법

---

19 반지의 제왕에 등장하는 엘프족 여왕의 이름.

여성성을 투사한 것이다.

이 인물 카드에서 볼 수 있는 레이아웃은 〈포켓몬스터(Pokémon)〉의 트레이딩 카드를 변형한 것으로, 해당 인물의 독특한 외모, 기능, 특징을 보여 주고 있다. 가운데 제시된 일러스트레이션은 이 인물의 결정적인 외모, 즉 요정의 귀, 큰 눈, 도톰한 입술과 여성적인 몸매를 그린 것이다. 이 인물은 허리띠 위에 칼집을 차고 있고, 긴 치마를 입고 있으며, 전체 의상은 샌들로 마무리되어 있다. 카드의 나머지 부분에서는 이 여성의 특징이 자세히 소개되고 있다. 이 인물 카드를 작성한 어린이 필자는 본래 인물의 이름인 '로빈(Robin)'을 좀 더 여성스럽게 들리는 이름인 '로비나'로 바꾸었다. 이 모든 점을 통해 우리가 보게 되는 것은 이 어린이 필자가 자신의 모험 이야기에서 제시하고 싶어 하는 이미지이다. 이 카드가 제시하고 있는 인물의 기능은 다음과 같이 범주화할 수 있는 흥미로운 특징들의 조합이다.

강함/굳건함	온화함/부드러움
궁술	치유
빠름	마법
민첩함	가벼운 발놀림
말 타기	공기 중에서 목소리 듣기 조용히 말하기 걸을 때 땅에 거의 닿지 않음 속으로는 인간이 되고 싶어 함

이러한 특성들은 영화 〈반지의 제왕〉에서 배우 '케이트 블란쳇(Cate Blanchett)'이 맡은 역할인 '갈라드리엘'과 관련하여 어린이 필자가 자기 자신을 어떻게 인식하고 있는지를 보여 준다. 요컨대 이 여자 어린이는 자신이 전개하고 있는 이야기 속에 살고 있는 인물을 다양한 기호를 통해 복합적으로 구성하고 있는 것이다.

어린이들이 즐겨 사용하는 또 다른 전략은 이야기 속에 자기 자신을 직접 포함시키는 것이다. 인물들은 도입에서 약간의 위장을 위해 '변장을 하고' 나타난다. 그림 4.2에 나타난 이야기는, 이 이야기의 필자인 두 명의 어린이가 스스로의 이름을 사용하여(세 번째 인물은 가상의 친구를 등장시키고 있지만) 만든 것이다.

이 어린이들이 만들고 있는 이야기에는 필자들의 이름이 사용되고 있는데, 이처럼 어린이 필자들 혹은 그들이 만든 가상의 자아들은 마치 어린이들이 곧잘 만들어 내는 가공의 이야기와도 같이 이야기 속으로 옮겨진다. 어린이들은 이처럼 스스로를 소개하는 데에 심취하다 보니, (레이저 총의 색깔을 고르는 것에서 알 수 있는 것처럼) 자신들에게 주어지는 임무를 정할 때에도 자신들이 어떤 모습으로 보일지를 가장 우선적으로 고려하였다. 이 역시 사회극 형식의 역할 드라마에서 종종 보이는, 소품을 놓고 벌어지는 교섭과 같은 것을 연상시킨다.

마지막으로 들고자 하는 두 가지 예는 어린이들이 자신들을 직접적으로 소개하고 있는 글이다. 이 두 가지 예는 어린이들의 이메일 자료에서 나온 것인데, 상호작용적 특성을 지닌 온라인 소통에서 사용되는 텍스트의 특별한 특징과 더불어 필자의 선택 과정을 두드러지게 보여 준다. 이 가운데 첫 번째 예(그림 4.3)는 두 어린이가 허구적 인물의 역할을 가정하고 먼 곳에 있는 글쓰기 조언자에게 자신들을 소개하기 위해 협동하여 쓴 글이다(보다 자세한 내용에 대해서는 Merchant, 2003을 참고할 것). 이들은 자신의 실

```
Chapter 1
3 girls was sent to Jupiter
to kill alien and set the
scientist free the
scientist had herd a nois
coming from her rocket I am
called Rebecca My 2 crew
members are called Helen
and Abi I have got the
green lazer Helen has got
red shiny lazer and Abi had
the blue lazer the
scientist was traped today
because the alien has got
her lets start 5 4 3 2 1
blanst off
```

그림 4.2
'레이저 이야기'의 일부[20]
세 명의 소녀들이 목성으로 보내졌는데, 그 목적은 외계인을 죽이고 과학자들을 구출하기 위한 것이었다. 과학자들은 소녀들이 탄 로켓에서 나는 소리를 들었다. 내 이름은 리베카이고, 나와 함께 온 승무원 두 명의 이름은 헬렌과 아비이다. 나는 녹색 레이저를, 헬렌은 빨갛게 빛나는 레이저를, 아비는 푸른색 레이저를 갖고 있다. 과학자들은 오늘 붙잡혔는데, 그 이유는 외계인이 카운트다운을 시작해서 폭발시키려 하기 때문이다.

---

20 원문은 띄어쓰기, 철자법, 문장 구분, 인용을 위한 따옴표, 복수 사용, 대명사 사용 등 문법적 측면에서 문제가 있으나, 번역에서는 이를 반영하지 못했다.

그림 4.3

'우리는 좀 괴짜예요'라는
내용의 이메일

G 선생님께,
우리는 데이지와 브로건이에요.
우리는 자매는 아니고 친구랍니다.
우리는 신화 이야기 쓰기 그룹의
일원이구요, 좀 괴짜예요(아니요,
정말로 괴짜예요).
우리에게 몇 가지 정말로 재미있는
아이디어가 떠올랐어요. :)
우리가 생각하는 야수는 〈미녀와
야수〉에 나오는 야수와 비슷해요.
브로건은 행복해요. :-}
데이지(저)는 노래 부르고 있어요.
:-O
선생님이 잘 계시면 좋겠어요.
우리도 잘 있거든요.
선생님도 우리의 친구예요. :D
데이지와 브로건 드림

To G.,
We are Daisy and Brogan,
We are not sisters just friends. We are part of the
Myths group, we are a bit loony (no we are REALLY loony).
We have thought of some really exciting ideas :)
We think the beast is like the beast of Beauty & the Beast.
Brogan is happy :-}
Daisy is singing :-0
(me)
We hope you are well because we are.
You're friends :D
Daisy and Brogan xxxxxxxxxxxxxxxxxxxxxxxxxxxxxxxx
xxxxxxxxxxxxxxxxxxxxxxxxxxxxxxxxxxxxxxxxxxxxxxxx
xxxxxxxxxxxxxxxxxxxxxxxxxxxxxxxxxxxxxxxxxxxxxxxx
xxxxxxxxxxxxxxxxxxxxxxxxxxxxxxxxxxxxxxxxxxxxxxxx

제 이름을 사용하고 있고, 자신들이 맺고 있는 특수한 관계와 어떤 글쓰기 그룹에 속해 있는지를 드러내고 있으며, 자신들의 장난스러운 모습을 계속해서 보여 주고 있다. 예를 들어 'a loony(좀 괴짜예요)'라는 표현을 더 강조하기 위해 이를 대문자로 'REALLY loony(정말정말 괴짜예요)'라고 변형해 쓴 것은 자신들의 공식적 정체성('신화 이야기 쓰기 그룹의 일원')을 보완하기 위한 복합적 의미의 표현이다. 그리고 이 이메일은 이들이 구성하고 있는 이야기에 대한 추가적인 정보, 즉 〈미녀와 야수(Beauty and the Beast)〉 이야기를 참고로 하고 있다는 점을 제시하기 위한 목적을 지니기도 하지만, 이 글쓰기 프로젝트에 대한 어린이들의 정서적 관여 정도를 보여 주는 매우 대인 관계적인 자료이기도 하다. 또한 이 메시지에는 '미소지음[:)]', '행복함[:-)]', '노래 부르는 중임[:-O]', '웃음[:D]'을 표상하는 4개의 이모티콘이 차례로 등장하는데, 이는 마치 자신들이 정말로 괴짜라는 점을 전달하려는 것처럼 보인다.

> Hi! Im one of the people from the myths group! My names
> Kavita and we've found alot of strange things! Plz mail me back.
> ~*Kavita*~

그림 4.4 '여러 사람들 중의 하나'를 강조한 이메일
안녕! 나는 신화 이야기 쓰기 그룹에 속한 사람들 중의 하나예요! 내 이름은 카비타예요. 우리는 이상한 점을 아주 많이 찾았어요! 내게 꼭 답장해 주세요. ~*카비타*~

두 번째 이메일(그림 4.4)은 첫 번째 이메일과 비교할 때 필자의 정체성을 좀 덜 드러내고 있다. 필자는 자기 자신을 개인으로서 주목하게 하기보다는 자신이 어떤 글쓰기 그룹에 속해 있는지를 드러내면서 비공식적으로 인사하는 방식의 더 직접적인 방식을 취하고 있다. 여기서 주목할 점은 아홉 살밖에 되지 않은 어린이가 자기 자신을 '여러 사람들 중의 하나'(이 어린이가 스스로 강조한 부분임)라고 지칭함으로써 자신이 성숙한 존재임을 보여 주고 있는 방식이다. 이 이메일의 내용은 자신이 보고할 것이 많다는 점을 제시하면서도, 마치 이 이메일에 적힌 내용 이상의 상호작용을 유도하려는 의도인 듯 자세한 내용에 대해서는 감추고 있다. 이러한 측면은 '내게 꼭 답장해 주세요'라는 진술을 통해 명백히 드러난다.

이 두 가지 이메일의 예는 디지털 텍스트를 통한 상호작용이 어린이들에게 어떻게 자기 자신을 다른 방식으로 제시하거나 창조할 수 있는 기회를 제공할 수 있는지 보여 준다. 이 주제에 대해서는 뒤에서 다시 논의하겠다.

시작하기/끝맺기

우리가 스스로의 정체성을 드러내는 명백한 방식 중 다른 하나는 인사하기, 끝맺기, 그리고 서명하기를 통해서이다. 앞서 살펴본 바와 같이, '안녕(Hi)!'이라는 표현은 온라인 편지의 인사하기에서 쓰이는 지배적 형식으

로, 주로 어린이들이 사용한다(온라인 매체에 익숙하지 않은 어린이들은 예외이다). 물론 이 프로젝트의 이메일 보관함에는 그림 4.3에서 볼 수 있는 것처럼 '…에게(To…)'를 사용하거나 때로는 관습적인 편지 쓰기에서처럼 '친애하는 …에게(Dear…)'와 같은 표현을 사용한 이메일들도 찾아볼 수 있다. 그러나 '안녕(Hi)'이라는 관습적인 표현조차도 필자가 의도적으로 특정한 어조를 전달할 때에는 구두점과 대문자 표기를 통해 변형되기도 한다. 이메일을 끝맺는 방법은 인사하기에 비해 좀 더 다양한 편이고(흥미롭게도 앞서 살펴본 두 이메일 모두 수신자인 선생님의 답장을 유도하고 있다), 상이한 방식으로 쓰인다. 그림 4.3에서 필자들은 '선생님도 우리의 친구예요'라고 끝맺는 서명 앞에 '선생님이 잘 계시면 좋겠어요. 우리도 잘 있거든요'라고 완곡하게 말하고 있다. 그림 4.4의 필자는 보다 직접적인 방식으로 '내게 꼭 답장해 주세요'라고 썼다. 이는 이 메시지의 상호작용성과 대인관계적 기능을 다시 한번 강조하는 것이다.

　서명은 우리가 어떤 사람인지를 보여 주는 근본적인 표현이다. 그것은 우리의 정체성을 보여 주는 중요한 표지로서, 성인의 삶에서는 공식적인 영역과 비공식적인 영역을 넘나들게 된다. 손글씨의 독특한 특징이 나타나기 어려운 화면상의 서명은 필자에게 새로운 도전 과제가 된다. 온라인 소통에서 사용되는 '가명'(예를 들어 Crystal, 2001을 참고할 것)과 '별명'에 대해 다루고 있는 연구물들은 수도 없이 많다. 이메일 서명의 정교한 변형에 대해서는 이메일링 그룹 내에서 개인적 정체성과 집단적 정체성이 연계되는 방식에 대해 연구한 드 푸르베(de Pourbaix, 2000)의 연구를 참고할 수 있다. 한편 내가 제시하고 있는 글쓰기 프로젝트에서 나온 또 다른 예는 한 어린이가 먼 곳에 있는 글쓰기 조언자와 관계를 형성해 가면서 화면상의 정체성을 점차 드러내는 과정을 보여 준다. 그림 4.5는 이 어린이의 이메일들을 시간 순서에 따라 제시한 것이다.

Email 1

To L,

The strange things going on are that a couple of days ago I went to play in my garden, and all my flowers weren't there (as its winter) but strangely there was a red rose standing in the bare grass [...] I feel like its trying to tell me something

From Kavita

Email 2

Hi L its Kavita here, We've marked down where most of the strange things are happening! The strange thing is that most of them are very near the park. In my opinion they might be coming together again. Really spoooooky!!!

i will be getting pictures if anymore roses come!

:D :P talk to you later

~*Kavita*~

Email 3

Hi! U may not know me well but I'm Kavita and i'm good friends with daisy and Brogan and i think we'll become really g:):)d friends! May not be as looney as them but i am CRAZY!!!!!!! Plz email me back!

Luv

xxxxxxx~*Kavita*~xxxxxxx

그림 4.5 x~*서명*~x

이메일 1

L 선생님께,

이상한 일들이 계속 일어나고 있어요. 이틀 전에 정원에 놀러 갔는데, 꽃은 모두 사라졌었거든요. (겨울이니까) 그런데 이상하게도 아무것도 없던 풀밭에 빨간 장미가 하나 피어 있는 거예요. (…) 저는 그것이 무언가 나에게 말하려 한다는 느낌이 들어요.

카비타(Kavita)로부터.

이메일 2

안녕, L. 카비타예요. 지난번에 이상한 일이 일어나고 있는 것들에 대해 모두 메모해 두었잖아요! 이상한 점은 그 모든 것들이 공원 아주 가까이에서 일어나고 있다는 점이에요. 제 생각에는 그 일들이 전부 다시 일어날 것 같아요. 정말 무서워~~~~~워요!!! 장미가 또 피어나면 사진을 찍을게요. :D :P 나중에 또 쓸게요.

~*카비타*~

이메일 3

안녕! 선생님은 아마 저를 잘 모르시겠지만 저는 카비타예요. 저는 데이지와 브로건의 친한 친구예요. 그리고 제 생각엔 우리가 정말로 좋:):)은 친구가 될 것 같아요! 그 애들만큼 괴짜는 아니지만 저도 말도 안 되는 행동을 한답니다!!!!!!!! 저한테 꼭 답장해 주세요!

애정을 담아 XXXXXXX~*카비타*~XXXXXXX

이 세 번째 이메일은 '키스' 표시(X)와 물결무늬(~), 그리고 별표(*)를 앞뒤 대칭으로 사용하여 시각적 틀을 만든 독특한 서명을 보여 준다. 그러나 이 서명이 '카비타'의 초기 이메일부터 사용되었던 것은 아니다. '~*카비타*~'라는 독특한 서명은 글쓰기 프로젝트가 진행되는 과정에서 점차 규칙적으로 사용되기 시작했다. 이 서명에 대해 카비타는 다음과 같이 말했다.

> 컴퓨터 같은 데서 이름을 쓸 때는 언제나 내 이름에 그렇게 해요. (…) 이름을 그렇게 쓰는 이유는 이렇게 하면 정말 산뜻해 보이기 때문이에요. 이름만 적으면 재미없어 보이잖아요. 이렇게 쓰면 멋있어 보여요… 멋있어 보이구요. (…) 처음에 보낸 이메일에는 그렇게 쓰지 않았는데, 왜냐하면 그렇게 하면 좀 이상해 보일 것 같았어요. (…) 하지만 나중에는 좀 수다스럽게 보이는 데 익숙해졌어요. (…)

이 인터뷰를 통해 알 수 있는 것처럼, 이메일을 쓴 카비타는 자신의 메시지가 지니는 시각적 효과에 분명한 관심을 갖고 있었다. 또한 화면상의 서명을 사용하기로 한 카비타의 결정은 자신과 독자의 관계가 발전했다는 점, 그리고 친구들에게 이메일을 보낸다든가 토론 게시판에 글을 쓰는 것처럼 예전에는 학교 밖에서만 하는 활동으로 제한해 왔던 자신의 정체성의 한 측면을 '보여 주려는' 의지를 나타낸 것으로 볼 수 있다.

운명의 단검과 만능 핸드백

문화적 자원을 자신의 글쓰기에 들여와 변형하는 어린이들의 능력에 대한 연구는 다른 곳에서 깊이 있게 이루어진 바 있다(예를 들어 Dyson, 2003

등). 인류학자 레비 스트로스(Lévi-Strauss)의 '브리꼴뢰르(bricoleur)', 즉 '이미 존재하는 재료들을 전용하여 새로운 것을 구성하는 사람'이라는 개념은 글쓰기 행위에도 유용하게 적용될 수 있다(Lévi-Strauss, 1966: 21). 브리꼴라주(bricolage)는 대체로 자료의 선택, 전용, 변형을 포함하는데, 이것이 브리꼴뢰르가 지닌 정체성의 양상이라 할 수 있다(Jenkins, 1992). 그림 4.6의 인물 카드는 브리꼴라주가 실행되는 것을 보여 준다. '제마(Zema)'라는 가상의 인물을 소개하는 데에는 '미키 마우스(Mickey Mouse)'와 〈스타워즈(Star Wars)〉에 나오는 '츄바카(Chewbacca)'를 섞어 놓은 듯한 만화와도 같은 시각적 이미지가 포함되었다. 한편 이 인물은 플레이스테이션

게임인 〈라쳇과 클랭크(Ratchet and Clank)〉에서 따온 '운명의 단검'과, 〈텔레토비〉에 나오는 '보라돌이'의 핸드백을 연상시키는 '만능 핸드백'을 액세서리로 지니고 있다.

브리꼴라주의 또 다른 양상은 하이브리드 텍스트(hybrid text)의 창조라 할 수 있다. 이메일을 쓸 때 어린이들은 다양한 이야기의 파편들을 규칙적으로 자신의 텍스트 안에 포함시킨다. 그림 4.7은 내가 보낸 메시지에 한 남자 어린이와 여자 어린이가 함께 답장을 쓴 것이다. 나는 내 가상의 정체

그림 4.6
만능 핸드백 인물 카드
제마의 프로파일
이름: 제마
나이: 44
직업: 문제를 해결하는 데 전문성이
　　　있는 스파이
기능: 빠른 속도로 마법 걸기,
　　　사라지기
약점: 물
사는 곳: 천국 같은 섬

A.
Tips for you,owl
1: Use your head. Whats your special attack?Use it!
2: Send in reinforcements.You can't handle it all on your own.
3: Know who your dealing with. Don't just think they are just like a frendly postman.

There just tips that I had in mind and had to tell you.YOU NEED TO CHILL OUT,OWL.
B.
The crown is safe where it is. Somebody has found the crown.Dunno who he is like,but I trust this stanger. I'm only joking.The crown has been found and we will pick it up on our jorney. Don't send help. Pleeeeeeeeeeeeese.
C.
The jorney should have already begun but Flint went to Cyprus and I lost my eye liner.
My lost eye liner was not found but we're gunna get some when we stop at Medowhall.

Got to fly,I've got an impatient taxi driver waiting. By the way,I saw a barn owl carreing a message yesterday,Was that you?

From

Robina & Flint.

그림 4.7 '아이라이너' 이메일

A. 올빼미님을 위한 조언
1. 머리를 쓰세요. 잘할 수 있는 공격이 무엇인가요? 그것을 사용하세요!
2. 병력을 늘리세요. 혼자서는 그 모든 것들을 상대할 수 없어요.
3. 상대방을 잘 파악하세요. 그들이 친근한 집배원 같을 거라고 생각하지 마세요.
당신에게 해 주어야 할 조언이 있는데, 꼭 말해야겠어요. 올빼미님, 당신은 냉정해질 필요가 있어요.

B. 왕관은 지금 놓여 있는 곳에 안전하게 있어요. 누군가가 왕관을 찾아냈어요. 그 사람이 어떤 사람인지는 모르겠지만 난 이 낯선 사람을 믿어요. 이건 농담이에요. 왕관을 발견했으니 가는 길에 우리가 그것을 손에 넣을 거예요. 도움을 요청하지 마세요. 제~~~~~~~발요.

C. 벌써 떠났어야 하지만, 플린트는 사이프러스(Cyprus)에 갔고, 나는 아이라이너를 잃어버렸어요. 잃어버린 아이라이너는 찾을 수 없었지만 우리는 메도우홀(Medowhall)에 가서 뭔가를 사면 돼요.
이제 떠나야겠어요. 참을성 없는 택시 기사가 기다리고 있거든요. 참, 어제 외양간 올빼미 한 마리가 메시지를 실어 나르고 있는 것을 보았어요. 당신이 한 일인가요?

로비나와 플린트로부터

성이 내 책상(실제 세계의 정체성)으로부터 멀리 떨어져 '어둠의 세력과 싸우고 있다'(투영된 정체성)는 내용의 이메일을 보냈다. 아래는 어린이들이 보낸 답장인데, 분석의 편의를 위해 이를 A, B, C의 세 부분으로 나누었다(여기서 나는 올빼미이다).

여기서 A 부분은 내가 처한 어려움인 '어둠의 세력과의 싸움'에 대한 직접적인 반응이다. '올빼미님을 위한 조언'은 어린이들이 좋아하는 대중문화 두 가지, 즉 포켓몬 카드 장르('특수 공격'을 참고한 것)와 콘솔 게임 장르(내게 답장을 한 어린이들 가운데 한 명은 〈툼 레이더(Tomb Raider)〉와 〈반지의 제왕〉 게임을 아주 익숙하게 다루었다)에서 나온 것이다. 이 부분은 대문자로 쓴 '당신은 냉정해질 필요가 있어요(YOU NEED TO CHILL OUT)'라는 문구로 마무리되는데, 이것은 청소년 문화에서 유행하는 표현이라는 점에서 흥미롭다. B 부분의 주제는 두 어린이들의 관심이 모험 이야기로 바뀌면서 변경되었다. 어린이들은 어떤 일이 일어났는지를 보고하고 있는데, '그 사람이 어떤 사람인지는 모르겠지만(Dunno who he is like)'과 같은 대화체를 사용하는 것에서 볼 수 있듯이 비공식적이고 격식 없는 어조로 되어 있다. 이 부분은 강조를 위해 모음을 반복해 사용한 '제~~~~~~~발요(Pleeeeeeeeeeese)'라는 진술로 마치고 있다.

C 부분에서도 방향 전환이 이루어지고 있다. 여기에 나오는 여행에 관한 주제는, 우리가 '로비나'와 '플린트'라는 실제 세계의 정체성과 마주쳤다는 점에서, 아마도 진행 중인 이야기 구성을 가리키는 것으로 볼 수 있을 듯하다. 로비나는 쇼핑센터에서 화장품을 좀 더 사고 싶어 하고, 플린트는 사이프러스를 여행 중이다. 메시지는 알쏭달쏭하게 끝맺고 있다. 이 두 사람은 택시를 타고 쇼핑센터로 갈 거라고 적었지만, 두 어린이가 모두 학교에 있기 때문에 이는 불가능한 일이다. 따라서 독자인 우리는 또 다른 픽션의 세계로 들어섰다는 것을 알아차리게 된다. 사실 이 두 필자들은 그들의

그림 4.8

'빨간 장미' 이메일

L 선생님께,
이상한 일들이 계속 일어나고
있어요. 이틀 전에 정원에 놀러
갔는데, 꽃이 모두 없었거든요.
(겨울이니까) 그런데 이상하게도
아무것도 없는 풀밭에 빨간
장미가 하나 피어 있는 거예요.
(…) 나는 그것이 무언가 나에게
말하려 한다는 느낌이 들었지만
그냥 무시했어요. 그런데 그다음
날 또 다른 빨간 장미가 아무것도
없는 풀밭에 피어 있는 것을 내
친구와 함께 공원에서 보았어요.
내가 친구에게 이야기했지만, 그
아이는 내가 괴짜라고 생각했어요.
나는 이것이 무언가 나에게 말하려
한다는 느낌이 들어요. 카비타 드림

> To L,
> The strange things going on are that a couple of days ago I went to play in my garden, and all my flowers weren't there (as it is winter) but strangely there was a red rose standing there in the bare grass. I though this was strange but I just ignored it. But the next day I saw another red rose in the park with my friend on the bare grass, I told her but she thinks im looney. I feel like this thing is trying to tell me something. from kavita

다양한 정체성들이 거주하고 있는 다층적 이야기를 만들어 낸 것이다.

이 연구에서 시행된 다른 글쓰기 프로젝트에서도 이와 유사한 '빌려 오기'의 흔적이 나타난다. 아래에서는 한 어린이 필자의 '빨간 장미' 모티프 사용을 추적해 보고자 한다. 이 어린이가 보낸 초기 이메일들에는 빨간 장미가 지닌 마법적인 출현에 대한 언급이 자주 나타난다(그림 4.8 참고).

이후 카비타는 겨울인데도 불구하고 '아무것도 없던 풀밭에' 피어 있는 이 장미의 이미지를 만들어 내는 데 열중하게 되었다. 결국 그림 그리기 프로그램을 사용해서 '너무 이상해요!!'라는 문자로 된 논평을 덧붙인 그래픽 이미지를 만들어 내서는 첨부파일로 보냈다(그림 4.9 참고).

카비타가 만들어 낸 신화 이야기의 정점은 이 어린이가 어떻게 자신의 화면상에서 이루어지는 글쓰기로부터 다양한 자원들을 빌려 오는지를 보여 준다. 그림 4.10의 발췌문에 나타난 이야기의 첫 부분은 이 어린이가 다양한 텍스트의 파편들을 모아 만들어 낸 '브리꼴라주'로서, 화면상의 시각적 이미지가 관객에게 유발하는 행위에 대한 이 어린이의 인식을 잘 보여 준다. 카비타의 첫 문장은 다음과 같은 세 가지 요소를 담고 있다.

1   '어느 옛날'이라는 표현은 고전 동화의 시작에 자주 등장하는 '옛날 옛날에'라는 표현을 변주한 것이다.

2   '한때 ~라고 알려졌던'이라는 표현은 '한때 프린스(Prince)라고 알려

그림 4.9
'너무 이상한 빨간 장미'
첨부 그림

There was once a beauty and a beast formally known as the
hit Disney film Beauty and the Beast. The magic rose has
reminded me of my great, great, great Grandma's death, as
we had a familiar Rose lay on her chest.
One night, I thought about it, but something was
distracting me; it was some
banging on my window. I drew the curtains nervously back
but there was nothing there. But then something caught my
eye; it was a big rapid scrape on my window.

그림 4.10
카비타의 이야기 중에서
발췌한 글
어느 옛날, 한때 디즈니 영화 히트작
〈미녀와 야수〉로 알려졌던 미녀와
야수가 살고 있었다. 그 마법의
장미는 나에게 할머니의 할머니의
할머니를 떠올리게 한다. 할머니의
가슴 위에 눈에 익은 장미가 놓여
있었기 때문이다. 어느 날 밤, 나는
그 장미에 대해 생각해 보았는데,
무엇인가가 나의 집중을 방해했다.
나는 불안해져서 창문의 커튼을
모두 다시 쳤지만, 거기에는
아무것도 없었다. 그런데 바로 그때
무엇인가가 내 눈을 사로잡았다.
무엇인가가 내 창문을 순식간에 긁어
버린 것이었다.

졌던 아티스트'라는 식의 대중 스타에 대한 꼬리표 붙이기 방식을 연
상시킨다.

3 '디즈니 영화 히트작 〈미녀와 야수〉'라는 표현은 영화 산업의 언어 사
용 방식이다.

이처럼 카비타는 자신이 훌륭한 '브리꼴뢰르'임을 입증하고 있다. 이
것은 레이아웃과 색채를 사용하여 화면상의 글쓰기를 시각적으로 구현한
'복합기호 텍스트(multisemiotic text)'이다. 원글은 녹색 바탕에 빨간색 폰
트를 사용하였고, 가운데 정렬 방식을 취했다. 이것은 단순히 워드 프로세

서 도구를 사용한 실험 이상이다. 여기서 필자는 (풀밭을 나타내는) 녹색을 배경으로 서 있는 장미를 표상하기 위해 의식적으로 빨간색을 사용하고 있다. 요컨대 카비타는 시각적 표현과 언어적 표현을 함께 사용하고 있으며, 이는 자신의 글쓰기가 화면상에서 어떻게 보일지를 분명히 인식하고 있음을 보여 주는 것이다.

논의 거리

여기서 소개한 글쓰기 프로젝트에서 생산된 많은 텍스트들은, 어린이들이 자신의 다층적 정체성들을 텍스트 생산에 끌어들인다는 점을 보여 준다. 어린이들의 글쓰기가 지니는 특징에 '책공간'의 울타리가 여전히 남아 있는 것은 사실이지만, 전자매체를 통한 의사소통은 이보다 더 다양한 방식으로, 필자가 실제로 살고 있는 세상의 다양한 국면들을 유동적으로 오가며 이루어지고 있다. 이 분야의 연구자들에 따르면, 자기 자신을 드러내고 정체성을 탐구하는 행위는 디지털 텍스트를 구성할 때 더욱 현저히 나타난다. 터클(Turkle, 1995)의 책은 이 주제를 심도 있게 다루고 있는 논저이다. 이 밖에도 랭크시어 외(Lankshear et al., 1996: 175)의 저서는 온라인 공간이 '개인의 정체성을 구성하는 데 광범위한 가능성'을 제시하고 있다고 보았고, 나카무라(Nakamura, 2001)의 저서는 인터넷 채팅 공간의 맥락을 통해 이러한 가능성을 보여 준 바 있다.

　　이 장에서 논의된 글쓰기 프로젝트들에 참여한 어린이들은 자기 자신을 실제 인물로서, 그리고 가상의 인물로서 드러내기 위한 다양한 장치들을 사용했다. 이에 대한 분석은 어린이들이 글쓰기를 통해 자신을 어떻게 소개하는지, 온라인 소통을 통해 정체성을 어떻게 표시하는지, 또한 대중문화로부터 다양한 이야기의 파편들을 빌려 오는 '브리꼴뢰르'로서 어떻게 행동하는지를 보여 주었다. 그뿐만 아니라, 이러한 분석은 어린이들이 전자 매체를 통한 의사소통을 포함한 확장된 글쓰기를 통해 어떻게 주도성을 발전시킬 수 있는지를 보여 준다. 이러한 과정을 통해 어린이들은 저자로서의 행위를 하게 되는 것이다. 홀랜드 외(Holland *et al.*, 1998)에서는 이에 대해 다음과 같이 논의한 바 있다.

> 예술 작품을 통해 일상생활에 존재하게 되는 저자는, 형언할 수 없는 자원으로부터 흘러나오는 어떤 것에 의해서가 아니라, 자신이 어디선가 들었던 이야기의 요소들, 주제들, 형식들을 조직하고 배열함으로써 예술 작품을 창조한다. 저자는 이와 같이 다양한 발화들이 지닌 가능성의 제약 속에서, 혹은 적어도 그러한 제약에 맞서 가며 글을 쓰는 것이다(p.171).

그리고 여기서 논의된 작품은 도입 부분에서 언급한 일종의 '교실이라는 학습 공동체에 대한 "인식"과 경향'(Lankshear *et al.*, 1996: 181)을 어느 정도 설명해 주고 있다. 분명한 것은 디지털 텍스트의 교환을 포함한 '개방형(open-ended)' 프로젝트가 새로운 글쓰기 방식뿐 아니라 새로운 텍스트의 가능성을 열어 줄 수 있다는 점이다. 따라서 어린 필자들과 이러한 프로젝트에 관심 있는 교육자들은 새로운 글쓰기 공간을 시도해 볼 수 있을 것이다. 푸코는 '공간은 권력의 행사에 있어 근본적인 역할을 한다'라고 주장했는데, 이는 현행 리터러시 교육과정을 지배하고 있는 '책공간'이라는 울타리에도 마찬가지로 적용된다. 그러나 푸코는 '특정 사회적 공간들 내에서 찾아볼 수 있는 두드러진 공간으로서, 다른 공간과 기능이 차이가 나거나 심지어 정반대되는 공간'(Rabinow, 1984: 252에서 인용)을 뜻하는 '헤테로토피아(heterotopia)'의 개념에 대해서도 논의하고 있다. 우리 시대의 바로 이 시점에서 디지털 텍스트는 교육적 실행의 공간 내에서 찾아볼 수 있는 일종의 '헤테로토피아'라 할 수 있으며, 다이슨(Dyson, 2003)이 상기시키는 바와 같이 이는 리터러시 교육에 있어 시급한 변화를 요구하고 있다.

학습을 위해서는 어린이들이 그들을 둘러싼 세계에 존재하는 새로운 정보, 새로운 상징적 도구, 새로운 조직·소통·행동 방식을 이해해야 한다. 그리고 인간이 지닌 이러한 종류의 주도성은 참여와 생산을 기대하는 공동체에 의해 생성되고, 그러한 공동체 내에서 의미를 갖게 된다.(p.76)

디지털 미디어와 새로운 의사소통 형식은 사람들 사이의 상호작용을 다시 정의하고, 교실 공간을 넘어 뻗어 나가는 참여와 생산을 수립할 풍부한 가능성을 제공할 수 있을 것이다. 만약 우리가 이러한 모든 것이 정말로 가능하다고 상상할 수 있다면 말이다.

교육 활동에 대한 시사점

화면을 기반으로 한 신기술과 새로운 방식의 글쓰기 및 의미 소통 관습에 대해 보다 체계적으로 사고하기 위해서는, ICT를 제시하고 포장하는 교육적 방식에 대해 성찰하는 것이 필수적인 일이다. 이 장에서 논의된 연구는, 화면상에서 이루어지는 의사소통이 정말로 많은 어린이들에게 매우 익숙하고 일상적인 일이라는 견해에 근거한다. 이를 바탕으로 하여 나는 우리가 다음과 같은 사항들을 실행해야 한다고 제안한다.

어린이들로 하여금 컴퓨터를 이용한 글쓰기를 실험하도록 격려하기

화면상에서 글을 쓰는 것은 어렵고 숙달된 전문적인 능력이 필요한 고도의 기술적 작업이 아니다. 이는 오히려 창의적으로 사용될 수 있는 도구이며, 새로운 기회와 새로운 종류의 상호작용을 가능하게 해 준다. 디지털 기술을 리터러시 교육과정에 도입하는 것은 인쇄매체를 기반으로 한 현재의 교육을 보다 풍부하게 하고, 새로운 교육방법을 수립하게 해 주며, 온라인 공간에서 펼쳐지고 있는 문자를 넘어선 리터러시의 관습에 대비할 수 있게 해 준다.

교실에서 다양한 목적으로 이메일을 사용할 기회를 제공하기

의사소통의 매체로서 이메일은 더 이상 새로운 도구가 아니라 일상생활에 확고히 자리 잡은 도구이다. 어린이들에게 디지털 의사소통 능력을 길러 주기 위해서, 이제 학교는 전자매체를 통한 펜팔이나 온라인으로 이루어지는 독서 토론 정도의 수준을 벗어나 (물론 이러한 활동도 나름대로 교육적 장점이 있지만), 보다 다양하고 실제적인 디지털 의사소통의 사용에 주목할 필요가 있다. 리터러시의 교육과정에서 이메일을 사용하는 것은, 독자에 대한 감각과 의사소통의 목적에 대한 감각을 길러 줄 기회를 제공한다는 점에서 중요한 역할을 할 수 있다. 이 장에서 제시한 연구 결과는 이를 위한 출발점일 뿐이다.

어린이들의 복합양식 텍스트 생산을 가치 있게 여기고 칭찬해 주기

다양한 기호를 사용하여 의미를 표현하는 복합양식성은 어린이들의 의미 생성에서 나타나는 전형적인 특징이다. 크레스(Kress, 2003)의 연구가 강조하는 바와 같이, 화면은 의사소통에 있어 새로운 가능성을 제공하는 공간이다. 시각적 표현과 언어적 표현의 상호작용은 이 장에서 제시된 연구에서 특히 관심을 끄는 부분이다. 어린이들의 상상력은 그들이 화면과 지면에서 봤던 것들을 자양분으로 하여 생겨나며, 어린이들은 이를 자신이 생산하는 이야기 속에 포함하여 새로운 틀로 만들어 낸다. 이러한 작업을 어린이들에게 허용하는 일은 어린이들에게 글쓰기의 동기를 부여할 뿐 아니라, 그들이 생산하는 텍스트의 질을 더욱 높이고 풍부하게 만들 것이다.

어린이들의 글쓰기 능력 발달을 지원하기 위해서는, 어린이들이 자신의 목소리를 찾고 글쓰기의 힘과 실제적 중요성을 탐구할 수 있도록 도와줄 필요가 있다. 글쓰기 교육의 성공에서 가장 중요한 요인은 바로 이와 같이 자신의 목소리를 찾는 데 있어 자율성을 부여하는 것이 아닐까 생각된다. 새로운 기술의 사용은 어린이 필자들이 '필자로서의 정체성'뿐 아니라 '글쓰기에 나타난 정체성'을 발달시킬 수 있도록 하는 데 큰 도움이 된다. 새로운 방식의 글쓰기가 어린이들이 자신의 일상적 삶으로부터 자원을 끌어오거나, 학교 안의 생활과 학교 밖의 생활 간의 경계를 가로지르는 자료를 끌어와 글을 쓰는 데 도움이 되는 이유는, 아마도 디지털 기술과 대중문화가 서로 밀접한 관련을 갖고 있기 때문일 것이다.

참고문헌

Bakhtin, M. (1981) 'Discourse in the Novel', in C. Emerson & M. Holquist (eds) *The Dialogic Imagination: Four Essays by M. Bakhtin*. Austin: University of Texas.

Clay, M. (1975) *What did I write?* Auckland, New Zealand: Heinemann Educational Books.

Crystal, D. (2001) *Language and the Internet*. Cambridge: Cambridge University Press.

de Pourbaix, R. (2000) 'Literacy in an Electronic Community', in D. Barton, M. Hamillton & R. Ivanic (eds) *Situated Literacies - Reading and Writing in Context*. London: Routledge.

Dyson, A. H. (1997) *Writing Superheroes - Contemporary Childhood, Popular Culture and Classroom Literacy*. New York: Teachers College Press.

Dyson, A. H. (2003) *The Brothers and the Sisters Learn to Write*. New York: Teachers College Press.

Foucault, M. (1977) *Discipline and punish - The Birth of the Prison*. Harmondsworth: Penguin.

Halliday, M. A. K. (1978) *Language as Social Semiotic: the Social Interpretation of Language and Meaning*. London: Edward Arnold.

Harpin, W. (1976) *The Second 'R' - Writing Development in the Junior School*. London: Allen and Unwin.

Holland, D., Lachicotte, W., Skinner, D. & Cain, C. (1998) *Identity and Agency in Cultural Worlds*. Cambridge, MA: Harvard University Press.

Holloway, S. & Valentine, G. (2002) *Cyberkids: Youth Identities and Communities in an On-line World*. London: RoutledgeFalmer.

Hull, G. & Schultz, K. (2001) 'Literacy and Learning Out of School: A Review of Theory and Research', *Review of Educational Research*, 71 (4), 575-611.

Jenkins, H. (1992) *Textual Poachers: Television Fans and Participatory culture*. London: Routledge.

Kress, G. (2003) *Literacy in the New Media Age*. London: Routledge.

Lankshear, C., Peters, M. & Knobel, M. (1996) 'Critical Pedagogy and Cyberspace', in H.A. Giroux, C., Lankshear, P. McLaren & M. peters (eds) *Counternarratives: Cultural Studies and Critical Pedagogies in Postmodern Spaces*. London: Routledge.

Lévi-Strauss, C. (1966) *The Savage Mind*. Chicago: University of Chicago Press.

Merchant, G. (2003) 'E-mail Me Your Thoughts: Digital Communication and Narrative Writing', *Reading, Literacy and language*, 37 (3).

Nakamura, L. (2001) 'The Race In/For Cyberspace: Identity Tourism and Racial Passing on the Internet', in D. Trend (ed.) *Reading Digital Culture*. Oxford: Blackwell.

Peters, M. & Lankshear, C. (1996) 'Postmodern Counternarratives', in H. A. Giroux, C. Lankshear, P. McLaren & M. Peters (eds) *Counternarratives: Cultural Studies and Critical Pedagogies in Postmodern Spaces*. London: Routledge.

Rainbow, P. (ed.) (1984) *The Foucault Reader*. Toronto: Random House.

Turkle, S. (1995) *Life on the Screen: Identity in the Age of the Internet*. New York: Simon and Schuster.

Wenger, E. (1998) *Communities of Practice - Learning, Meaning and Identity*. Cambridge: CUP.

비판적인 눈으로 텍스트 살펴보기

초등학교에서 비판적
리터러시 가르치기

리터러시는 전혀 중립적인 개념이 아니다. 모든 텍스트는 관련된 태도 및 가치와 함께 특정한 세계관을 담고 있다. 2부에서는 교사와 함께 비판적이고 사회적으로 민감한 방식으로 텍스트 및 대중문화 아이콘들과 상호작용하고 이에 반응하는, 그리고 자신들이 공부하는 쟁점과 관련하여 사회적 행동을 하도록 격려받는 어린이들을 만나게 될 것이다.

유아들에게 비판적 리터러시를 어떻게 가르칠 수 있을까?

일상생활의 쟁점과
일상적 텍스트를 활용하기

비비언 바스케스 Vivian Vasquez

5장에서는 네 살에서 일곱 살 사이의 어린이들이 일상생활에서 쉽게 접할 수 있는 텍스트와 그 텍스트에 담긴 사회적 쟁점들을 어떻게 '차용(approria-tion)', 즉 자기 것으로 만드는지에 대해 면밀히 살펴봄으로써, 어린이들에게 즐겁게 참여할 수 있으면서도 효과적인 방식으로 비판적 리터러시를 가르치는 방법을 보여 주고자 한다. 여기서 논의되는 내용은 미국과 캐나다의 일상생활에서 쉽게 접할 수 있는 '일상적 텍스트'를 활용해 어린이들의 리터러시를 발달시키려는 목적에서 3년간 이루어진 연구 결과의 일부이다. 이 가운데에서도 특히 유아를 대상으로 음식 포장지나 장난감 포장 등을 사용해 비판적 리터러시를 발달시키려 한 교육과정에 논의의 초점을 두고자 한다. 이를 통해 어린이들이 어떻게 다양한 형식의 텍스트를 분석하는 데 참여하고 있는지, 그리고 어린이들이 이러한 텍스트를 어떻게 재구성하는지 보여 줄 것이다.

비판적 리터러시를 가르치기 위한 교육과정은 어린이들의 실제 경험을 바탕으로 해야 한다. 비판적 리터러시는 우리가 살고 있는 사회의 사회적, 정치적 조건들로부터 생겨난다. 따라서 이것은 전통적인 방식으로는 가르칠 수 없다. 우리는 교사로서 어린이들이 자신을 둘러싼 사회적이고 정치적인 쟁점들을 이해할 수 있도록 도와줄 방법을 찾기 위해 어린이들과 함께 우리의 일상생활에 대한 비판적 관점을 구체화할 필요가 있다(Vasquez, 2004a). 이 장에서는 유아들에게 일상생활에서 쉽게 접할 수 있는 다양한 텍스트와 쟁점들을 활용해 '즐겁게 참여할 수 있으면서도 효과적인 방법으로 비판적 리터러시를 가르치는 교육'(Comber, 2000)을 실행한 사례를 보여 주고자 한다. 콤버(Comber, 2000)에 따르면 비판적 리터러시에는 자신이 속한 학교 및 지역사회의 일상생활을 개선하고 부당한 특권적 관행들에 의문을 제기하기 위한 목적으로 언어를 사용할 수 있는 능력이 포함된다. 이 장에서는 이러한 의미의 비판적 리터러시 활동에 참여한 4~7세 사이의 어린이들을 보여 줄 것이다.

본격적인 논의에 앞서, 우선 일상적인 쟁점과 텍스트를 활용하여 비판적 리터러시 수업을 한다는 것이 무엇을 뜻하는지에 대해 간략히 살펴보고자 한다. 그다음으로는 일곱 살짜리 '마일스'라는 소년이 어떤 것을 사고, 팔고, 광고한 일에 대해 기술함으로써, 학교의 공식적 세계와 비공식적 세계가 교차할 때 일어나는 일에 대해 논의할 것이다. 그런 다음, 잡지 광고, 장난감 포장지, 그리고 그 밖의 다른 대중문화 관련 상품들을 활용하여 비판적 리터러시를 위한 공간을 어떻게 만들 수 있는지에 대해 논의할 것이다. 마지막에는 교사들이 각자 자신이 처한 교육 환경과 맥락 속에 비판적 리터러시 활동을 통합하기 위해 고려해야 할 중요한 질문들에 대해 살펴봄으로써 이 장의 결론을 내릴 것이다. 최근에 일어난 디지털 기술의 발달은 리터러시의 의미에 대해 재평가하게 한다. 이제 '읽기'는 그림(정지된 그림이든 움직이는 그림이든)을 읽는 일을 포함하게 되었고, 읽기 과정은 과거에 비해 다양해졌다. '쓰기' 역시 이미지, 도식, 레이아웃의 사용 등을 포함하게 되었다. 이제 쓰기는 글을 구성한다는 뜻의 작문만이 아니라 그것을 디자인하는 일까지도 포함한다. '텍스트'의 개념 또한 새롭게 정의되고 있다. 복합양식 텍스트에 대한 연구는 표상과 소통에 다양한 차원이 있음을 우리에게 상기시켜 준다. 이 장에서는 이러한 다양한 표상과 소통의 차원에 대해 알아보고, 리터러시의 새로운 정의가 학교 교실에 무엇을 요구하는지 살펴볼 것이다.

일상생활의 쟁점과 텍스트를 바탕으로 교육과정 구성하기

비판적 리터러시에 관해 교사들과 지금까지 함께 일해 온 경험을 돌이켜 보건대, 인종 차별, 계급 차별, 성 평등과 같은 사회적 쟁점들은 그 자체가 교육과정의 내용이 되기보다는 기존 교육과정에 추가되는 변인으로 취급 되는 경우가 많다. 그 이유는 이러한 주제들을 다루는 것 자체가 냉소적인 반응을 불러일으키거나, 재미없는 공부로 받아들여지거나, 심지어는 '어린 이들에게서 어린이다움을 빼앗는' 일로 여겨지고 있기 때문이다. 그러나 비판적 리터러시의 관점이 반드시 부정적인 입장을 취해야 하는 것은 아 니다. 오히려 비판적 리터러시를 갖춘다는 것은 어떤 쟁점이나 주제를 기 존의 방식과는 다른 방식으로 바라보고 분석하며, 그러한 쟁점이나 주제가 변화 내지 개선될 수 있는 가능성을 제시할 수 있는 능력을 갖추는 것이며, 따라서 그 교육은 도전적이면서도 동시에 즐거운 일이 될 수 있다(Vasquez, 2004b). '사회적 취약성(disadvantage)'이나 '인종 차별'과 같이 사회적 논 란을 불러일으킬 수 있는 쟁점들은 가르치기 힘들다고 생각되어 교실에서 잘 다루어지지 않는 경향이 있다. 그러나 내가 가르쳤거나 내 연구에 참여 했던 어린이들과 나누었던 토론들, 그리고 우리가 함께 해낸 작업들은 매 우 진지하면서도 유쾌한 작업이었다. 이러한 토론과 작업에 열정적으로 임 한 이유는 우리가 다룬 주제들이 사회적으로 중요한 것이라고 여겼기 때문 이다. 실제로 그 주제들은 우리의 일상생활에 매우 중요하며 우리에게 매 우 익숙한 것이기도 했다.

일상생활 속의 대중문화가 언어 교육과 맺는 관계에 대해 연구한 앨 버만과 홍 쉬(Alvermann & Hong Xu, 2003)는 교실에서 대중문화를 사용 하는 접근법에는 네 가지가 있다고 보았다. 첫째는 대중문화가 어린이들 의 발달에 해롭다고 보는 것이고, 둘째는 어린이들이 대중문화 텍스트를 비판적으로 분석할 수 있도록 가르치는 것이며, 셋째는 어린이들이 미디어에서 생산된 다양한 형식의 텍스트로부터 얻는 즐거움을 강조하는 것이고, 넷째는 대중문화 사용에 대한 어린이들의 성찰 능력을 길러 주는 것이다. 앨버만과 홍 쉬는 이들 중에 문제가 있는 접근법도 있다고 하면서 네 번째 접근법을 옹호하는 입장을 보였다. 그러면서 어린이들이 스스로 자신의 대중문화 사용을 성찰하도록 하는 것이 대중문화 텍스트를 다루는 효과적인 방법이라고 주장했다. 그들은 '자기성찰성(self-reflexivity)'이란 대중문화 텍스트를 활용해 수업을 하는 맥락에서 '어린이들이 비판적으로 되도록 가르치는 것과 학습을 확장할 수 있는 도전적 과제 없이 즐거운 경험을 허용하는 것 사이의 균형을 잡는 것'이라고 정의했다(Alvermann & Hong Xu, 2003: 148).

나의 문제의식은 교실에서 어린이들의 대중문화 담론 및 일상적 텍스트를 다룰 수 있는 공간을 만들어 내면서도, 어린이들이 이러한 텍스트들에 대해 갖고 있는 흥미에 휘둘리지 않고 이를 비판적으로 다룰 수 있도록 균형을 잡는 것에 있다. 어린이들의 흥미에 휘둘리다 보면 어린이들이 좋아하는 대중문화 텍스트 등을 그대로 학교 교육과정에 수용하게 되고, 이 과정에서 결국 대중문화 텍스트들을 재미없게 가르치게 될 수도 있다. 따라서 이러한 '균형 잡기'를 위해서는 어린이들과 교육과정을 끊임없이 협의하고, 어린이들의 마음속에 어떤 일상생활의 쟁점과 텍스트가 자리하고 있는지를 끊임없이 관찰할 필요가 있다. 이러한 협의 과정에는 어린이들이 말하는 것과 그들의 열정과 관심에 대해 귀를 기울이면서 이를 교육과정 구성에 활용하는 것이 포함된다. 이처럼 어린이들의 대중문화와 일상적 텍스트를 활용하는 비판적 리터러시 교육에 관한 연구는 다양한 연령대에 걸쳐 활발히 이루어지고 있다(Alvermann & Hong Xu, 2003; Comber, 1993; Dyson, 2003; O'Brien, 1998; Luke *et al.*, 1994; Vasquez, 2004a, 2007).

일상적 텍스트란 무엇인가

여기서 '일상적 텍스트(everyday text)'란 신문과 잡지 광고, 음식물 포장지, TV 광고와 같이 일상생활의 일부로서 말해지거나 쓰이는 텍스트를 뜻한다. '이러한 텍스트들은 너무나 흔한 것이어서 우리는 특별한 주의를 기울이지 않는다. 그 결과 우리는 이러한 텍스트들이 전달하는, 우리가 살고 있는 세계에 대한 메시지에 대해 덜 인식하게 된다'(Vasquez, 2007). 이러한 텍스트들은 세계를 자연스럽게 표상하는 것이 아니기 때문에, 그것들이 표상하는 세계관을 알아보기 위해서는 질문을 던지고, 해체하고, 분석해야 한다. 그렇게 함으로써 우리는 일상적 텍스트에 무엇이 어떻게 표상되어 있는지를 통해 그것이 구성하는 생활방식과 사회적 정체성을 드러낼 수 있다.

일상 세계와 교실 내 공식적 교육과정 간의 연관성과 어긋남

내가 일곱 살짜리 소년 마일스를 만난 것은 7~8세 어린이들로 이루어진 어떤 교실에서 한 교육실습생이 범주화, 분류, 구분에 관한 수업을 하는 것을 관찰하고 있을 때였다. 미국에서 교육실습생(교생)은 교사 자격증을 취득하기 위해 수업을 들으면서 동시에 일정 시간을 교실 환경에서 보내는 교육대학 학생을 말한다. 내가 관찰 중이었던 교생인 '비키' 선생님은 곤충을 활용해 수업을 하고 있었다. 그녀는 여러 가지 곤충의 이미지들을 5×5cm 크기의 카드보드지에 붙이고 각각의 카드 뒷면에 해당 곤충의 이름을 적어 두었다. 어린이들은 작은 모둠으로 나뉘어 있었는데, 각 모둠에는 약 20개의 곤충 카드가 들어 있는 바구니가 주어졌다. 비키 선생님은 각 모둠의 어린이들에게 '기록하는 아이, 발표하는 아이, 정해진 시간을 지키도록 하는 아이' 등과 같은 특별한 임무를 부여했다. 그런 후에 어린이들에게 날개가 있는 것, 뛰어다니는 것, 털이 있는 것, 색깔이 있는 것, 기어 다니는 것 등 주어진 곤충 카드를 분류할 수 있는 범주를 생각해 보도록 했다. 마일스가 나와 대화를 시작한 것은 이처럼 곤충의 범주에 관한 '공식적' 교육과정이 진행되고 있을 때였다.

마일스: 누구라고 하셨죠? 이름 말이에요, 박사님이라고 하셨나요?

비비언: 비비언 바스케스란다.

마일스: 비비언이라고 불러 드릴까요? (고개를 아래로 숙여 선생님이 앉아 있는 곳을 재빨리 훔쳐보며) 아니면 바스케스 박사님이라고 불러 드릴까요?

비비언: 너는 어떻게 부르는 것이 편하겠니? 그리고 나는 너를 뭐라고 부르면 좋을까?

마일스: 내 이름은 마일스예요. 바스케스 박사님이라고 부를게요. 미술 작품 좋아하세요?

비비언: 물론이지.

마일스: 그럼 몇 가지 좀 보여 드릴게요.

마일스는 이렇게 말한 후 잠시 자리를 떠났다가 곧 '그림 그리는 방법'이라는 제목의 책을 갖고 돌아왔는데, 그 책은 다양한 동물과 생물을 그리는 방법을 단계적으로 안내하고 있었다. 이 아이는 그 책의 페이지를 넘기기 시작했고, 각각의 이미지를 가리키면서 마치 이 그림들 가운데 하나를 사는 것이 좋을 거라고 말하는 것처럼 '그림 좋죠. 네?'라고 나지막이 말하며 고개를 끄덕였다. 그 책을 좀 더 주의 깊게 들여다보자, 각각의 이미지 바로 아래에 가격표가 붙어 있는 것이 눈에 띄었다. 예를 들어 어떤 이미지에는 22센트, 또 다른 이미지에는 25센트 혹은 27센트라고 연필로 적혀 있었다.

'이건 뭐니?' 하고 내가 그 책의 페이지에 적혀 있는 가격표를 가리키며 묻자, 마일스는 '자, 저기 있는 아이 보이시죠?'라고 대답했다. 마일스는 교실 안의 다른 아이를 가리키고 있었다. 마일스는 계속해서, '저 애의 이름은 카일이라고 해요. 화가예요. 이 그림들은 저 아이가 그린 거예요. 저는 저 애의 사업 매니저이고, 일거리를 갖다 줘요'라고 말했다. 이 시점에서 교생은 마일스가 자기 자리에 앉아 있지 않다는 것을 알아차리고는 자리로 돌아가 주어진 과제를 계속하라고 말했다. 그 후 몇 분 동안 마일스는 자신이 해야 할 과제를 마쳤고, 다시 내가 앉아 있는 책상 옆으로 와서 섰다. 마일스는 '어쨌든,'이라고 말하며 마치 그동안 자리를 뜬 적이 없었던 것처럼 아까 하던 이야기를 계속 하기 시작했다. '저는 카일의 사업 매니저이고요. (교실 안의 또 다른 아이를 가리키며) 앤트완은 그 애의 컨설턴트예요.' 마일스는 컨설턴트가 주로 하는 일은 사람들이 사고 싶어 하는 그림을 화가에게 알려 주어 화가가 어떤 그림을 그릴지 결정하는 데 도움을 주는 것이라고 설명했다. 사람들이 사고 싶어 하는 그림을 앤트완이 어떻게 아느냐고 묻자, 마일스는 자신과 앤트완이 학교 운동장에서 아이들을 대상으로 가장 좋아하는 그림에 대해 조사해 보았다고 말했다. 그는 계속해서 내게 '원하시면 이 그림들 중에서 하나를 사실 수 있어요'라고 말했다. 그리고는 '아무튼 어떤 그림이 좋으세요?'라고 물었다. 나는 그 책을 뒤적이다가 용의 이미지가 가장 좋다고 말했다.

마일스 : 그리폰(Gryphon)[21]보다 그게 더 좋은 게 확실해요? (용 그림은 22
　　　　센트에 세금을 더 내야 하는 가격이었다.) 그리폰 그림은 세금 포함
　　　　해서 27센트밖에 안 되는데요. 그리고 (드라마틱하게 잠시 쉬었다

그림 5.1a
영수증

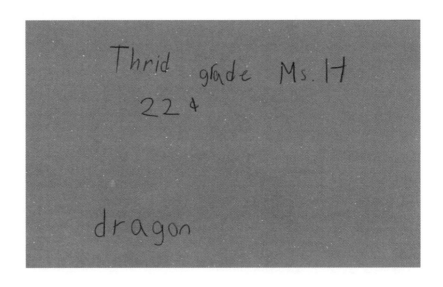

가) 무료 배송이에요. (웃으며) 자, 뭐, 교실 저쪽에서 이쪽으로 옮기
는 것뿐이지만요.

비비언 : 세금 포함이라고? 그럼 세금을 제외한 가격은 얼마니?

마일스 : (세금 뺀 가격과 포함 가격을 적어 놓은 가격 목록을 보고는) 26센
트에 세금 5%가 붙으니까 총 27센트예요.

비비언 : 하지만 난 용이 좋단다.

마일스 : 그럼 알았어요. 이게 마음을 바꿀 수 있는 마지막 기회예요. 좋아요.
용 그림은 세금 포함해서 22센트만 주시면 돼요.

마일스는 우리의 거래를 마무리하면서 화가인 카일에게 용 그림을 주
문하기 위해 내 옆을 떠났다. 잠시 후 마일스는 그림과 영수증을 배달하러
내가 앉아 있는 곳으로 다시 돌아왔다(그림 5.1a와 그림 5.1b 참고).

21　독수리의 머리와 발톱, 날개를 지니고 사자의 몸을 갖고 있는 것으로 알려진 전설 속의 동물.

그림 5.1b
용을 그린 그림

공식적 교육과정과 마일스의 비공식적 리터러시 간의 연관성

앞서 살펴본 것처럼, 학교에서 가르치고 배우는 공식적인 교육과정의 내용과 마일스가 할 줄 아는 비공식적인 행동 사이에는 분명한 연관성이 있다. 예를 들어 마일스가 사업상 거래를 하고 있던 수업 시간의 목표는 사물들을 특정한 자질에 따라 범주화하여 분류하는 기능을 다루는 것이었다. 마일스와 그의 친구들은 그리기가 얼마나 복잡한가에 따라 그림의 가격을 세 가지 범주로 분류했다. 또한 그들은 어린이들이 어떤 그림을 가장 좋아하는지 알아보기 위해 학교 운동장에서 조사를 하기도 했다. 한편, 공식적 교육과정에서 선생님은 모든 어린이들에게 자신이 속한 모둠에서 특정한 역할을 하도록 했다. 즉 각각의 모둠은 '기록하는 아이, 정해진 시간을 지키도록 하는 아이, 발표하는 아이'로 구성되었다. 마일스, 카일, 앤트완 역시 '사업 매니저, 화가, 컨설턴트'와 같은 개별 역할과 책임을 맡고 있었다는 점에서 이와 유사하다.

교사들은 비판적 리터러시를 수업에 적용하고 싶어 하면서도, 교육과정의 필수 사항들을 수업 시간에 모두 다루었음을 입증해야 하기 때문에 압박감을 느끼고 있다. 그렇기 때문에 공식적 교육과정과 비공식적 활동이 겹치는 공간들을 잘 활용하는 것이 더욱 중요하다. 뒷부분에서 보다 분명히 논의하겠지만, 마일스가 학교에서 비공식적으로 한 활동은 보통 학교 운영위원회에서 이 아이의 연령에 적합한 리터러시 기능이라고 규정한 것을 훨씬 넘어선 것이다. 이처럼 그의 비공식적인 활동은 그에게 공식적 교육과정의 범위 내에 있는, 그러면서도 그것을 넘어서는 높은 지위 내지 자본을 지닌 리터러시 기능을 발달시킬 수 있는 기회를 제공한다.

그러나 마일스의 작업에 내가 관심을 갖는 이유는 공식적 교육과정과 비공식적 교육과정 사이의 연관성을 살펴볼 수 있다는 점 때문만이 아니라, 이것이 비판적 리터러시 교육으로까지 나아갈 수 있는 가능성이 보이기 때문이다. 그리고 마일스의 작업은 일상생활에서 일어나는 리터러시에 비해 특정한 방식의 리터러시가 특권을 부여받고 있음을 보여 줄 수 있다는 점에서도 관심을 끈다.

다이슨(Dyson, 1993)은 어린이들이 세상을 살아가기 위해 필요한 자본을 지닐 수 있게끔 하는 데 그들이 이미 알고 있는 것을 일종의 다리로 활용하는 방법을 '침투하는 교육과정(permeable curriculum)'이라는 개념을 통해 논의한 바 있다. 예를 들어 어떻게 하면 마일스, 카일, 앤트완이 교실에 가져온 리터러시를 다리 삼아, 어린이들이 언어와 권력 간의 관계에 대해 배울 수 있도록 할 수 있을까? 비판적 언어 인식(critical language awareness)에 대해 논의하면서, 힐러리 쟁크스(Hilary Janks, 1993)는 다음과 같이 말한 바 있다.

말을 하거나 글을 쓰기 위해 언어를 사용할 때, 사람들은 많은 선택을 해야 한다. 그들은 어떤 단어를 사용할지, 형용사나 부사를 포함할지, 현재 시제를 사용할지 아니면 과거 시제나 미래 시제를 사용할지, 성차별적인 대명사를 사용할지 말지, 문장들을 연결할지 아니면 분리된 채로 내버려 둘지, 정보의 순서를 어떻게 배열할지, 확고한 태도를 보일지 아니면 다소 망설이는 태도를 보일지, 승인하는 태도를 보일지 아니면 인정하지 않는 태도를 보일지 등에 대해 결정해야 하는 것이다. 이러한 모든 선택이 뜻하는 바는, 글이든 말이든 텍스트라면 모두 다양한 언어 선택의 가능성으로부터 구성된다는 점이다.(p.3)

그렇다면, 어떻게 마일스와 그의 친구들이 학교에 가져온 리터러시를 자본으로 삼아, 어린이들에게 단어(word) 그리고 단어와 관련된 세계(world)의 비판적 독자가 될 수 있는 기회(Freire, 1987)를 줄 수 있을까? 즉, 어떻게 하면 어린이들로 하여금 다양한 언어 가운데 특정한 단어가 선택되는 것이라는 점을 보여 줌으로써 의미 있는 교육과정을 만들어 낼 수 있을까?

마일스의 언어 선택을 면밀히 들여다보기

나와 대화를 나누는 과정에서 마일스가 선택한 단어들을 면밀히 들여다보면 이 아이가 어떤 리터러시 능력을 장점으로 지녔는지 알 수 있다. 마일스가 '누구라고 하셨죠? 이름 말이에요. 박사님이라고 했었나요?'라고 물은 것은, 이 아이가 광고업에 종사하는 사람과 물건(여기서는 그림)을 파는 사람이라는 두 가지 역할을 취하고 있음을 보여 준다. 그는 '누구라고 하셨죠?'라는 말과 '이름 말이에요'라는 질문을 사용함으로써 나와 대화하고자 하는 의지를 명백히 드러냈다. 내가 박사인지를 물음으로써 이 아이는 나에 대해 무언가를 이미 알고 있음을 분명히 보여 주었다. 또한 마일스는 우리의 대화에서 한발 앞서가고 있는데, 이것은 물건을 판매하는 역할을 맡으려는 사람이 구사할 수 있는 좋은 전략이다. 그는 '비비언이라고 불러 드릴까요? 아니면 바스케스 박사님이라고 불러 드릴까요?'라고 물음으로써 나에게 계속 주의를 기울이면서 내가 계속 대화에 참여하도록 붙잡아 두었다. 이것은 우리의 대화에 개인적인 층위를 더하는 효과가 있다. 그러고 나서 마일스는 내게 '미술 작품 좋아하세요?'라고 물으면서 그의 상품을 소개하기 시작했다. '물론이지'라는 내 대답은 마일스가 내게 그림을 팔기 위해 던진 바늘을 문 것이라 할 수 있다.

마일스는 고개를 끄덕이며 '그림 좋죠, 네?'라고 말했는데, 그럼으로써 내게 원했던 '그렇다'는 대답을 끌어내고 나를 구매자로 위치 지었다. 이 아이는 이러한 긍정적 진술을, 그의 잠재적 구매자인 나에게서 확답을 얻어내기 위한 목적으로 '원하시면 이 그림들 중에서 하나를 사실 수 있어요'라는 또 다른 긍정적 진술과 함께 사용했다(Granville, 1993). 그의 다음 질문인 '아무튼 어떤 그림이 좋으세요?'라는 말의 기저에는 '당신은 그림을 갖고 싶어 하고 있지만, 단지 어떤 그림을 원하는지 모르고 있을 뿐이에요'라는 뜻이 숨겨져 있다. 마일스는 계속해서 '그리폰보다 그게 더 좋은 게 확실해요?'라고 묻는다든가, 나로 하여금 좀 더 비싼 그림을 사게 하려는 의도에서 '그리폰 그림은 세금 포함해서 27센트밖에 안 되는데요'라고 말하는 등 물건을 파는 데 능숙한 사람이 지닌 말하기 능력을 계속해서 보여 주었다. 그는 또한 그의 제안을 즉시 받아들인다면 '무료 배송'도 포함된다는 제안으로 나를 유인함으로써, 특정한 종류의 매수자 혹은 소비자가 되도록 나를 가르치려 하기도 했다. '이게 마음을 바꿀 수 있는 마지막 기회예요'라는 그의 말은 용 그림을 사겠다는 내 결정을 두고 한 말로, 용 그림보다 비싼 그리폰 그림을 사도록 내 마음을 바꾸려는 생각에서 한 말이다.

마일스의 이야기는 비판적 리터러시 및 새로운 시대와 어떤 관련이 있을까

루크(Luke, 1998)에 따르면, '새로운 리터러시(new literacies)'라는 용어는 학습자들이 리터러시를 습득하는 새로운 시대와 장소를 강조하는 개념이다. 필 코마크(Phil Cormark, 2000)는 '새로운 시대'에는 '지금' 일어나는 일에 관심을 가져야 한다고 말한 바 있다. 내가 이 장을 마일스에 대한 이야기로 시작한 이유는 학교 밖 일상생활에서 어린이들이 습득하게 되는 리터러시 능력을 학교가 인식하고, 의미 있는 자본으로 인정해 주며, 이에 대해 영향을 주려면 어떻게 해야 할지 논의하기 위해서였다. 어린이들이 학교 밖 일상생활에서 습득하게 되는 리터러시 능력은 매우 다양한 형식을 지니며, 여러 상황이 복합적으로 얽힌 맥락에서 생겨난다. 마일스의 이야기는 만약 우리가 전통적인 인쇄물 기반의 텍스트만을 특권적으로 중시하는 일을 중단하고, 일상적 텍스트에 관여할 수 있는 기회에 대해 논의하기 시작한다면, 수업에서 어떤 종류의 리터러시를 가르칠 수 있을지를 보여 준다.

장난감 포장지를 활용하여 비판적 언어 인식을 갖도록 하기

> 테일러 : 이제 다음 카드팩을 뜯어볼 거예요. (…) 이건 '팬텀 홀로'인데, 일본 거예요. 음. 이건 내가 이미 갖고 있는 거고, 이것도 갖고 있는 거고, 이것도 갖고 있는 거고, 이건 안 갖고 있는 거고, 이것도 안 갖고 있는 거고, 이것도 안 갖고 있는 거고 (…) 이것도 안 갖고 있는 거고! 와! 이 카드들, 이번 팩은 정말 대박이네요!
>
> 비비언 : 왜 대박이라는 거니?
>
> 테일러 : 왜냐하면요, 정말로, 이 팩 안에 있는 카드들은 제가 대부분 안 갖고 있는 것이거든요! (크게 한숨을 쉬며) 근데 더군다나 (잠시 숨을 멈

추었다가) 홀로 카드를 갖게 된 거예요! 이건 제가 안 갖고 있는 거고, 이것도 안 갖고 있는 거고, 이것도 안 갖고 있는 거고, 이것도 안 갖고 있는 거고, 이건 갖고 있는 거고, 이것도 안 갖고 있는 거고, 이것도 안 갖고 있는 거고. 와! 이게 대박이라고 말한 건 농담이 아니었어요! 이제 팩을 하나 더 뜯어볼게요. (카드팩을 보며) 돈 되는 카드야, 나와라! 와! 여기 있는 카드들 중에는 제가 갖고 있는 게 거의 없어요! 와! 정말 짱 좋아요!

여기에 제시한 대화는 테일러라는 이름의 여섯 살짜리 소년이 포켓몬 카드팩을 열어보고 있을 때 내가 그와 나눈 대화의 일부이다. 포켓몬이란 〈포켓몬스터〉라는 TV 인기 시리즈물의 제목이다. 포켓몬스터는 다른 모습으로 변신한다든가 적을 물리치기 위해 물이나 전기, 불을 사용하는 등의 다양한 능력을 가진 상상의 캐릭터들이다. 이 캐릭터들은 캐릭터 간의 싸움인 '배틀(battle)'에서 이기면 진화하는 능력을 갖게 되는 또 다른 현실에서 살아간다(Vasquez, 2003).

테일러가 어떤 카드를 보여 주며 사용한 '홀로(holo)'라는 말은 '홀로그램(hologram)'으로 제작된 포켓몬 카드를 말한다. 이것은 일부 카드팩에 한정된 수량만 무작위로 들어 있는 귀한 카드이다. 이 때문에 포켓몬 카드팩을 열어서 홀로 카드를 찾는 것은 어린이들이 대단히 바라 마지않는 일이다. 그래서 테일러도 '와! 이 카드들, 이번 팩은 정말 대박이네요!'라고 말하며 흥분했던 것이다. 여기서 테일러가 '대박'이라고 말한 이유는 그가 새로 갖게 된 카드들의 가치가 카드팩을 사기 위해 지불한 돈의 가치를 훨씬 뛰어넘는 것이기 때문이다. 테일러가 '이제 상자를 하나 더 뜯어 볼게요. 돈 되는 카드야, 나와라!'라고 한 말은 내가 옳게 해석했다는 것을 보여 준다. 루크(Luke, 1997)에 따르면, 어린이들은 직접 돈을 벌지는 않지만 부모들의 지출 항목 선택에 상당한 영향력을 발휘한다. 이 때문에 많은 어린이들이 테일러가 보여 주는 것처럼 다양한 포켓몬 상품을 구매하여 포켓몬의 세계에 참여할 수 있는 것이다. 이처럼 어린이들이 상당한 구매력을 행사하고 있다는 사실은 수업에서 일상적 텍스트를 사용하려는 교사들이 알아야 할 중요한 사실이다.

앞서 소개한 대화에 이어 계속된 대화에서 테일러는 홀로 카드란 상당히 희귀한 것으로 포켓몬 카드팩에 들어 있는 경우가 많지 않으며, 따라서 카드 교환의 세계에서 매우 가치 있는 것이라고 설명해 주었다. 실제로 홀로 카드들의 값어치는 상당하다. 그리고 포켓몬 카드를 완벽하게 세트로 갖추는 것은 포켓몬 세계에서 상당한 지위를 갖는다. 테일러가 새로 산 카드팩을 살펴보면서 '이건 내가 이미 갖고 있는 거고, 이것도 갖고 있는 거고, 이것도 갖고 있는 거고, 이건 안 갖고 있는 거고, 이것도 안 갖고 있는 거고, 이것도 안 갖고 있는 거고 (…) 이것도 안 갖고 있는 거고!'라고 말한 것은 그 카드팩의 카드 가운데 자신이 어떤 것을 이미 갖고 있으며, 어떤 것을 아직 안 갖고 있는지를 표현한 것이다. 이러한 말은 어린이들 사이에 카드 교환이 이루어질 때 교환을 협상하기에 앞서 서로가 지닌 카드들을 살펴보면서 하는 일상적인 말이기도 하다.

포켓몬과 같은 미디어 문화는 어린이들과 성인들의 대화에서 중요한 주제가 되어 왔다. 테일러가 포켓몬 카드를 거래하는 아이들 사이에서 통용되는 '홀로'라는 용어를 사용하는 것에서 알 수 있듯이, 어린이들은 포켓몬 게임 세계에서만 특별히 통용되는 다양한 언어 사용의 관습을 개발해 왔다. 한편 어른들은 포켓몬을 어린이 문화로서 이해하기보다는 포켓몬이 어린이들의 폭력적 행위를 조장할 가능성을 검토하는 데 주력해 왔다. 실제로 2000년 가을에 미국의 저명한 방송 기자인 존 스토셀(John Stossel)은 뉴스 전체를 포켓몬 취재에 할애하면서, 포켓몬 게임의 상당 부분이 카드 거래이기 때문에 포켓몬 문화에 발을 들여놓는 것은 도박을 하는 것이나 마찬가지라고 주장하는 사람들을 뉴스의 마무리 부분에서 보여 주었다. 포켓몬은 〈타임(Time)〉지의 1999년도 표지를 장식하기도 했다. 포켓몬 캐릭터들 가운데 가장 잘 알려진 '피카츄(Pikachu)[22]'는 1927년에 시작된 전통적인 추수감사절 행사 가운데 하나인 메이시스 퍼레이드(Macy's parade)에 '스누피', '큐리어스 조지(Curious George)[23]'와 함께 등장하기도 했다. 새로운 시대적 현상인 포켓몬을 연구하기 위해 개최된 학술대회도 많았다. 2000년 11월에 하와이 대학교 일본연구센터의 후원으로 개최된 학술대회에는 포켓몬 현상을 논의하기 위해 전 세계의 미디어 분야 교수와 연구자들이 몰려들었다. 포켓몬스터에 관심 있는 사람들은 TV 만화영화의 비디오, 극장판 영화, 도시락 가방, 옷, 장난감, 침구, 신발, 가방과 배낭, 타월, 책, 그 밖의 다양한 문구류 등을 포함해 정말 경이로울 정도로 다양한 상품을 수집할 수 있다. 포켓몬은 엄청난 대중문화 상품이 되었으며, 크라프트(Kraft)나 켈로그(Kellog's)와 같은 대기업도 자사의 브랜드명을 포켓몬과 혼합해 '크라프트 포켓몬 마카로니 치즈'나 '켈로그 포켓몬 시리얼' 등을 만들어 내기도 했다. 이와 같은 포켓몬의 브랜드화와 포켓몬 관련 상품의 대량 생산은 다음과 같은 결과를 가져왔다.

- 포켓몬 수용자들 사이에 지속적인 참여 관계가 형성됨
- '판매자들'(포켓몬 상품을 생산하는 회사들)에게 마케팅과 광고의 원천을 제공함

---

22 〈포켓몬스터〉의 주인공 지우가 고향인 태초마을을 떠날 때 받은 파트너 포켓몬으로, 수많은 포켓몬 배틀을 함께 이겨낸 지우와 최고의 팀워크를 이룬다.

23 17개 언어로 번역되어 지난 60년간 수많은 독자들의 사랑을 받아온, 한스 A. 레이-마그렛 레이 부부의 동화책에 나오는 꼬마 원숭이다. 이 동화책은 동명의 TV 애니메이션 시리즈와 극장용 애니메이션으로도 제작되었다.

- 판매자들에게 사람들의 마음속에 이미 존재하고 있는 공유된 문화적 이미지를 제공함으로써, 그들의 상품이 보다 잘 인식되고 이로 인해 갖고 싶은 것으로 여겨지도록 함

　포켓몬은 1998년에 처음 방송된 TV 만화영화 히트작으로, 어린이들은 포켓몬 노래와 '모두 잡고 말겠어(Gotta Catch 'Em All)'라는 포켓몬 주문을 알게 되었다. 이 캐치프레이즈는 연구가 수행되고 있던 당시 캐나다와 미국의 어느 교실에 있는 어떤 연령의 어린이들이라도 다 알고 있는 것이었다. 내가 어린이들에게 '모두 잡고 말겠어'가 어디에 나오는 말이냐고 물으면 어린이들은 즉시 '포켓몬이요!'라고 대답했다. 앞서 내가 소개한 테일러와의 대화에서 그가 갖고 있는 카드와 갖고 있지 않은 카드를 분류하는 말 역시 가능한 한 모든 포켓몬 카드를 모으려는 욕망('모두 잡고 말겠어')에서 비롯된 수집행위의 일부였던 것이다.
　포켓몬 수용자가 어떻게 유지되는지에 관한 비판적 언어 인식 연구의 일환으로 포켓몬 시리즈의 장난감 포장을 살펴보던 중, 다음과 같은 대화가 이루어졌다.

커티스 : 거의 모든 포켓몬 포스터에 '모두 잡고 말겠어'라는 말이 나와요.

비비언 : 왜 그런 것 같니?

커티스 : 어, 잘 모르겠어요. 하지만 추측은 할 수 있어요.

비비언 : 그래.

커티스 : 음 TV 만화영화에서 주인공의 목적은 포켓몬을 모두 잡는 거예요. 그러니까 아마도 '모두 잡고 말겠어'라는 말은 (잠시 쉬었다가) 포켓몬을 모두 잡아야 한다는 뜻일 거예요.

비비언 : 그러니까 잡는다는 게 모은다는 뜻과 마찬가지 뜻이라는 거니, 아니

면 그것과는 다른 뜻이라는 거니?

에밀리 : 카드 모으는 거랑 같은 거예요.

미구엘 : 포켓몬 만화영화를 모으는 건 아니에요.

에밀리 : 우리가 카드 모으는 걸 원하는 사람은 누굴까?

미구엘 : 포켓몬 파는 사람들?

커티스 : 그렇지, 그 사람들은 직업상 포켓몬을 만드는 거야.

이 장의 시작 부분에 나오는 마일스와 마찬가지로, 이 대화에 참여한 네 살에서 여섯 살 사이의 어린이들 역시 물건을 '파는 사람', '사는 사람' 그리고 소비자의 세계와 연관된 중요한 쟁점들을 제기했다. 6장에서는 이 문제에 관한 좀 더 연령이 높은 아이들(열한 살)의 인식을 미국의 수집용 봉제 인형인 '비니 베이비(Beanie Babies)'를 통해 보다 자세히 살펴보고 있다. 나는 앞서 소개한 대화에 나오는 아이들에게 포켓몬 시리즈의 포장지를 살펴보고 수집과 관련된 모든 단어를 찾아보도록 한 후, 이에 대한 대화를 좀 더 면밀히 분석해 보았다. 그것에 대해서는 다른 책(Vasquez, 2004b)에서 자세히 논의했다. 그 책에서 내가 내린 결론은 이러한 대화를 통해 포켓몬 텍스트와 관련된 언어 사용, 그리고 그 언어들이 독자들을 이데올로기적으로 위치 짓는 방식, 즉 텍스트들이 지배적인 사회적 관념이나 신념을 반영하는 방식에 대해 좀 더 자세히 살펴볼 수 있는 토대를 마련할 수 있었다는 것이다. 우리는 '모두 잡고 말겠어'라는 캐치프레이즈를 일관되게 사용하는 것이 어떻게 포켓몬 수용자를 계속해서 유지하는지에 초점을 두어 텍스트를 분석했다. 한편, 앞의 대화에서 '커티스'가 말하는 것처럼 거의 모든 포켓몬 포스터(장난감 포장, 포스터, 잡지, 그리고 포켓몬 관련 다른 상품들을 가리킴)에는 '모두 잡고 말겠어'라는 말이 나온다. 우리는 '에밀리'가 "우리가 카드 모으는 걸 원하는 사람은 누굴까?"라고 물었을 때 '미구엘'

이 "포켓몬 파는 사람들"이라고 대답한 것처럼, 상업주의에 대한 인식을 포켓몬 포장지 분석의 전면에 부각시켰다. 또한 이처럼 관련 상품을 수집하도록 하는 행동이 크라프트 회사의 포켓몬 마카로니 치즈와 켈로그 회사의 포켓몬 시리얼 등의 상품에 의해서도 조장되고 있음을 알게 되었다. 예를 들어 네 살밖에 안 된 에밀리조차도 크라프트사의 마카로니 치즈의 경우 "'잡는다'는 말 대신에 '먹는다'는 표현을 써서 '모두 먹고 말겠어'라고 해요"라고 지적했다. 마찬가지로 '룰라'는 "옷의 경우에는, 모두 입고 말겠어"라고 한다고 지적했는데, 여기서 옷이란 포켓몬 캐릭터가 그려진 다양한 의류를 가리키는 것이다. 룰라가 한 이 말은 우리로 하여금 포켓몬 텍스트에 대해 보다 심층적으로 분석하도록 했는데, 이번에는 포켓몬 텍스트가 성(gender) 정체성을 어떻게 구성하는가를 들여다보기로 했다.

어린이들의 성 정체성 구성

룰라　　: 너 포켓몬 그려진 옷 있어?

미구엘 : 아니, 나는 여자아이들 입는 옷은 안 입어. 이상하잖아.

에밀리 : 너 포켓몬 신발은 있잖아!

미구엘 : 신발은 옷이 아니잖아. 그건 신발이야.

룰라　　: 왜? 포켓몬 옷은 왜 여자아이들만 입는 거야?

미구엘 : 피카츄나 그런 게 그려져 있는 분홍색 셔츠 같은 걸 말하는 거야.

에밀리와 룰라의 질문에도 불구하고, 미구엘은 포켓몬이 그려진 옷은 여자아이용이고 신발은 남자아이용이라고 굳게 믿고 있었다. 포켓몬 제작자들은 포켓몬이 중성적이며, 따라서 여자아이들과 남자아이들에게 동일하게 호소력이 있을 것이라고 생각한다. 그러나 앞서 살펴본 어린이들의

그림 5.2
남자아이용
티셔츠 디자인

대화에서는 반드시 그렇지 않다는 것이 분명하게 드러난다. 나는 이 논의를 좀 더 발전시키기 위해 어린이들에게 자신이 입을 옷과 신발을 디자인해 보라고 부탁했다. 다음 날 나는 아이들이 디자인을 위한 템플릿으로 사용할 수 있도록 아무것도 그려져 있지 않은 티셔츠와 신발을 종이와 함께 준비해 갔다. 다섯 살 난 '패트릭'은 그림 5.2에 제시된 티셔츠가 대체로 남자아이들에게 어필할 것이라고 생각하며 고안했다. 이 셔츠가 남자아이용인 이유는 남자아이들이 포켓몬에서 좋아하는 모든 '파워'를 그렸기 때문이라고 했다(셔츠의 팔에 그려진 원 안의 심볼들을 가리킴). 다른 어린이들이 디자인한 포켓몬 셔츠들을 본 후 미구엘은 남자아이들도 포켓몬 옷을 입을 수 있다는 점에 대해 만족한 듯, "재미있네. 남자아이들도 입을 수 있는 포켓몬 옷을 만들 수 있을 거라고는 생각하지 못했었는데 말이야"라

그림 5.3
여자아이용
신발 로고 디자인

고 말했다.

　　여섯 살 난 '카탈리나'는 그림 5.3에 나타난 것처럼 여자아이들에게 어울릴 거라고 생각되는 신발의 로고를 디자인했다. 이 로고는 늘어뜨린 금발 갈기를 가진 유니콘처럼 생긴 보라색 동물이다. 카탈리나는 자신이 디자인한 이 포켓몬 로고에 '다양한 색'이라는 이름을 붙이고는 이것이 말 포켓몬이라고 했다. 카탈리나는 자기 엄마의 신발에는 신발에 대한 설명이 적힌 종이가 있었다면서 자신이 디자인한 포켓몬에도 설명을 써 매달겠다고 했다. 카탈리나는 '다양한 색'이라는 이름의 포켓몬에 '별 공격, 박치기, 노란색 공격, 방패 공격, 색 공격'과 같은 몇 가지 공격 능력을 부여했다. '공격'이란 상대방과의 전투에서 적을 무찌를 수 있는 포켓몬의 무기를 말한다. 그림 5.4에서 볼 수 있는 바와 같이, 카탈리나가 쓴 글은 신발의 외곽

그림 5.4
신발에 쓴 글 내용

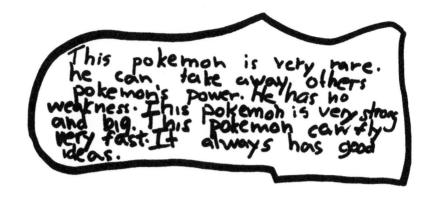

선 안에 들어 있다. 글의 내용은 이 포켓몬이 매우 희귀한 것이고 다른 포
켓몬의 힘을 빼앗을 수 있다고 되어 있다. 또한 '이 포켓몬은 약점이 없고,
힘이 아주 세고 몸집도 크다. 아주 빨리 날 수 있고 언제나 좋은 아이디어
를 갖고 있다'라고 쓰여 있다.

다시 설계하기: 비판적 리터러시의 중요한 요소

쟁크스(Janks, 2002)는 '다시 설계하기(re-design)'가 비판적 리터러시의 일
부가 되어야 한다고 말한다. 앞서 살펴본 어린이들과 성(gender)에 관해 나
눈 대화에서 볼 수 있듯이, 만약 티셔츠나 신발처럼 여자아이용과 남자아
이용으로 구별되는 것으로 보이는 텍스트를 단지 해체해 보기만 했더라면
어린이들에게 그에 대한 대안적인 관점을 제공하기 어려웠을 것이다. 분명
한 것은 특히 미구엘의 경우에는 포켓몬 신발과 티셔츠를 나름대로 디자
인해 보고 나서야 다른 대안이 존재한다는 것, 즉 텍스트와 이미지는 사회
적으로 구성되는 것이며 따라서 기존의 생각을 해체하여 다시 설계할 수
있다는 것을 깨달았다는 점이다. 미구엘이 "재미있네. 남자아이들도 입을
수 있는 포켓몬 옷을 만들 수 있을 거라고는 생각하지 못했었는데 말이야"

라고 말한 것은 이 아이의 '아하!' 하는 순간(Aha moment), 즉 세상은 본래 자신이 생각했던 것과 다른 방식으로 구성될 수 있다는 점을 갑자기 깨닫게 된 순간이라 할 수 있다.

카탈리나가 다시 설계한 포켓몬 신발이 특히 흥미롭게 여겨진 이유는 그것이 텍스트와 이미지 선택을 통해 성에 대한 고정관념을 뒤엎었기 때문이다. 카탈리나가 '이 포켓몬은 매우 희귀한 것'이라고 말한 것은, 앞서 테일러가 홀로 카드의 가치에 대해 말한 것과 마찬가지로 자신이 디자인한 포켓몬 신발의 가치에 대해 말한 것이다. 어린이들과 나는 포켓몬과 관련하여 어떤 포켓몬이 남자라고 생각되고 어떤 포켓몬이 여자라고 생각되는지, 왜 그렇게 생각되는지에 대해 토론해 본 적이 있다. 내가 알게 된 것은 어린이들은 캐릭터의 신체적 특성을 우선적으로 살펴보고 그것이 남자인지 여자인지를 결정한다는 점이다. 예를 들어 파란색이나 초록색처럼 남자다운 색이 없으면 남자답지 않다는 식의 기준이 사용되는 것이다. 어린이들이 여자 포켓몬이라고 생각한 것들은 대부분 남자 포켓몬이라고 생각한 캐릭터들에 비해 파워가 떨어지거나 가치가 별로 없는 것들이었다. 이런 점을 고려할 때, 어린이들에게 여자 캐릭터인 것으로 생각되는 '다양한 색'(카탈리나가 디자인한 포켓몬 캐릭터)에 대해 아주 희귀하고 따라서 매우 가치 있다고 말한 것은 기존에 어린이들이 성을 구별하기 위해 지니고 있던 도식을 뒤흔드는 것이라 할 수 있다. 이와 같은 기존 도식의 파괴는 카탈리나가 '다른 포켓몬의 힘을 빼앗을 수 있고', '약점이 없다'고 말한 데에서도 계속 이어진다. 다른 어린이들은 '다양한 색'이 여자라고 생각했는데, 카탈리나는 이것이 남자라고 말했다. 다른 어린이들이 '다양한 색'을 여자라고 생각한 것은 이 포켓몬이 여자아이들 사이에서 인기 있는 장난감 인형인 '백조의 호수 바비'에 나오는 '라일라(Lila) 유니콘'을 닮았기 때문이었다.

왜 여자같이 생긴 남자 포켓몬을 만들고 싶었느냐고 묻자, 카탈리나는 남자의 외모나 여자의 외모 모두 다양한 방식이 있기 때문에 겉모습만 보고 그 사람이 어떤 사람인지 판단해서는 안 된다고 대답했다. '어떤 남자아이가 분홍색을 좋아한다고 해서 힘이 세지 않다는 보장이 없고, 파란색을 좋아하는 여자아이라고 해서 다른 아이들을 때려 눕히는 것은 아니잖아요'라는 설명을 덧붙이면서 말이다.

카탈리나는 포켓몬 '다양한 색'이 단지 힘만 센 것이 아니라 힘이 아주 세고 몸집도 크다고 설명했고, '이 포켓몬은 아주 빨리 날 수 있고 언제나 좋은 아이디어를 갖고 있다'라는 말로 그 가치를 강조하면서 마무리했다.

이런 점으로 미루어 볼 때 포켓몬을 다시 디자인해 보는 활동을 통해 우리가 성취한 것은 '텍스트란 다양한 선택의 여지 가운데 특정한 방식으로 구성되는 것'이라는 점을 어린이들에게 이해시키기 위한 방법인 '다시 설계하기' 원리(Janks, 1993: 3)를 사용하여 '지배적 의미(dominant meaning)'에 도전한 것이라 할 수 있다.

광고의 시각적 문법 해석

티셔츠나 신발 등의 포켓몬 상품을 디자인해 본 후 어린이들과 나는 이러한 상품들을 판매하는 것이 어떤 의미를 갖는지에 대해 이야기하기 시작했다. 누군가에게서 무엇인가를 사고 싶게 만드는 요인은 무엇일까? 어떤 이미지들이 구매 욕구를 갖도록 하는 데 효과적일까? 어떤 단어들이 가장 설득력이 있을까? 광고에서 텍스트와 이미지는 어떻게 작용할까? 어떻게 하면 광고 텍스트를 비판적인 눈으로 읽고, 충분한 정보를 바탕으로 우리가 살 물건들을 정할 수 있을까? 이러한 질문들에 대해 토론해 보았다.

아래에서는 시각적 이미지의 기술적 특징과 사회적 기능, 텍스트 이미지들의 맥락에 초점을 두고, 이러한 유형의 분석이 교실에서 어떻게 이루어질 수 있을지 논의하도록 하겠다.

'요구'와 '제공'의 개념

할리데이(Halliday, 1978)에 따르면 발화의 기본 기능은 '정보 제공, 상품과 서비스의 제공, 정보에 대한 요구, 상품과 서비스에 대한 요구' 등 네 가지이다. 크레스와 반 레이우엔(Kress & van Leeuwen, 1996)은 이와 같은 '제공(offer)'과 '요구(demand)'의 개념을 시각적 이미지에 적용해 설명한다.

어린이들이 교실에 가져온 포켓몬 상품들 가운데 하나는 청소년 대상의 최신 영화를 어린이들에게 소개하는 출판물인 〈어린이(Kids Tribute)〉라는 잡지였다. 이 잡지에 나오는 한 광고가 특히 우리의 관심을 끌었는데, 그 이유는 이것이 두 페이지에 걸쳐 게재되어 있었기 때문이다. 광고의 오른쪽 면에는 경기장에 입장하고 있는 포켓몬 무리가 그려져 있었다. 이 이미지는 마치 농구나 축구 혹은 하키와 같은 프로 스포츠 경기에서 선수들이 입장하는 모습과 비슷했다. 이 광고는 〈포켓몬 스타디움(Pokémon Stadium)〉이라는 비디오 게임 광고로, '여러분이 기다려 온 포켓몬 배틀. 바로 그 포켓몬 배틀'이라는 광고 문구가 적혀 있었다.

이 광고에서 관중석의 사람들은 마치 스포츠팬들이 자기가 좋아하는 팀과 선수들을 응원하는 것과 똑같은 방식으로 경기장에 입장하는 포켓몬들을 향해 환호성을 지르고 있었다. 이 광고에서 중점적으로 살펴볼 수 있는 것 중의 하나는 서구 사회에서 프로 운동선수가 된다는 것과 권력이 어떤 관계가 있는가, 그리고 이것이 포켓몬 트레이너가 되는 것과 어떻게 관련되는가이다. 그러나 여기서는 이 특정한 광고 이미지에 관한 '요구와 제공' 개념에 초점을 두어 논의하고자 한다.

크레스와 반 레이우엔(Kress & van Leeuwen, 1996: 122)은 이미지 안

의 등장인물들(이 경우에는 포켓몬들)이 독자의 눈을 직접 바라보는 그림과 그렇지 않은 그림들 간의 근본적인 차이에 대해 이야기한다. 그들은 '등장 인물들이 그림을 보는 이를 직접 바라볼 때는 인물들의 시선에 의해 형성 되는 벡터(vector)가 이미지 안의 인물들과 그것을 바라보는 이를 연결한 다. 비록 둘 사이의 접촉이 상상의 수준에서 이루어지는 것이라 하더라도 이러한 연결이 성립되는 것이다'라고 기술한다.

나는 크레스와 반 레이우엔이 제시한 이미지 분석 전략을 사용하여 교실의 벽면에 비출 두 페이지의 슬라이드를 만들었다. 그런 후에 어린이 들과 함께 각 인물들의 눈에서부터 선을 그어 그들의 시선에 의해 형성되 는 벡터들이 어디에서 끝나는지를 면밀히 살펴보았다. 그러고 나니 피카츄 (Pikachu), 나옹(Meowth), 고라파덕(Psyduck), 슈륙챙이(Poliwhirl), 이상해 꽃(Venusaur), 거북왕(Blastoise), 리자몽(Charizard)과 같은 캐릭터들이 이 광고를 보는 우리를 직접 응시하고 있음을 분명히 알 수 있었다. 그 가운데 하나인 리자몽은 광고에서 다른 포켓몬들 위로 날아가고 있었는데, 이러한 시각적 효과는 포켓몬들이 마치 우리에게 다가오는 것과 같은 환상을 심어 줌으로써 포켓몬과 수용자 사이의 접촉을 유지하고 있었다.

또한 크레스와 반 레이우엔(Kress & van Leeuwen, 1996: 122)은 '같 은 방향의 몸짓에 의해 형성되는 벡터'에 대해서도 언급하고 있다. 이 광고 에 이를 적용해 보면, 피카츄, 나옹, 슈륙챙이, 이상해꽃, 거북왕, 리자몽은 모두 한쪽 팔은 뒤로 보내고 다른 쪽 팔은 앞으로 내민 벡터를 형성하고 있 다. 이와 같은 벡터는 포켓몬 퍼즐 광고에서 주인공인 지우가 수용자 쪽으 로 포켓볼을 직접 잡고 있는 모습을 통해 좀 더 명확히 드러나며, 두 페이지 에 걸쳐 게재된 광고의 왼쪽 페이지 좌측 하단에 위치한 '슈퍼마리오(Super Mario)'의 모습에서 더더욱 명확히 드러난다. 이러한 몸짓은 '우리는 당신 을 원해요'라는 문구를 담은 미군 장병 모집 포스터를 떠올리게 한다. 어린

그림 5.5
커티스가 찰흙으로 만든
포켓몬 경기장

이들과 나는 다양한 광고에 등장하는 이와 같은 몸짓을 살펴보고 직접 그
몸짓을 흉내 내보기도 했다. 그런 후에 우리는 팔을 여러 가지 다른 방향으
로 뻗어 포즈를 취해 보고는, 보는 이로 하여금 우리와 동참할 것을 요청받
는다는 느낌이 들게 하려면 어떤 방향으로 팔을 뻗는 것이 가장 효과적일
지에 대해 토론해 보았다. 커티스는 이러한 포즈에 대한 아이디어를 실험해
보면서 수용자가 어떻게 특정한 방식으로 구성되는지를 알아보기 위해 찰
흙으로 직접 포켓몬 경기장을 만들어 보기까지 했다(그림 5.5).

　광고에서 등장인물들의 응시와 손동작은 특정한 방식으로 기능한다.
첫째, 시각적 구성은 '직접적인 말 건네기(direct address)' 효과를 만들어 낸
다. 즉, 말 건네기를 통해 '나는 당신에게 말하고 있어요'라고 독자에게 알
려 주는 이미지를 만들어 냄으로써, 말 상대가 시각적으로 구성되는 것이
다. 둘째, 이미지 생산자는 수용자에게 어떤 행위를 하기 위해 응시와 몸짓
을 사용한다. 크레스와 반 레이우엔(Kress & van Leeuwen, 1996: 122-123)

은 이러한 이미지를 '요구'라고 명명한다. 이들에 따르면 '등장인물들의 응시(와 몸짓)는 바라보는 이로 하여금 어떤 행동을 하도록 요구하는데, 이러한 요구를 통해 바라보는 이는 등장인물들과 상상의 관계 속에 놓이게 된다'. 포켓몬 광고에 등장하는 이미지는 응시와 몸짓을 사용하여 '안녕, 친구! 너를 부르는 거야. 네가 배틀에 함께 참여하면 좋겠어. 나랑 놀자. 나를 사렴. 그러면 네 힘도 더 강력해질 거야'라고 말하고 있는 것이다. 따라서 어떤 이미지가 '요구'한다는 것은 특정한 사회적 관계를 실현하는 '상품과 서비스'를 요구한다는 뜻이다(Kress & van Leeuwen, 1996: 1). 이 광고에 적용되는 관계는 생산자와 소비자의 관계이다. 이처럼 시각적 이미지는 수용자를 규정한다. 이 광고가 나를 어떻게 규정하는가? 어떤 사람이 될 수 있다고 혹은 될 수 없다고 말하는가? 내가 할 수 있다고 혹은 할 수 없다고 말하는 것은 무엇인가? 이런 점을 비판적으로 이해하도록 하는 교육이 필요하다.

결론

이 장의 시작 부분에 제시된 나와 마일스의 대화에 대해, 그리고 교육당국이 규정한 '공식적 교육과정'과 병행하여 대중문화와 일상적 텍스트를 사용해 수업한 경험에 대해 돌아보면서, 나는 어린이들이 그들의 일상 세계에서 사용하는 리터러시를 교육과정의 자원으로 활용할 수 있는 방법들에 대해 생각해 보기 시작했다. 그러는 과정에서 다음과 같은 질문들이 떠올랐다.

• 어린이들에게 진정한 의미의 리터러시 능력을 길러 주기 위해 교실에서 가르칠 수 있는 언어 사용의 관습에는 어떤 것들이 있을까?

- 학교에서 지배적으로 이루어지고 있는 리터러시 교육은 무엇이며, 다른 방식의 리터러시 교육은 어떻게 이루어질 수 있을까?
- 만약 이 장에 나오는 마일스, 카일, 앤트완과 같은 어린이들에게 학교 교육과정을 만들어 보라고 하면 어떤 교육과정을 만들까?
- 어린이들이 지닌 리터러시와 자원은 무엇인가?
- 어린이들은 그런 리터러시와 자원을 어디에서 갖게 되었을까? 다시 말해서, 이러한 리터러시를 어디에서 어떻게 획득했을까?
- 학교에서는 어떤 리터러시에 특권이 부여되고 있는가? 어떤 리터러시가 무시되고 있는가? 특권을 부여받은 리터러시에 변화를 줄 수 있는 방법은 무엇일까?
- 공식적 교육과정에서 필수 요소로 지정한 것들을 넘어서 일상적 텍스트와 쟁점들을 가지고 리터러시를 발달시킬 수 있는 공간을 창출하기 위한 방법은 무엇일까?

이러한 질문들은 비록 쉽게 답을 낼 수 없는 도전적인 것들이다. 그러나 우리가 일상적 텍스트들과 쟁점들을 효과적으로 활용하여 어린이들의 비판적 리터러시를 기르기 위한 공간을 창출하고자 한다면 반드시 고려해야 하는 중요한 질문들이다. 이러한 질문들은 루크(Luke, 1998)가 제시하고 있는 것처럼, 텍스트가 어떻게 이데올로기적으로 작용하는지를 볼 수 있게 해 줄 뿐 아니라, 불평등한 세계를 재구성하는 사회적 도구로서 텍스트를 사용할 수 있게 해 줄 것이다. 그러나 가장 중요한 것은 이처럼 중대한 일생일대의 작업을 조금씩이나마 시작하는 것이다. 이러한 작업으로부터 시작되는 리터러시야말로 일상생활에서 절실하게 요구되는 리터러시 능력이기 때문에 일생일대의 작업이라 할 수 있는 것이다.

교육 활동에 대한 시사점

대중문화 상품들을 비판적으로 바라보는 일을 가급적 빨리 시작하기

내가 제안하고 싶은 것은 가능한 한 빨리, 자신이 할 수 있는 일부터 시작하라는 것이다. 예를 들어 장난감 포장지(장난감을 싸고 있는 종이나 장난감을 담고 있는 상자)나 잡지 광고에 주목하는 일로부터 시작해 볼 수 있다. 우리가 분석했던 장난감 포장지 중에는 한쪽 구석에 금색 씰이 있었는데 그 위에는 '당신의 지적 능력을 높이세요!'라고 쓰여 있었다. 포켓몬 팝 타르트[24]의 포장지에도 오른쪽 상단에 금색 씰이 있고 그 위에는 '한정판'이라고 쓰여 있었다. 이와 유사한 광고를 찾아서 씰에만 초점을 두는 방식으로 시작할 수도 있을 것이다. 어린이들과 이런 분석을 할 때 나는 씰 위에 적힌 말들에 누가 관심을 보일지 생각해 보라고 했는데, 그러자 그림 5.6에 제시된 것과 같은 반응들이 나왔다.

여러분도 어린이들에게 브레인스토밍을 통해 특정한 수용자에게 적합한 씰을 만들어 보라고 할 수 있을 것이다(그림 5.7a와 그림 5.7b 참고). 이러한 활동은 어린이들에게 텍스트가 구성되는 방식에 대해 살펴보고, 비판적 독자의 시선으로 특정한 수용자를 염두에 둔 텍스트를 다시 설계해 보는 기회를 제공할 것이다.

텍스트를 비판적으로 볼 수 있는 기회에 주목하기

비판적 리터러시를 가르치는 교육과정은 어린이들의 실제 생활을 바탕으로 해야 한다. 비판적 리

당신의 지적 능력을 높이세요!	선생님: 학생들이 공부하기를 바라니까.
	부모님: 자녀들이 똑똑해지니까.
	교장선생님: 그래야 학교가 좋아지니까.
	수집가: 그래야 희귀한 것을 모을 수 있으니까.
한정판	아이들: 모든 사람이 다 가지지는 못한 것을 갖고 있으니 근사해 보여서.
	포켓몬 카드 가게 주인: 사람들에게 카드를 팔아 돈을 많이 버니까.

그림 5.6 이 씰(seal)에 적힌 말들에 관심을 보이는 사람은 누구일까요?

그림 5.7a 어린이들이 만든 씰

그림 5.7b 어린이들이 만든 씰

터러시는 우리가 살고 있는 지역사회에서 펼쳐지는 사회적이고 정치적인 조건으로부터 생겨난다. 따라서 이것은 전통적인 방식으로는 가르칠 수 없다. 다시 말해, 교사로서 우리는 어린이들이 자신을 둘러싼 사회적, 정치적 쟁점들을 이해하도록 도울 방법을 찾기 위해, 계속해서 어린이들과 함께 우리의 일상생활에 대해 비판적 관점을 취할 필요가 있다(Vasquez, 2004a).

어린이들이 다양한 방식으로 텍스트에 대해 알아 갈 수 있도록 가치를 부여하고 독려하기

교사는 어린이들에게 다양한 방식으로 자신의 생각을 소통할 수 있는 기회를 마련해 주어야 한다. 이러한 기회에는 복합양식 텍스트를 그리고 만드는 것도 포함된다. 이 책의 4장에 제시된 가이 머천트의 글은 이에 대해 보다 상세히 논의하고 있다.

24 팝 타르트(Pop Tarts)는 켈로그사에서 나온 과자로, 속에는 딸기잼이 들어 있고 겉은 설탕으로 코팅되어 있다. 흔히 어린이 간식이나 간단한 아침 식사로 먹는데, 맛은 있지만 영양가가 없어 정크푸드의 여왕으로 불린다.

참고문헌

Alvermann, D. E. & Hong Xu, S. (2003) 'Children's Everyday Literacies: Intersections of Popular Culture and Language Arts Instruction', *Language Arts*, 81 (2), 145-54.

Comber, B. (1993) 'Classroom Explorations in Critical Literacy', *Australian Journal of Language and Literacy*, 16 (1), 73-83.

Comber, B. (2000) 'What Really Counts in early Literacy Lessons', *Language Arts*, 78 (1), 39-49.

Cormack, P. (2000) 'Workshop Presentation, Mount Saint Vincent University', *International Literacy Educators Action Research Network*, Mississauga, Ontario.

Dyson, A. H. (1993) *Social Worlds of Children Learning to Write in an Urban Primary School*. New York: Teachers College Press.

Dyson, A. H. (2003) 'Popular Literacies and the "all" Children: rethinking Literacy Development for Contemporary Childhoods', *Language Arts*, 81 (2), 100-109.

Freire, P. (1987) *Literacy: Reading the word and the World*. Bergin and Garvey Publishers.

Granville, S. (1993) *Language, Advertising and Power*. London: Hodder and stoughton.

Halliday, M. A. K. (1978) *Language as Social Semiotic*. London: Edward Arnold.

Janks, H. (1993) *Language, Identity, and Power*. London: Hodder and stoughton.

Janks, H. (2002) 'Critical Literacy Methods, Models and Motivations'. Presentation given at the National Council of Teachers Annual Convention in Atlanta Georgia.

Kress, G. & van Leeuwen, T. (1996) *Reading Images: The Grammar of Visual Design*. London: RoutledgeFalmer Press.

Luke, A. (1998) 'Getting Over Method: Literacy Teaching as Work in New Times', *Language Arts*, 75 (4), 305-13.

Luke, C. (1997) 'Media literacy and cultural studies', in S. Muspratt, A. Luke & P. freebody (eds) *Constructing Critical Literacies: Teaching and Learning Textual Practice*. Cresskill, NJ: Hampton Press.

Luke, A., O'Brien, J. & Comber, B. (1994) 'Making Community Texts Objects of Study', *Australian Journal of Language and Literacy*, 17 (2), 139-49.

O'Brien, J. (1998) 'experts in Smurfland', in M. Knobel & A. Healy (eds) *Critical Literacy in the Primary Classroom*. Newton, New South Wales: Primary English Teaching Association.

Time magazine cover (1999) Vol. 153 (18).

Vasquez, V. (2003) 'What Pokemon can teach us about learning and literacy', *Language Arts*, 81 (2), 118-25.

Vasquez, V. (2004a) *Negotiating Critical Literacies with Young Children*. Mahwah, NJ: Lawrence Erlbaum Associates.

Vasquez, V. (2004b) 'Resistance, power-tricky, and colorless energy: what engagement with everyday popular culture texts can teach us about learning and literacy', in J. Marsh (ed.) *Popular Culture, Media and Digital Literacies in Early Childhood*. London:

RoutledgeFalmer Press.

Vasquez, V. (2007) 'Doing critical literacy with young children: using the everyday to take up issues of social justice and equity in a pre-school setting', *New England Reading Association Journal*, 43 (2), 6-11.

6장

비니 베이비 인형을 리터러시 발달을 위한 교육의 소재로 삼을 수 있을까?

아니면 이것은 재벌들의 돈벌이 수단에 불과한 것일까?

재닛 에번스 Janet Evans

어린이들은 대중문화 아이콘의 제작과 상품 마케팅에 대해 어떻게 생각하고 있을까? 소비자의 입장에서 어린이들은 대중문화 상품 구매에 대해 압박감을 느끼고 있을까? 어린이들은 대중문화 아이콘을 활용해 다른 어린이들과 협력하여 글을 쓰는 것에 관심이 있을까? 이 장에서는 이와 같은 질문들에 대해 10~11세 어린이들을 대상으로 수행된 연구를 살펴보고자 한다. 어린이들의 토론을 전사한 내용, 협력적 글쓰기 시간의 기록, 그리고 비니 베이비 인형[25]에 대해 여러 차례에 걸쳐 질문한 내용(비니 베이비 인형이 어떻게 만들어졌는지, 제작자들은 비니 베이비 인형을 어떤 수용자가 갖고 놀 것이라고 보았는지, 세계 시장 개척과 관련된 제작자의 상업적 의도는 무엇인지 등)에 대한 어린이들의 대답을 살펴볼 것이다. 마지막으로 이러한 형태의 인기 장난감을 만들고 광고하고 판매하는 제작자들에 대한 어린이들의 견해를 면밀히 살펴보고, 대중문화를 둘러싼 소비주의 이데올로기가 어린이들과 어떤 관계를 맺고 있는지 탐구할 것이다.

---

25 비니 베이비 인형은 1993년 타이 워너(Ty Warner)가 만든 봉제 인형 시리즈의 이름으로, 합리적인 가격과 다양한 마케팅 전략을 통해 어린이들 사이에 수집 붐을 일으키며 큰 인기를 끌었다.

들어가며

남자들은 꼭 비니 베이비 인형과 같아요.

돈도 별로 안 들고, 머리도 둔하고, 정말 귀여운 건 찾기 힘들죠.

이 말은 어떤 생일카드에 인쇄되어 있는 문구이다(그림 6.1). 이 문구를 이해하기 위해서는 비니 베이비 인형과 그 마케팅의 특성을 알고 있어야 한다. 그러므로 이 문구는 비니 베이비 인형이 어린이들과 어른들 모두의 마음속에 얼마나 깊숙이 들어와 있는지를 보여 준다.

이 장에서는 10~11세의 어린이들이 대중문화 아이콘인 비니 베이비 인형과 자신들의 관계를 어떻게 바라보고 있는지 살펴보고, 21세기가 시작된 이래 최근까지 대중문화 아이콘의 마케팅에 영향을 준 요소들에 대해 알아볼 것이다. 내가 비니 베이비 인형에 처음 관심을 갖게 된 계기는 책 읽기 시간에 비니 베이비 인형 관련 상품들을 활용해 본 이후였다. 어린이들은 연령에 상관없이 모두 비니 베이비 인형을 좋아했고, 또 내가 책을 읽어 주는 동안 인형을 안거나 가지고 놀고 싶어 했다. 어린이들은 자기가 모은 가장 최신의 비니 베이비 인형에 대해, 혹은 비니 베이비 인형의 최근 소식에 대해 이야기하고 싶어 했다. 나는 친구들이 우리 집에 와서 며칠간 머물면서 비니 베이비 인형에 대해 이야기해 주기 전까지는 비니 베이비 인형이 장난감, 수집품, 숭배의 대상, 문화 산업의 표상으로서 지니는 전반적인 영향력을 깨닫지 못하고 있었다. 친구의 어린 세 딸은 모두 한 가지의 목표를 공유하고 있었는데, 그것은 바로 최근에 나온 비니 베이비 인형을 사서 자신의 수집 목록에 포함시키는 것이었다. 이 여자아이들은 모두 비니 베이비 인형에 매혹되어, 비니 베이비 인형 수집에 열을 올리고 있었다. 그리고 나는 이 아이들이 자신도 모르게 거대한 상품 제작자들에 의해

그림 6.1
토마토(Tomato) 카드 회사의
생일 카드

사고 또 사도록 조종당하고 있다는 생각에서 헤어나지 못했다. (가장 어린 네 살배기를 포함해) 이 어린이들은 점점 더 확장되고 있는 어린이 시장이라는 컨베이어벨트에 올라타 거대 다국적 기업에 의해 상업적으로 착취당하고 있는 것처럼 보였다. 비니 베이비 인형은 이러한 착취의 극히 일부분일 뿐이며, 이 아이들에게 있어 비니 베이비 인형을 수집한다는 것은 어떤 '동호회'의 구성원이 됨으로써 근사한 사람이 되는 것(Klein, 2001)을 뜻했다.

장난감의 브랜드화

21세기 초에 들어서면서 소유물, 특히 장난감은 현대 서구 사회에 살고 있는 어린이들의 삶에서 매우 중요한 부분을 차지하게 되었다. 클라인(Kline, 1993)은 어린이들이 어떻게 장난감의 소비자로 변화해 왔는지를 기록하고, 지난 20세기에 이러한 발전에 영향을 준 것들이 무엇인지를 조사한 바 있다. 장난감이 마케팅 측면에서 성공한 이유는 복합적이고 다양하지만, 가장 중요한 원인은 제작자들이 창의적인 TV 프로그램과 설득력 있는 광고 및 마케팅, 그리고 영화 관련 상품을 묶어 어린이들을 붙잡을 수 있었기 때문이었다. 이들은 전문가가 만든 로고와 또래 집단의 압력을 활용해 관심을 끄는 이미지로 장난감 브랜드를 만듦으로써, 상품의 시장 소비를 촉진하는 양방향 과정의 청소년 문화를 만들어 낼 수 있었다. 장난감 회사들은 어린이들을 목표 수용자로 삼을 필요가 있음을 깨달았고, 이에 성공한 많은 회사들이 어린이들을 대상으로 시장 조사를 수행했다. 어린이들에게 그들이 무엇을 바라는지를 묻는 영리하고 전문적인 시장 조사는 10대 이전의 어린이 및 청소년 문화의 영향력을 활용하는 매우 강력한 방법이었다. 어린이들이 잠재적이고 영향력 있는 소비자라는 점은 명확한 사실이다. 켄웨이와 불런(Kenway & Bullen, 2001)은 자신들의 저서에서 어린이들을 소비자로 바라보면서, '다양한 형태의 소비 미디어 문화가 어린이들의 삶, 가족이라는 제도, 그리고 학교, 더 나아가서는 아동기의 "본질"을 변화시켰다'(p.8)고 언급한 바 있다.

1930년대부터 시작된 '문화 산업'(Adorno, 1991)은 특히 어린이들을 주된 수용자로 삼아 왔다. 1920년대와 1930년대 초에 디즈니는 기술적 전문성에 있어 대단히 진보한 동화 영화 장르를 완성시키고 있었는데, 이때 어린이들은 영화의 소비자이자 영화와 관련된 소비 상품의 소비자라는 두 가지 의미의 소비자가 되었다(DeCordova, 1994). 디즈니가 선두에서 이끌어 간 영화 스튜디오들은 구매 욕구를 가진 수용자들을 대상으로 한 영화 관련 상품 시장의 잠재력을 알아차렸는데, 그 결과 이제는 영화 관련 비디오, 카세트, 티셔츠, 넥타이, 보석, 점토인형, 장난감, 책, 그 밖의 다양한 파생상품에 대한 요구가 엄청나게 증가하였다. 그리고 이러한 상품들의 상당량은 새로운 상품을 계속해서 요구하는 열정적인 어린이와 청소년 수용자들이 구매하고 있다. 이 파생상품들을 제조할 때 디즈니가 가장 관심을 가졌던 것은 디즈니 자체와 더불어, 유명한 디즈니 로고가 선명하게 찍힌 디즈니 상표를 홍보하는 것, 즉 모든 상품들을 브랜드화하는 것이었다. 어린이들을 소비자로 만든 디즈니의 원동력은 디즈니 영화의 예술적 장점을 살려 어린이들의 문화적 욕구를 길러 주려는 박애주의적인 욕망보다는, 어린이들의 심미적 관심과 소비자 취향을 완전히 통제하려는 의도와 더 깊이 관련되어 있었다. 그들은 자사의 상품들로 시장을 완전히 차지하고, 디즈니 브랜드의 이름으로 시장을 장악하고자 하였는데, 이 때문에 저작권이 부여된 상표를 가장 중요하게 여겼다(이에 대한 보다 자세한 내용은 Zipes, 1997을 참고할 것).

다국적 초강력 브랜드들은 좋아하는 대중문화 아이콘과 혼연일체가 되고 싶어 하는 어린이들의 욕망에 투자함으로써 생겨났고, 각각의 브랜드들은 모든 어린이들(그리고 어른들)의 일상생활의 일부가 되기 위해 통합되어 시너지 효과를 발휘했다(Klein, 2001). 그리고 이와 같은 디즈니 브랜드의 등장과 시너지 효과는 헤이드와 에드먼드슨(Hade & Edmondson, 2003)이 어린이책 출판의 상업화 효과에 대해 고찰한 저서에서 '교차 프로모션(cross-promoting)'이라고 명명한 단계로 나아갔다. 이들에 따르면 '각각의 파생상품들은 또 다른 미디어를 경유하여 그 상품들에 대한 이야기를 다시 전달함으로써 동일한 이야기를 바탕으로 다른 상품들을 프로모션'하는데, '이처럼 도처에 존재하는 교차 프로모션은 광고와 오락 사이의 경계를 완전히 없애버리지는 않는다 하더라도 상당히 흐려 놓고 있다'(p.139).

어린이와 문화 산업

이와 같은 브랜드 소비재의 초기 역사를 통해 분명히 알 수 있는 것은 어린이와 청소년들이 문화 산업의 주인공이라는 점이다. 마케팅 회사들은 가능한 한 어린 나이에 어린이들을 끌어들일 필요가 있다는 점을 알고 있다. 덴비(Denby, 1996)는 어린이들이 마케팅으로부터 헤어 나올 수 없는 상황에 놓여 있다고 보면서, '어린이들은 5~6세 때부터 시장으로 이끌려 들어오고 있다. 어린이들은 시민이 아니라 소비자가 되어 가는 중이다'(p.7)라고 언급했다.

자이프스(Zipes, 1997)는 이러한 관점에 동의하면서 대중문화의 지지자들에 대해 다음과 같이 말하고 있다.

> 그들은 대중매체가 얼마나 일찍부터 어린이들의 삶에 파고드는지, 문화 산업의 시스템이 얼마나 강력한지, 그리고 문화 산업이 서구 세계의 사회화와 교육을 어떻게 규정하고 있는지를 이해하지 못하고 있다. 21세기의 문화 기구들은 이윤, 영향력, 그리고 영향력을 통한 즐거움을 중심으로 형성되고 있다. 우리가 어느 정도의 자율성을 가질 수 있는가는 사회적 역학 관계의 전략을 어떻게 배워 사용하느냐에 달려 있다. 대중문화는 '대중들'로부터 나오는 것이 대중들의 것이라고, 즉 그들의 진정한 욕망이나 바람의 표현이라고 볼 수 없다는 점에서 신화라 할 수 있다. 이러한 욕망과 바람은 (비록 우리가 그러기를 바란다고 생각할 때조차도) 우리의 것이 아니다. 왜냐하면 우리는 문화 산업이 우리 아이들과 우리 자신에게 어떤 영향을 미치는지 잊어버리곤 하기 때문이다.(p.8)

그렇다면, 문화 산업은 우리 아이들에게 어떤 영향을 미치는가? 아도르노(Adorno, 1991)는 개성, 독창성, 독특함, 특수성을 중시하고, 대중의 순응주의에 반대했다. 그는 대부분의 사람들이 대중에 속해 있으면서도 자신들이 개인이며 독특한 존재라고 생각한다는 점을 알고 있었다. 여기에 딜레마가 존재한다. 문화 산업은 어떻게 수많은 사람들로 하여금 그들이 독특하고 개인적인 존재라고 믿도록 하면서, 동시에 시장의 힘에 순응하고 자본주의 상품 생산을 확장시키는 것을 주된 기능으로 하는 정치 조직을 지지하도록 만들 수 있을까? 어떻게 대중들은 자신들이 정말로 원하거나 필요로 하지 않는 것들을 구매하게 되는 것일까?

클라인(Klein, 2001)은 소비 자본주의, 브랜드화, 글로벌 경제에 대한 광범위한 조사 연구를 통해, 다국적 기업이 통제하는 문화 산업이 고의적으로, 그리고 사실은 체계적으로, 많은 젊은이들로부터 선택의 기회를 빼앗아 버린 것은 사실이지만, 동시에 그들로 하여금 다양한 소비 상품들 가운데 더 많은 선택이 존재하는 것처럼 생각하도록 만들었다는 점 역시 의심의 여지가 없다고 보았다.

브랜드화된 다국적 기업들은 다양성에 대해 이야기하고 있지만, 그들이 실제로 행하는 것은 10대 청소년들이 마치 복제된 것처럼 똑같은 모습으로(마케팅 전문가들의 용어로는 '유니폼'을 입고) 글로벌 시장으로 행진하도록 하는 것이다. 다양한 민족의 이미지를 포용하고 있음에도 불구하고 시장에 의해 주도되는 세계화는 다양성이 아니라 그 정반대를 원한다. 다국적 시장의 적은 민족주의적 관습, 지역적인 브랜드, 그리고 독특한 지역적 취향이다. 과거보다 훨씬 더 소수의 이익이 시장의 다수를 지배하고 있다.(p.129)

클라인(Klein, 2001)은 20세기 초부터 지금까지, 특히 20세기의 마지막 20년 동안에 초점을 두어 다국적 기업의 증가를 살펴보았다. 클라인은 제품 브랜드의 증가, 즉 이미지와 라이프스타일 그리고 존재 방식의 창조가 어떻게 단순한 광고를 점차 대체하게 되었는지를 설명하고 있다. 광고는 단지 제품의 존재를 세상에 알리는 역할을 하는 데 비해, 브랜드화는 '현대적 기업의 핵심 의미를 만드는 것'이라 할 수 있다(p.5). 이와 같은 '의미' 혹은 '브랜드의 본질'은 기업의 로고에 의해 표상되며, 소비자들이 상품에 대한 생각에서 벗어나 갖고 싶은 라이프스타일의 이미지에 대해 생각하도록 만든다. 이에 따라 로고는 제품이 그저 구매의 대상이 아니라 추구해야 할 삶 전체의 방식, 태도, 일련의 가치라고 여기도록 만든다. 기업들은 제품을 브랜드화하는 것으로부터 시작하여 미디어, 음악, 스포츠, 스타, 그리고 궁극적으로는 교육 기관들마저도 브랜드화하기 시작했다. 나이키, 디즈니, 스타벅스, 캘빈클라인, 코카콜라와 같은 다국적 회사들 모두 브랜드화하고 확장하면서 대중들에게 같은 메시지를 전달했다. 이것은 전 세계적으로 대중들이 고유의 문화나 민족적 배경에 상관없이 누구나 동일한 메시지를 갖게 되었으며, 똑같이 좋은 라이프스타일의 일부를 욕망하도록 조심스레 인도되고 있다는 점, 즉 그들 모두 세계화 과정에서 동질화되고 있음을 뜻하는 것이다.

문화 산업의 청소년 시장 공략

이렇게 브랜드화된 문화 산업을 가장 활기 있게 포용한 시장은 특히 TV와 음악 분야의 청소년 시장이었다. 다국적 기업들은 누가 시장에서 가장 중요한 고객인가를 재빠르게 알아차렸다. 그리고 특정 분야를 보다 구체적인 목표로 삼았는데, 그 결과 식품, 음료, 청바지, 음악, 스포츠의류, 헤어스타일, 잡지, 역할 모델 등 수용자를 사로잡기 위해 관심을 갖지 않은 영역이 없을 정도였다. 이로 인해 소비자의 선택의 여지는 급속도로 사라져갔고, 특히 젊은 소비자들의 경우에는 모두가 갖고 있는 것만을 살 수 있거나 사고 싶어 할 수 있게 되었다. 모두가 복제한 것처럼 똑같은 사람이 되었지만, 동시에 근사해 보인다는 느낌을 갖게 되었으며, 이로써 같은 문화의 일부가 되었다.

아도르노(Adorno, 1991)는 서구 자본주의 사회에서는 개인주의를 포기하는 것이 성공의 비결이라고 보았고, 자이프스(Zipes, 1997) 또한 다음과 같이 주장했다.

이윤을 극대화하기 위해 문화 산업은 고객들에게 표준화된 기대 수준을 주입하여 그들이 원하는 것을 얻고 있다고 생각하도록 만든다. 그리고 고객들은 자신들이 원하다고 생각하는 것을 얻음으로써 자신들이 동일시하는 스타처럼 될 수 있다고 믿게 된다. 자신들이 만드는 프로그램이나 제품이 지나치게 단순해 소비자를 '바보로 만든다'는 비난을 받으면, 문화 산업의 대표자들은 대중들이 원하는 것에 충실할 뿐이며 따라서 소비자 역시 책임이 있다는 식으로 말하곤 한다. 물론 그들은 자체 여론조사와 조절 과정을 통해 소비자를 통제하려 한다는 점은 절대로 언급하지 않는다. 문화 산업은 시장을 완전히 장악하고 소비자의 요구와 희망을 통제하려 한다는 점에서 볼 때 '전체주의적'이다. 이에 대해 기업 자본의 세계화 추세를 반영하여 '글로벌'하다는 표현을 써야 하는지도 모르겠지만 말이다.(p.7)

앞서 말한 바와 같이, 요구와 희망이라는 영역은 젊은 층에서 시작된다. 다이슨(Dyson, 1997), 힐턴(Hilton, 1996), 킨더(Kinder, 1991), 클라인(Kline, 1993), 마시와 밀러드(Marsh & Millard, 2000, 2003), 스콧(Scott, 2000) 등의 학자들은 모두 어린 유아들이 사용하는 장난감과 게임의 제작, 마케팅, 이용에 관해 살펴보았다. 1990년대 초 장난감 시장은 부유층과 중산층의 성인을 대상으로 했다(Kline, 1993; Seiter, 1995). 그러나 21세기의 마케팅은 점차 어린이들 자신을 대상으로 하는 방향으로 변화하고 있다. 어린이들에게 '제대로 된' 옷을 입고, '제대로 된' 음악을 들으며, '제대로 된' 음식을 먹음으로써, 좀 더 일반적으로 말해 다국적 기업들이 제공하는 틀에 순응함으로써 '근사한' 청소년 문화의 일부가 될 수 있다고 호소하는 것은 영화 관련 파생상품, 음식에 끼워 주는 인형, MTV 등의 음악 방송을 통해 쉬지 않고 흘러나오는 음악, 그 밖에 청소년 문화의 회원임을 입증하는 여러 소비자 중심적 발상을 통해 곳곳에서 어린이들에게 주입되고 있다.

비니 베이비 인형의 브랜드화

타이 워너(Ty Warner)는 자사 제품을 완벽하게 브랜드화했다. 비니 베이비 인형은 광고나 주요 소매점을 통한 판매 등 전통적인 방식으로 마케팅하지 않았음에도 불구하고 소비자 시장에 완벽하게 진입했다. 타이 워너의 마케팅 부서는 비니 베이비 인형을 판매할 때 날로 성장하는 청소년 하위문화에 투자하기 위해 다음과 같이 했다(Hilton, 1996).

> 청소년 시장의 틈새를 공략하기 위한 상황, 즉 '특별한 상징'을 창조하고, 또래들 간의 입소문을 사회적 참여와 설득의 수단으로 활용했다. 이러한 두 가지 접근법을 결합함으로써 청소년을 독립된 시장의 일부로 관리하는 '청소년 정신(youth ethos)'을 만들어 냈다.(p.165)

스콧(Scott, 2000)은 비니 베이비 인형이 어린이들에게 가르쳐주는 것에 관해 살펴본 연구에서, 타이 워너가 이 흐물흐물한 촉감의 봉제 인형 장난감을 시장에 내놓을 때, 대중적인 마케팅과 광고를 동원하지 않은 매우 엄선되고 상당히 이례적인 방법을 신중하게 사용했다고 분석했다. 미국에서 이 인형들은 대형 슈퍼마켓이 아니라 지역의 평범한 상점에서 판매되었는데, 이것이야말로 어린이들을 위한 비니 베이비 인형의 판매망을 창조하고 구축하는 데 결정적인 역할을 했다. 비니 베이비 인형 공식 동호회의 회원인 어린이들은 주로 입소문을 통해 최신 비니 베이비 인형을 판매하는 상점의 정보를 얻을 수 있었고, 이 과정에서 어린이들은 인터넷으로 정보를 찾고 비니 베이비 인형을 수집하는 다른 어린이들과 네트워크를 형성하게 되었다. 타이 워너는 어린 고객들이 스스로 근사하고 세련된 존재라고 느끼도록 만들었다. 스콧에 의하면,

> 이와 같은 '조용한 마케팅'은 어린이들이 비니 인형에 대해 가진 지식들을 통해 비니 인형이 대표하는 모든 것에 투자하고 의존하고 싶어지도록 만들기 때문에, 비니 인형 시장에 높은 충성도를 갖게 만든다. 비니 인형은 어린이들에게 어느 정도의 자율성과 자유를 주는데, 이것이 어린이들에게 호소력을 지니며 강력한 유인책이 된다. 어린이들로 하여금 어린 시절의 순수함에 대한 어른들의 생각에 저항하는 독특한 방식으로 자신들을 규정하도록 만들면서, 시장과 소비라는 마술적인 세계로 대담하게 걸어 들어가도록 격려한다.(p.8)

스콧은 비니 베이비 인형이 '시장의 세계화 속에 놓인 어린이들의 정신세계에 대한 문화적 침범과 식민화'(p.9)에 아주 적합한 예라고 본다. 비니 베이비 인형을 사고 모으면서 어린이들은 소비자로서 새로운 세계와 새로운 정체성을 창조하고, 그럼으로써 어른들의 세계와는 구별되는 새로운 문화를 창조하게 된다. 어린이들은 자신들의 삶 속에 들여오고자 선택한 상품을 창조하고 또 그 상품에 의해 창조되는 자유에 흠뻑 빠져 있으며, 이로 인해 실제로는 시장이 제공하는 것을 구매하는 소비자로 조작되

고 있음에도 불구하고 진짜 힘을 가진 것처럼 느끼게 된다.

대중문화 캐릭터를 자극제로 활용하기

나는 대중문화 상품을 이용하여 리터러시 활동을 증진시키는 데 개인적으로 관심이 있었기 때문에, 10~11세 어린이들을 대상으로 한 협력적 글쓰기의 자극제로 비니 베이비 인형을 사용하였다. 리터러시 활동과 더불어 나의 목표는 비니 베이비 인형에 대한 어린이들의 생각을 조사 연구하는 것이었다. 이 연구의 내용은 다음과 같다.

- 비니 베이비 인형을 만드는 사람은 누구이고 왜 만든다고 생각하는가?
- 비니 베이비 인형 시장에서 소비자로서 어린이들이 하는 역할에 대해 어떻게 생각하는가?
- 전 세계적인 마케팅 방식에 의해 조작되고 있다고 느끼는가?
- 비니 베이비 인형을 사고 갖고 놀고 수집하는 것이 성(gender)에 따라 구분되는 행위라고 느끼는가?

나는 세 명의 여자 어린이와 두 명의 남자 어린이로 구성된 다섯 명의 집단과 한 번에 반나절씩 모두 여섯 번 만나 연구를 진행했다. 이들은 자신의 생각을 자유롭게 이야기하고 공유해 줄 수 있다고 담임선생님에게 추천받은 어린이들이었다. 실제로 함께 작업을 해 보니 자신감 넘치고 똑똑하며 자신의 관점을 표현하는 데 두려움이 없는 아이들이었다.

첫 번째 세션을 시작할 때 나는 5개의 비니 베이비 인형을 교실에 가져와 어린이들에게 나누어 주고 인형에 대해 어떻게 생각하고 있는지 간단히 적어 달라고 했다. 그러고 나서 우리는 서로의 생각을 주고받았다. 토론의 시작은 내가 했지만 일단 주제에 관해 이야기하기 시작하자 어린이들은 자신의 생각을 쉴 새 없이 격렬하게 쏟아내기 시작했다. 각각의 세션은 연속적인 것으로, 하나의 세션은 그 전 세션이 끝난 지점에서 다시 시작되는 식으로 이루어졌다. 모든 세션의 내용은 녹음되었고 어린이들의 작업도 저장되었다. 우리는 모두 아홉 가지 작업을 했는데, 아래에서 볼 수 있는 것과 같이 처음 네 가지 작업이 끝난 후에, 나머지 다섯 가지 작업은 어린이들이 스스로 시작했다. 우리가 수행한 아홉 가지의 작업은 다음과 같다.

1 117명의 어린이들을 대상으로 한 설문 조사
2 각각의 토론과 활동에 앞서 어린이들이 비니 베이비 인형에 관해 생각한 바를 간략히 적기
3 다양한 비니 베이비 인형들, 〈메리 베스의 월간 콩주머니 세계(Mary Beth's Bean Bag World Monthly)〉라는 잡지, 그 밖의 다양한 비니 베이비 관련 수집품들을 가지고 이루어진 심층 토론
4 새로운 비니 베이비 인형을 고안하고, 이것에 대해 마치 전기문을 쓰듯 세부사항 쓰기
5 비니 베이비 인형에 붙어 있는 꼬리표에 적힌 시를 읽고, 각자 고안한 비니 베이비 인형을 위한 새로운 시 쓰기
6 비니 베이비 인형을 만든 타이 워너의 기업 윤리에 대한 찬반 토론회를 열기 위해 관점 수립하기
7 타이 워너를 대상으로 한 '사기범 지명수배' 포스터 고안하기
8 회사 이름, 조직에 대한 설명, 출신배경, 고소 내용, 자본주의 체제의 승자와 패자를 포함한 자본가 '범죄인 수첩' 만들기
9 집중 토론 세션이 모두 끝난 후 비니 인형에 대해 생각하게 된 것을 글로 적고 맨 처음에 적은 것과 비교하기

이 아홉 가지 활동들 가운데 어린이들이 자신을 자본주의 사회의 소비자로서 어떻게 바라보는지를 가장 분명히 드러낸 것은 그룹 토론, 자본가 '범죄인 수첩' 만들기, '사기범 지명수배' 포스터 고안하기, 그리고 집중 토론 전후의 생각 비교하기였다.

그룹 토론

처음에 어린이들에게 비니 베이비 인형에 대한 자신들의 생각을 두서없이 적어달라고 했다. 어린이들의 생각은 짧고 단순했으며, 비니 베이비 인형이 그저 귀엽고 껴안아 주고 싶다는 정도 이상은 아니었다. 그러나 이렇게 기록된 어린이들의 생각을 토대로 심층 토론으로 들어가자, 어린이들의 생각은 서로에 의해 자극을 받아서 그런지 매우 복잡하고 광범위해졌고, 비니 베이비 인형의 판매가 개인과 삶의 방식에 미치는 영향에 대한 비판적인 인식을 보여 주었다. 어린이들의 대화에서 비니 베이비 인형은 자본 획득과 끊임없이 연결되었고, 이는 나로 하여금 이 인형의 창안자인 타이 워너가 무엇을 하는지에 대해 묻도록 했다. 어린이들은 (이름은 가명임) 통찰력과 직관력 있는 다른 아이들의 관점을 주의 깊게 듣고 그것에 대해 생각해 보았다. 이 토론은 매우 열성적이고 진행 속도가 빨랐으며, 대단한 집중력을 보였다.

존:　　　그 사람은 우리를 속여서 비니 베이비 인형을 사게 만들고 있어요.

제시카:　맞아. 하지만 그 사람이 우리를 속이는 건 아니야. 그 사람이 비니 베이비 인형을 광고하는 건 아니거든. 그 사람은 비니 베이비 인형이 수집품이라고 말한 적이 없어. 사람들이 인형을 모으고 있는 것뿐이야. 어른들이 비니 베이비 인형 파티를 여는 거지. 어른들이 일

때문에 집을 떠나 멀리 가게 되면 비니 베이비 인형을 선물로 사와. 어른들이 사는 거지, 아이들이 사는 게 아니야. 부자들이 사는 거야. 그러니까 비니 베이비 인형은 아이들을 대상으로 만들어진 게 아니야.

소피:	아이들도 사는걸? 여덟 살이 안 된 아이들 말이야.

캐럴라인: 그렇지 않아. 비니 베이비 인형의 주 고객은 열한 살 넘은 아이들과 어른들이야. 그들이 이 인형을 수집하잖아.

존:	아까 제시카가 일하는 엄마들이 출장을 가서 비니 베이비 인형을 사 온다고 했는데, 그건 엄마들이 집을 떠나 있었던 것에 대해 죄책감을 느끼기 때문이야. 그러니까 일종의 '죄의식'이라고 봐야겠지.

데이비드: 돈을 더 많이 벌려면 비니 베이비 인형 값을 더 싸게 매겨야 해.

제시카:	아니, 비니 베이비 인형이 더 비싸질 필요가 있어.

연구자:	하지만 타이 워너는 인형을 일정한 가격에 팔고 있고, 시세를 결정 하는 것은 인형을 수집하는 사람들인걸.

캐럴라인: 디즈니 인형은 훨씬 더 비싸요.

존:	다른 회사들은 타이 워너의 아이디어를 이용해 먹고 있어요. 타이 워너가 돈을 더 많이 벌고 있다고 생각하니까요. 내 생각엔 비니 베이비 인형을 더 싸게 팔아야 할 것 같아요. 10파운드짜리 인형을 3개 사는 거나 5파운드짜리 인형을 6개 사는 거나 마찬가지예요.

연구자:	타이 워너가 다른 회사들도 비니 베이비 인형을 만들도록 할 의도를 갖고 있었다고?

캐럴라인: 타이 워너를 인터뷰해 보면 좋겠네요.

소피:	내 생각엔 타이 워너가 우리를 부추길 의도가 있었던 것 같아요. 그 러면 비니 베이비 인형에 대한 관심이 더 커질 테니까요.

존:	나는 그렇게 생각하지 않아. 타이 워너의 처음 의도는 사람들을 행

복하게 만드는 거였어. 처음엔 취미로 시작했다가 인형이 인기를 끌기 시작하니까 공장을 이용해서…

데이비드: (끼어들며) … 난 그렇게 생각하지 않아. 타이 워너는 처음부터 큰 돈을 벌고 싶었던 거야. 아이디어가 있었고, 그게 돈을 많이 벌 것 같았지. 그래서 그 아이디어를 인형 공장에 보여 주고, 공장에서는 그 사람에게 돈을 많이 주게 된 거지.

제시카: 비록 광고는 하지 않았지만, 그 회사는 사람들이 '희귀한' 제품에 관심을 갖게 만들었어요.

소피: 정말로 똑똑하게 말이야, 그렇지 않아?

데이비드: 타이 워너는 비니 베이비 인형을 사지 못할까 봐 겁을 먹게 하는 방식으로 사람들이 인형을 사도록 하고 있어. 모든 사람들이 다 사기를 바라는 거야. 그렇기 때문에 인형들을 일찍 '퇴장'시켜서 사람들이 매장에서 사라진 인형들을 더 갖고 싶어 하게 만들어.

소피: 내 생각에 타이 워너는 처음부터 돈을 많이 벌고 싶었어. … 처음부터 돈을 벌려는 의도가 있었던 거야.

데이비드: 이름값 하는 거지. (…) 마이크로소프트의 빌 게이츠처럼 말야. 사람들은 빌 게이츠의 이름 때문에 마이크로소프트의 물건을 사. 그를 존경하니까. (…) 사람들이 그 회사 물건을 사는 건 그 물건이 좋다는 걸 알기 때문이야.

존: 빌 게이츠가 돈을 너무 많이 벌어서 다른 회사들이 그를 재판정에 세웠잖아.

데이비드: 애플의 맥 컴퓨터도 좋아!

연구자: 타이 워너와 빌 게이츠 사이에 공통점이 있을까? 둘 다 돈을 많이 버는 것 같은데.

존: 둘 사이의 차이는 빌 게이츠는 뭔가 유용한 것을 만든 반면에, 타이

워너는 콩을 쑤셔 넣은 털북숭이를 만들었다는 거죠. 컴퓨터는 미국과 전 세계의 대들보예요. 빌 게이츠의 공로를 인정하자면, 그는 매우 똑똑해요. … (잠시 쉬었다가, 눈을 반짝이며 말함) … 제 생각에 이 대화는 그만하는 게 좋을 것 같아요. 그렇지 않으면 시애틀에서 열리는 반자본주의 폭동에 참여하게 될 것 같으니까요.

데이비드: 우리에게는 컴퓨터가 필요해. 그런데 비니 베이비 인형도 필요할까?

존:　　 빌 게이츠와 타이 워너 모두 똑같은 아이디어로 시작했지만, 다른 길을 가게 된 거죠. 둘 다 사람들을 조작하고 있지만, 타이 워너는 그 정도가 더 심해요. 그런데 예를 들어서 누군가가 강도짓을 하면 감옥에 가게 되지만, 비니 베이비 인형을 파는 사람은 감옥에 가지 않아요.

연구자: 인형을 사도록 결정하는 사람은 누구지?

데이비드: 친구들이 결정해요. 그러니까, 친구들은 우리로 하여금 사게 만들 수 있어요. 친구들이 사게 만들어요. 휴대전화도 마찬가지예요.

존:　　 그들이(타이 워너와 빌 게이츠 회사가) 우리에게 그런 결정을 하도록 해요.

연구자: 그럼 우리는 조종당하는 걸까?

제시카: 그렇기도 하고 아니기도 해요. 반반이에요.

소피:　 결국 사든지 말든지는 우리가 결정하는 거죠.

존:　　 친구들이 우리에게 사도록 조종하고 있어요.

소피:　 난 친구들이 조종한다고는 생각하지 않아. 휴대전화를 예로 들면, 나는 필요 없는데 내 친구들 모두 나한테 왜 휴대전화가 없느냐고 물어.

이 시점에서 점심시간이 되었기 때문에 토론을 중단해야 했다. 토론이 시작되었을 때 여자아이들(남자아이들에 비해 비니 베이비 인형에 더 호감을 갖고 있었다)은 비니 베이비 인형과 타이 워너에 대해 방어적이었던 반면, 남자아이들(애초에 비니 베이비 인형을 싫어하는 경향이 더 많았다)은 비니 베이비 인형과 그것이 사회에 미치는 영향에 대해 좀 더 비판적이었다. 그러나 이와 같이 양쪽으로 치우쳐 있었던 견해들은 서로의 관점을 듣고 공유하는 과정을 통해 보다 중간 지대로 수렴하게 되었다. 어린이들의 토론은 다음과 같은 내용을 다루었다.

- 비니 베이비 인형은 돈을 버는 수집품임
- 비니 베이비 인형 한정판은 더 높은 가격에 팔렸음
- 새로 출시된 높은 가격의 비니 베이비 인형을 구매하기 어렵게 만드는 상점의 전략들
- 비니 베이비 인형 판매량에 따라 매장이 수수료를 받는 방법
- 수집가들에게 무수히 많은 비니 베이비 인형들을 계속 사도록 만드는 방법
- 축구 경기와 비니 베이비 인형 수집의 비교. 축구 경기는 승자와 패자가 함께하는 협동 게임인데 비해, 비니 베이비 인형 수집은 수집가의 게임이며, 여기서 승자는 오로지 판매자, 즉 비니 베이비 인형을 파는 매장과 타이 워너임

거대 재벌을 대상으로 한 '범죄인 수첩' 만들기

어린이들은 앞서 논의된, 빠른 속도로 진행된 토론에 크게 고무되어 우리와의 작업에 열정적인 자세를 갖게 되었다. 어린이들은 다음에 진행될 주제에 대해 많은 제안을 했고, 특히 빌 게이츠, 타이 워너, 월트 디즈니, 나이키, 리복, 맥도날드와 같은 '거대 재벌을 대상으로 한 범죄인 수첩 만들기'

거래 재벌 수첩(시기론, 범죄인, 불량배)

	타이 워너	빌 게이츠	월트 디즈니	워너 브라더스	맥도날드	나이키	리복	멘체스터 유나이티드
구성	• 비니 인형 • 생산-봉제 인형 장난감	• 컴퓨터 제품과 소프트웨어 • 마이크로소프트의 창시자 • 세계 제일의 갑부	• 영화, 도서, 장난감, 테마파크 • 영화 제작 • 시나리오 제작	• 영화, 도서, 장난감, 테마파크, 상점 (디즈니와 같음)	• 패스트푸드 업체 • 세계 최고의 요식업체 (돈벌이 우선)	• 스포츠의류, 장비 • 판매 • 매장	(나이키와 같음)	• 축구팀 • 매장과 상품 • 축구 유니폼 • TV 채널 • 선수들을 사고팖
원산지	미국	미국	미국	미국	미국	미국	영국	영국
죄목	• '악'하고 감탄하게 해서 돈을 벌어들임	• 소규모 회사들을 압도함 • 다른 회사에게 시장을 점유할 기회를 주지 않음 • 선택의 자유를 막음	• 캐릭터와 로고를 이용해 거의 모든 상품을 판매하고 돈을 벌어들임 • 다른 사람들의 아이디어를 이용하여 돈을 벌어들임	(디즈니 참조)	• 물질적 이득을 위해 열대우림을 파괴함 • 건강한 삶을 방해함 • 지나치게 많은 첨가물(소금)을 넣음 • 이윤을 위해 품질을 희생, 물을 많이 탄 음료수 • 값싸고 조잡한 잡동사니들을 판매함 • 매장이 너무 많아서 사 먹게 만듦	• 지나치게 높은 가격 • 어린이들의 값싼 노동력 착취 • 상표값 • 플레이스테이션과 마찬가지로 아이들을 어른들을 상대로 대중시장을 좋아감 • 아이들을 유인하기 위해 나이키 상표가 있는 게임을 제작함	(나이키 참조)	• 10시즌 동안 20개나 되는 제품을 시장에 쏟아냄 • 신제품을 원한다는 이유로 아이들에게 호소함 • 제품을 팔기 위해 스타들을 빨리 변화시킴 • 모든 제품에 상표를 부착함 • 선수들에 과다한 돈을 지불-그 돈은 사회에 도움이 되도록 쓰일 수 있음

승자 기업 자신!

매자 소비자와 전 세계!

그림 6.2 아이들이 거대 재벌들을 대상으로 만든 범죄인 수첩

프로젝트에 관심의 초점을 두었다(그림 6.2).

어린이들의 반응은 그들이 장난감 시장에서 비니 베이비 인형의 위치를 얼마나 잘 인식하고 있는지를 보여 주었다. 또한 타이 워너와 그의 회사, 그리고 비니 베이비 인형이 다른 거대 재벌들과 관련하여 세계 시장에서 어느 정도의 지위를 차지하는지를 보여 주었다. 어린이들의 의견을 커다란 종이 위에 적어 놓고 보니, 거기에는 어린이들이 어떻게 비니 베이비 인형을 구입한 후에 그 인형을 계속해서 수집하도록 치밀하게 계획된 광고의 일부가 되었는지(인형을 매장에서 사라지게 한 후에 다시 한정판을 내놓는 전략을 통해)에서부터, 타이 워너 및 그와 같은 기업가들이 부도덕한 것인지, 그리고 저임금 노동력을 사용하는 것에 대해 책임을 물어야 할지에 이르기까지 광범위한 내용이 포함되어 있었다. 어린이들은 과연 어린이들과 부모들이 거대 기업의 마케팅 계획에 노출되어 있는지를 통찰력 있게 살펴보기도 했다. 켄웨이와 불런(Kenway & Bullen, 2001)은 소비자로서의 어린이들에 관한 역사적 경향을 살펴보면서 다음과 같이 말한다.

의심할 여지없이, 서구 사회에서 상품을 소비하는 어린이들은 인도네시아, 중국, 파키스탄과 같은 나라들에서 이루어지는 아동 노동의 수혜자라 할 수 있다. 나이키, 디즈니, 마텔과 같은 유명 브랜드가 지닌 '어두운 면'에는 이러한 나라들의 어린이 노동력을 착취하는 열악한 제품 생산 상황이 포함된다.(p.37)

어린이들은 비니 베이비 인형 생산을 브랜드화된 제품과 생활방식의 판매를 통해 전 세계를 점차 동질화시키고 있는 여타 다국적 기업의 대량생산 상품들과 분명히 연관 지어 생각하고 있었다. 비니 베이비 인형은 거짓된 세계로 뒤덮인 탈근대적 삶의 은유와도 같다. 다시 말해 우리가 우리 자신을 위해 만들어 내는 '독특하고 진정한' 세계는 우리가 노출되어 있는

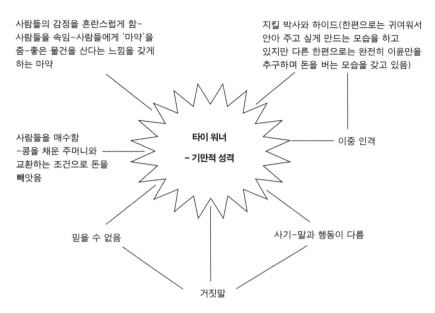

그림 6.3 타이 워너 "사기범 지명수배" 포스터를 위한 브레인 스토밍

거짓된 세계의 브리꼴라주에 불과하다고 볼 수 있다.

'사기범 지명수배' 포스터 만들기

어린이들은 '바가지를 씌우는 장사꾼'인 타이 워너를 대상으로 어떤 조치를 취해야 한다고 생각했다. 어린이들은 그가 '사기범'이라고 생각했고 사전에서 '사기'의 의미를 찾아본 결과, '말과 다른 행동을 하는 것'이 사기의 의미임을 알게 되었다. 이에 어린이들은 '사기범 지명수배' 포스터를 만들기로 하고 우선 각자의 생각을 브레인스토밍하여 간략하게 초안을 만들었다(그림 6.3).

어린이들은 이런 종류의 포스터에 독자의 관심을 끌기 위해 필요한 언어의 핵심적인 특징이 무엇인지를 신중히 고려한 뒤, 과감한 제목, 독자의 시선을 잡아끄는 그래픽, 강한 색채, 간단하면서도 정보성이 강한 문구 등

을 고안해 냈다. 어린이들은 그룹을 만들어 협력적으로 작업하면서 2개의 포스터를 만들었는데, 둘 다 독자와 목적의 측면에서 매우 효과적인 것들이었다(그림 6.4).

어린이들은 타이 워너의 사기 행위라고 간주한 것이 악명 높은 범죄자들의 사기 행위와 유사하다고 했는데, 이와 관련하여 존은 '지킬 박사와 하이드의 경우와 비슷해요. 한편으로는 귀여워서 안아 주고 싶은 곰 인형의 모습을 하고 있지만, 다른 한편으로는 완전히 이윤만 추구하며 돈을 버는 모습을 하고 있어요.'라고 말했다. 그는 계속해서 '타이 워너는 어린이들을 유혹해서 "마약"을 주는 거예요. 일단 1~2개를 사고 나면 그만 사기가 어려워지죠. 계속 사야 하는 거예요.'라고 말했다. 이런 식으로 이 어린이들은 이 문제에 정말로 열중하고 있었다. 캐럴라인은 '타이 워너는 한편으로는 비니 베이비 인형을 귀엽게 만들어 사람들의 감정을 휘저으면서 많은 돈을 내게끔 만들고 있어요.'라고 말했다.

그림 6.4
'사기범 지명수배' 포스터 가운데 하나
지명수배
타이 워너 – 폭리를 취하는 장사꾼
비니 베이비 인형을 만든 타이 워너는 당신을 속여 돈을 빼앗습니다.
많은 사람들은 "비니 마약"에 중독되었습니다.
콩주머니는 모두 돈 버는 기계입니다.
당신은 이 사람이 거리를 활보하게 하고 싶습니까?
현상금(보상): 깨끗한 양심

어린이들의 토론 전후 발화 비교

이 다섯 명의 어린이들과 함께 보낸 시간은 짧지만 놀라운 경험이었다. 대중문화 캐릭터 상품에 관한 초기 토론은 어린이들이 관심을 보인 다른 주제들로 빠르게 옮겨 갔고, 마침내 사회의 경제적·사회적 구조에 관한 복잡하고 철학적인 논쟁으로 이어졌다.

대중문화에 대해 비판적이고 사회적으로 통찰력 있는 관점(Gee, 1993)으로 진행된 심층 토론은 이 어린이들이 자신들이 조종당하고 있다는 점을 모르고 있기는커녕, 오늘날 시장에서 자신들이 어떻게 위치 지어지고 있는지를 대단히 정확하게 인식하고 있음을 보여 준다. 어린이들은 자신들이 거대한 다국적 기업과 비니 베이비 인형을 파는 타이 워너에 의해 영향을 받고 있다는 사실을 알고 있었다. 어린이들이 토론 전후에 말한 것을 비교해 보면, 소비자로서의 자신에 대한 인식이 훨씬 더 세련되어졌음을 알 수 있다. 그러나 이러한 인식에도 불구하고 여자아이들은 여전히 비니 베이비 인형을 살 것이라고 말했고, 남자아이들은 사지 않을 것이라고 말했다.

제시카

- 토론 전

  비니 베이비 인형은 정말 귀엽고 비싼 돈을 주고 살 만한 가치가 있다. 비니 베이비 인형은 어린 시절부터 간직하기에 좋은 것이다.

- 토론 후

  비니 베이비 인형은 귀엽고 나는 여전히 그것을 사러 갈 것이지만, 그것을 만드는 사람이 '바가지를 씌우는 장사꾼'이라는 점을 알게 된 만큼 예전처럼 많이 사지는 않을 것이다. 지난 며칠 동안 비니 베이비 인형에 대해 토론하면서 나는 이런 물건을 만드는 회사들이 우리를 즐겁게 하기 위해 만드는 것이 아니라 돈을 벌기 위해 만드는 것이라고 생각하게 되었다. 이런 물건을 만드는 사람들은 승자이지만 우리는 그렇지 않다.

캐럴라인

- 토론 전

나는 비니 베이비 인형이 수집하기에 좋은 부드러운 동물 장난감이라고 생각한다.

- 토론 후
  비록 타이 워너가 탐욕스러운 재벌이고 바가지를 씌우고 있다는 점을 알게 되었지만, 나는 여전히 비니 베이비 인형이 정말로 귀엽다고 생각하고 여전히 그것들을 사러 갈 것이다. 나는 이제 그가 승자이고 우리는 패자라는 것을 이해한다.

소피

- 토론 전
  나는 비니 베이비 인형이 정말로 귀엽고 또 어떤 것들은 매우 귀해서 수집할 만하다고 생각한다.

- 토론 후
  나는 비니 베이비 인형이 정말 귀엽다고 생각하고 계속 살 것이다. 토론과 논쟁을 하고 나서 나는 비니 베이비 인형에 관한 사실들을 더 많이 알게 되었고, 타이 워너가 어떻게 우리에게 바가지를 씌우는지 이해하게 되었다.

데이비드

- 토론 전
  나는 비니 베이비 인형이 재미있다고 생각하지만 수집하고 싶지는 않다. 그건 그냥 봉제 인형일 뿐이기 때문이다.

- 토론 후
  나는 비니 베이비 인형들이 괜찮다고 생각하지만 여전히 사고 싶지는 않다. 왜냐하면 그 인형들은 대형사기에 불과한 것으로, 그것을 만든 타이 워너의 돈벌이일 뿐이기 때문이다. 나는 토론을 통해 비니 베이비 인형을 둘러싸고 무슨 일이 벌어지고 있는지를 알게 되었다.

존

- 토론 전
  나는 비니 베이비 인형들이 너무 과대평가되고 있다고 생각하고, 그것을 사는 것보다 더 유용하게 돈을 쓰는 방법들이 있다고 본다.
- 토론 후
  많은 사람들에게 비니 베이비 인형은 꽤 흥미로운 것이지만, 나는 여전히 그 것들이 돈을 쓰기에는 쓸모없는 것이라고 생각한다. 토론을 통해 나는 비니 베이비 인형의 귀여운 면을 알게 되었지만, 내 생각을 바꾸기에 충분하지는 않다.

결론

이제 어린이들은 당연하게 소비자로 여겨지고 있다(McNeil, 1992; Ken-way & Bullen, 2001; Lee, 1993, 2000). 어린이들은 스스로 지불할 수 있는 돈이 많아졌기 때문에 키워 나갈 필요가 있는 마케팅 영역으로 여겨지고 있다. 어린이들은 자신의 가정환경에서 돈이 쓰이는 방식에 영향을 미칠 수 있으며, 사회적으로 볼 때 미래의 성인 소비자이다. 비니 베이비 인형에 관해 어린이들이 수행한 활동들은 어린이들로 하여금 일상생활에서 그들이 내리는 결정, 즉 그들이 사고, 먹고, 마시고, 듣는 등의 선택과 관련하여 내리는 결정에 대해 성찰하도록 했다. 어린이들의 비판적 토론은 타이 워너 및 다른 자본가들이 사용하는 돈벌이 전략과 마케팅 기술에 초점을 두었는데, 이것은 대형 다국적 기업들의 행위가 우리에게 미치는 영향을 전반적으로 쉽게 인식하도록 했다.

이 프로젝트는 열린 방식으로 시작되었다. 나는 대중문화 캐릭터인 비니 베이비 인형과 그것이 현재 시장에서 차지하는 위치에 대한 비판적 대화의 기회를 만들되, 비니 베이비 인형을 협력적 글쓰기를 위한 자극제로 사용하는 리터러시 활동을 만들고자 했다. 이 프로젝트는 더욱 확대되고 있는 청소년 문화를 겨냥한 소비 자본주의에 대한 조사로 끝맺었다. 한 번에 반나절씩, 모두 여섯 차례에 걸친 세션이 끝난 후 나는 어린이들이 지닌 소비 자본주의 및 소비자로서의 어린이에 대한 상세한 지식과 관련하여 궁금한 점들이 무척 많아졌고, 아직 그 질문들에 대해 탐구하고 있다.

오늘날 날로 확장되고 있는 소비주의 시대에 우리는 어린이들에게 그들이 살고 있는 삶에 대해 비판적으로, 분별력 있게 성찰할 수 있는 기회를 제공할 필요가 있다. 어떤 어린이들은 이러한 능력을 이미 지니고 있지만, 우리는 모든 어린이들이 이런 능력을 지닐 수 있도록 그들의 사고를 확장시켜 주어야 한다. 리터러시 활동을 토론 및 자기 성찰의 기회와 결합하는 것은 어린이들이 비판적으로 사고할 수 있게 하는 성공적인 방법이었다. 교실 상황에서 대중문화 상품의 활용은 성찰적 사고를 위한 다양한 출발점을 제공할 수 있고, 따라서 (여러 가지 사건과 일들이 겉으로 보이듯 악의 없는 것만은 아닌) 역동적인 자본주의 사회에서 삶을 이끌어 가기 위해 우리가 위치 지어지는 방식에 대해 면밀히 검토할 수 있게 한다.

교육 활동에 대한 시사점

어린이들에게 중요한 쟁점에 대해 반응할 수 있는 기회를 제공하기

이 말은 어린이들이 흥미를 보이는 것이 무엇인지 알아야 하고, 위협적이지 않은 상황에서 말을 할 수 있도록 하고, 열린 마음으로 모든 반응을 존중해야 한다는 것, 그리고 소규모 그룹 토론이 일어날 수 있도록 수업을 조직해야 한다는 것을 뜻한다.

오늘날 시장 상황에서 비판적인 소비자가 될 수 있도록 어린이들을 격려하기

어린이들이 대중문화 텍스트 및 상품과 관련하여 다음과 같은 사항에 대해 질문할 수 있도록 격려하라.
- 누가 메시지를 만들었고 왜 만들었는가?
- 나의 주목을 끌어내기 위해 어떤 기술이 사용되었는가?
- 누구를 목표로 하여 메시지가 전달되는가? 이

메시지에서 배제되는 사람은 누구인가?
- 어떤 관점과 생활방식이 재현되고 있는가?
- 다른 배경과 문화를 가진 사람들은 이 메시지를 어떻게 해석할까?

(Thoman, 1999에서 수정)

대중문화에 대한 어린이들의 관심을 리터러시 활동의 출발점으로 사용하기

비니 베이비 인형과 관련하여 말하자면,
- 새로운 비니 베이비 인형을 고안하고 이것을 묘사하는 세부사항 작성하기
- 기존 비니 베이비 인형에 달려 있는 시를 읽고, 새로 고안된 비니 베이비 인형을 위한 새로운 시를 쓰기
- 비니 베이비 인형의 창안자인 타이 워너의 사업 관행에 대해 찬성/반대하는 토론을 계획하기

참고문헌

Adorno, T. (1991) *The Culture Industry*. London: Routledge.

DeCordova, R. (1994) 'The Mickey in Macy's Window: Childhood, Consumerism and Disney Animation', in E. L. Smoodin (ed.) (1994) *Disney Discourse: Producing the Magic Kingdom*. New york: Routledge.

Denby, D. (1996) 'Buried Alive: Our Children and the Avalanche of Crud', *The New Yorker*, 72, 15 July 1996: 52.

Dyson, A. H. (1997) Writing Superheroes: Contemporary Childhood, *Popular Culture And Classroom Literacy*. New York: Teachers College Press.

Gee, J. (1993) 'Critical Literacy/Socially Perceptive Literacy: A Study of Language in Action', in H. Fehring & P. green (eds) *Critical Literacy: A Collection of Articles from the Australian Literacy Educators' Association*. Delaware: International Reading Association.

Hade, D. & Edmondson, J. (2003) 'Children's Book Publishing in Neoliberal Times', in *Language Arts*, 81 (2), 135-43.

Hilton, M. (ed.) (1996) *Potent Fictions: Children's Literacy and the Challenge of Popular Culture*. London: Routledge.

Kenway, J. & Bullen, E. (2001) *Consuming Children: Education - Entertainment - Advertising*. Buckingham: Open University Press.

Kinder, M. (1991) *Playing with Power in Movies: Television and Video Games from Muppet Babies to Teenage Mutant Ninja Turtles*. Berkeley, CA: University of California Press.

Klein, N. (2001) *No Logo*. London: Flamingo.

Kline, S. (1993) *Out of the Garden: Toys and Children's Culture in the Age of TV Marketing*. London: Verso.

Lee, M. J. (1993) *Consumer Culture Reborn: The Cultural Politics of Consumption*. London: Routledge.

Lee, M. J. (2000) *The Consumer Society Reader*. Malden: Blackwell.

Marsh, E. & Millard, E. (2000) *Literacy and Popular Culture: Using Children's Culture in the Classroom*. London: Paul Chapman.

Marsh, E. & Millard, E. (2003) *Literacy and Popular Culture in the Classroom*. Reading: National Centre For Language and Literacy, The University of Reading.

McNeil, J. U. (1992) *Kids as Customers: A Handbook of Marketing to Children*. New York: Lexington Books.

Scott, D. (2000) 'What Are Beanie Babies Teaching Our Children?' in G. Canella & J. Kincheloe (eds) *Kidsworld*. New York: Peter Lang.

Seiter, E. (1995) *Sold Separately: Children and Parents in Consumer Culture*. New Brunswick: Rutgers University Press.

Thoman, E. (1999) 'Media Literacy! Skills and strategies for media education', *Education Leadership*, 56 (5). 50-54.

Zipes, J. (1997) *Happily Ever After: Fairy Tales, Children and the Culture Industry*. London: Routledge.

7장

어린이들은 자신이 사는 동네의 의미를 어떻게 비판적으로 이해하고 새롭게 생산할 수 있을까?

비판적 리터러시를 통한
정체성 형성의 과제

바버라 콤버 Barbara Comber, 헬렌 닉슨 Helen Nixon

이 장에서는 호주 남부의 애들레이드(Adelaide)에 위치한 다문화적 초등학교의 어린이들이 수행한 복합적 리터러시 활동에 관해 살펴보고자 한다. 이 장의 내용은 어린이들에게 다양한 미디어 텍스트의 생산자가 되도록 함으로써 학생들의 다양한 문화, 인종, 계층 문제를 탐구한 두 명의 경험 많은 초등교사의 교육과정과 교수법을 다루고 있다. 여기서 특히 살펴보려는 것은 어린이들이 '작가'가 되어 만든 두 가지 텍스트이다. 하나는 8~10세의 어린이들이 만든 알파벳 책인 〈A는 Arndale의 첫 글자〉이고, 또 하나는 최근에 호주에 이민 온 다양한 연령대의 어린이들(8~13세)이 함께 만든 옴니버스 스타일의 영화 〈아프가니스탄 스타일로 요리하기〉이다. 이 텍스트를 만드는 과정에서 어린이들은 문화적 실천 행위로서의 읽기, 즉 자신들이 살고 있는 동네 및 그들의 정체성 (개인적 정체성과 집단적 정체성 모두)과 관련된 텍스트 다시 읽기와 다시 쓰기에 참여하게 되었다. 이러한 읽기 활동에는 어린이들에게 익숙하기도 하고 낯설기도 한 그 지역의 주요 장소로 자주 나들이를 가는 것이 포함되었다. 이러한 수업을 계획하고 실천한 교사들은 변화하고 있는 지역사회의 특정한 장소에서 어린이들이 얼마나 다양한 경험을 하며 살아가고 있는지에 대해 조사하였다.

들어가며

비판적 리터러시라는 개념은 오랜 역사를 가지고 있는데, 대표적으로 남아메리카의 빈곤 지역에서 이루어진 파울루 프레이리(Paulo Freire)의 정치적인 작업을 들 수 있다. 그러나 초등학교의 리터러시에 관한 교육과정이나 정책의 측면에서 볼 때 비판적 리터러시의 출현은 상대적으로 최근의 일이다. 비판적 리터러시란 텍스트들이 특정한 상황에서 특정한 효과를 내기 위해 어떻게 사용되는지에 대해 어린이들과 함께 탐구하는 교육을 뜻한다. 리터러시에 비판적 접근을 취하는 교사들이라면 언어와 이미지들이 사회적 역학 관계와 연관되어 있다는 점, 즉 작가, 연출가, 광고제작자, 그리고 일상적으로 대화를 하는 모든 이들이 특정한 말과 이미지를 선택해서 사용한다는 점을 이해하고 있다. 이들이 생산하는 텍스트는 듣는 사람, 읽는 사람, 보는 사람들을 수용자로서 배제하거나 포함할 수도 있고 다른 방식으로 위치 지을 수도 있다. 교사들이 어린이들로 하여금 비판적으로 읽고 쓸 수 있도록 돕는다는 것은 허구적인 세계를 담은 이야기책 또는 소위 '사실적 텍스트'라 불리는 뉴스 등 갖가지 텍스트들에서 당연하다고 간주되는 것들에 대해 질문해 보도록 격려하는 것, 그리고 어린이들이 텍스트를 생산할 때 내리는 결정들이 수용자들에게 미치게 될 영향에 대해서 생각해 보도록 돕는 것을 뜻한다. 이와 같은 비판적 접근은 어린이들이 특정한 표상에 대해 작가가 내린 결정, 광고제작자의 주장, 현대적 사건 혹은 역사적 사건에 대해 제기되는 이견들에 주의를 기울이게 한다. 다시 말해 비판적 리터러시 교육은 어린이들로 하여금 텍스트의 코드를 해독하고 의미를 생산하고 텍스트를 사용하도록 할 뿐 아니라, 그것들이 어떻게 작용하고 세상에 어떤 작용을 하게 되는지를 고려하면서 텍스트를 분석하도록 한다(Luke & Freebody, 1999). 그리고 우리가 여기서 주목하는 비판적 리터러시의 더 큰 목적은 어린이들을 미래 사회의 능동적인 설계자이자 주도자로서 성장시키는 것이다(Luke, 2000: 449).

호주의 교육자들이 비판적 리터러시 교육에 대해 연구해 온 역사는 거의 20여 년 가까이 된다. 비판적 리터러시 교육은 고등학교나 대학 교양 국어 강의에 한정된 것이 아니라, 아주 어린 나이의 어린이들을 대상으로도 연구되어 왔다(O'Brien, 1994; Luke et al., 1996). 학교에 들어가면서부터 어린이들은 텍스트 분석적 접근을 배우고, 그에 따라 장난감 카탈로그, 음식물 포장지, 주변에서 매일 볼 수 있는 일상적 텍스트들, 아버지와 어머니의 역할, 어린이 문학작품 속의 소년과 소녀들, 그리고 출판사가 어린 독자들에게 적합하다고 생각하는 '과학적 사실들'의 문법과 어휘를 고려하게 된다(O'Brien, 2001). 다른 말로 하면, 어린이들은 텍스트를 읽고 사용하고 감상하는 법만을 배우는 것이 아니라, 텍스트에 '문제를 제기하고' 해체하는 법을 배우고 있다.

이와 같은 텍스트 분석의 대부분은 비판적 담론 분석(Fairclough, 1992; Janks, 1993; Luke, 1996)과 여성주의 탈구조주의 비평(Baker & Davies, 1993; Gillbert, 1991; O'Brien, 2001; Mellor et al., 1987)을 이론적 바탕으로 한다. 이러한 접근에서는 어린이들에게 언어와 이미지들이 대상을 어떻게 표상하거나 잘못 표상하는지, 무언가를 포함하거나 배제함으로써 지배적 담론을 유지하기 위해 어떻게 작용하는지를 살펴보도록 한다(지배적 담론이란 특정 시기의 한 사회에서 가장 지배적이고 영향력 있는 사람들의 견해를 표현하는 담론을 뜻한다). 인종차별에 반대하는 이들과 여성주의자들의 업적 또한 비판적 담론 분석에 영향을 주었다. 우리는 여기서 호주에서 이루어진 비판적 리터러시 연구의 역사를 개관하지는 않을 것이다(이에 대해서는 Comber, 1994, 2003; Luke, 2000을 참고할 것). 다만 우리는 비판적 리터러시 연구와 교육이 초기에는 주로 텍스트 분석에 초점을 두었다는 점을 언급하고자 한다. 그러나 최근에는 어린이들이 읽고 보는 것뿐 아니라, 다양한 장르와 미디어, 양식에 걸쳐 이들이 설계하고, 구성하고 생산하는 것에 대해서도 관심을 두고 있다(Janks, 2000, 2003; Kamler, 2001; New London Group, 1996; Searle, 1993).

이 장에서는 광범위한 의미의 비판적 리터러시 교육이 어린이들로 하여금 '생산적인 사회적 관습과 담론 자원'(어린이들이 대의민주주의 사회에 온전히 참여하는 데 필요한 것들로, 예를 들어 교섭, 차이에 대한 존중 및 효과적인 언어 장르에 익숙해지기 등)을 사용할 수 있도록 돕는 방법들에 관심을 두고자 한다. 언어, 문화, 사회적 권력에 대한 텍스트 분석과 질문은 이러한 비판적 리터러시 교육에 배태되어 있는 것이지만, 비판적 리터러시 교육에서 더 두드러지는 것은 텍스트에 대한 체계적 질문이 아니라 텍스트 제작이라는 점을 이후의 논의를 통해 확인할 수 있을 것이다. 비판적 리터러시 교육은 대체적으로 학교에서 이루어지는 읽기, 쓰기, 보기와 같은 텍스트적 관행을 뒤집어 보는 것이라는 점에서, 학교 교육에 대한 '대항서사(counter-narratives)'라 할 수 있다. 우리는 여기서 매우 다문화적이고 사회·경제적으로 다양한 배경을 가진 학교에 근무하는 두 명의 교사들이 초등학교 연령의 어린이들로 하여금 어떻게 자신의 일상생활을 관찰하고 서술하는 문화기술자이자 현대 멀티미디어를 활용하는 기록자와 논평자가 될 수 있도록 위치 짓는지를 논의할 것이다. 마그 웰스(Marg Wells) 선생님과 헬렌 그랜트(Helen Grant) 선생님은 학교에서 자신이 가르치는 학생들과 함께 지역사회의 자원들을 적극적으로 활용하여 각각 〈A는 Arndale의 첫 글자〉라는 알파벳 책과 〈아프가니스탄 스타일로 요리하기〉라는 단편 영화를 만들었다.

어린이들이 텍스트가 중요하다는 점을 배우기를 원한다면(이것은 일반적으로 리터러시 교육의 주요 목표이다), 어린이들 자신에게 중요한 의미를 지니는 텍스트 생산에 참여할 기회를 줄 필요가 있다. 즉 어린이들은 학교 책상에 앉아 글쓰기, 선생님이 가져온 책 읽기, 냉장고 문짝에 붙일 메모 쓰기, 쓰레기통에 던져 버린 고쳐쓰기 흔적 등의 범위를 뛰어넘는 텍스트를 생산하기 위해 필요한 진지한 숙고의 과정을 경험해야 한다. 또한 어린이들은 심미적으로 즐거움을 주면서도 풍부한 의미가 담긴 작품을 생산하는 데 어느 정도의 책임이 요구되는지를 경험할 필요도 있다. 어린이들이 직접 쓴 작품을 살펴보면 학교에서 중요하게 생각하는 것과 규범적인 리터러시 관행을 구성하는 것이 무엇인지 분명히 드러난다. 여기서 논의하는 두 명의 교사들은 어린이들로 하여금 자신이 속한 동네와 관련된 텍스트들을 다시 읽고 다시 쓰면서, 자신들이 속한 복잡한 문화의 역사를 다시 이해하도록 했다. 이러한 교육과정은 '비판교육학(critical pedagogy)'과 '장소 기반 교육(place-based education)'을 고도의 생산적인 방식으로 한데 합친 예로서, 이를 통해 교사와 학생들은 텍스트 관행에 대한 연구와 물질세계에 대한 연구 사이를 오가며 학습할 수 있었다(Gruenewald, 2003). 장소 기반 교육이란 인문 지리적 통합교육 방법의 하나로, 쇼핑센터, 공원, 공동묘지, 강, 시장과 같은 특정 장소에 대한 초점을 연구 주제로 삼아 학교 교육과정에 통합하는 것을 뜻한다.

우리는 교사들과의 공동 연구를 바탕으로, 초등학교 교실에서 이루어지는 다양한 비판적 리터러시 교육의 사례들에 적용된 주요 원칙들을 대략적으로 살펴보는 것으로부터 논의를 시작하고자 한다(Comber, 2001). 그런 다음 우리가 초점을 두어 분석하려는 텍스트인 〈A는 Arndale의 첫 글자〉와 〈아프가니스탄 스타일로 요리하기〉의 내용과 이 텍스트들이 생산된 교실의 맥락을 요약하여 설명하고, 교사들이 이러한 텍스트 생산을 통해 어떻게 비판적 리터러시 교육을 시도했는지, 그리고 이러한 작업을 통해 무엇을 성취했는지 설명할 것이다. 나아가 우리는 보다 심화된 수업 연구를 위한 몇 가지 실천 방안과 질문을 제시하며 글을 마치고자 한다.

비판적 리터러시 교육의 원리

실제 교육 현장에서 비판적 리터러시 방법의 교육을 수업에 적용해 본 교사들은 비판적 리터러시를 가르칠 수 있는 간단한 공식은 존재하지 않는다는 점을 지적하고 있다(Comber & Simpson, 2001; Luke, 2000을 참고할 것). 비판적 리터러시 교육에는 단 한 가지 방법만 존재하는 것이 아니다. 그렇다고 아무렇게나 할 수 있다는 뜻은 아니다. 비판적 리터러시 교육의 실행은 언어, 담론, 불평등한 권력 관계에 대한 탐구를 아우르는 몇 가지 원칙들을 바탕으로 이루어진다. 비판적 리터러시 교육을 실행하는 원칙 가운데 하나는 반드시 특정 집단의 경험, 문제, 언어 그리고 역사의 특수성을 정면으로 다루어야 한다는 것이다(McLaren & Giroux, 1990: 163). 이는 비판적 리터러시 교육이 어린이들의 지역과 계층에 따라 다른 방식으로 적용되어야 함을 의미한다. 어린이들이 살고 있는 지역의 특성과 어린이 개개인의 삶의 방식은 비판적 리터러시를 실행하려는 교사들이 필요하다고 믿는 것, 그리고 가능하다고 믿는 것에 항상 영향을 준다. 그러나 이러한 '지역사회 내의 지역적 특성에 기반을 둔 행위들이야말로 우리가 또 다른 실천을 상상할 수 있는 일반적인 교훈과 원칙들을 끌어낼 수 있는'(Comber, 2001: 274) 토대라 할 수 있다.

다양한 학년에서 교사들이 실행한 비판적 리터러시 교육에 대한 자료들이 공통적으로 제시하고 있는 교훈과 원칙들을 살펴보면서(Comber & Simpson, 2001), 바버라 콤버(Comber, 2001)는 다음과 같은 '핵심 원칙'을 제시하였다.

- 지역 현실에 참여하기
- 언어와 사회적 역학 관계의 관련성, 관습, 그리고 그 영향에 대해 분석

하고 조사하기

- 어린이들의 지식과 실행을 지지해 주기
- 정치적·사회적 목적과 실용성을 갖춘 텍스트를 구성하거나 재구성
  하기
- 당연하다고 간주되는 교과서 내용을 뒤집어 보기
- 어린이들이 지역의 문화적 텍스트를 사용하는 방식에 주목하기
- 권력이 누구에 의해 그리고 어떻게 사용되는지에 대해 조사하기

(Comber, 2001: 276)

이제 이러한 원칙들에 따라 구성된 비판적 리터러시 교육과정의 사례를 제시하고자 한다. 이 교육과정들은 두 명의 교사 각자가 근무하는 학교가 위치한 지역사회에 초점을 두고 있다. 비판적 리터러시의 교육과정이 모두 그렇듯이, 이 두 교육과정은 자신이 가르치는 학생들이 처한 특수한 상황과 요구에 관심을 기울였던 교사들에 의해 설계되었다. 이 교사들의 교육과정과 교수법은 모두 어린이들의 일상생활에서 시작되고, 그들의 관심사에 주목하며, 어린이들에게 자신들의 일상생활을 연구하고 기록하는 참여 관찰 연구자의 역할을 부여했다는 점에서 비판적이라 할 수 있다. 다시 말해 이 두 교육과정들은 모두 학생 자신과 지역사회에 중요한 주제들에 대해 조사하고 기록하는 데 있어 학생들이 주도성을 갖게 하는 방식으로 가르쳤다는 점에서 비판적 교육이 실행된 사례로 볼 수 있는 것이다. 또한 어린이들이 생산한 텍스트는 '지배적' 문화 텍스트, 그리고 특히 학교에서 어린이들이 생산하는 텍스트에서는 잘 발견할 수 없는 관점을 포함하도록 설계되었다. 마지막으로 각각의 텍스트는 특정한 수용자들을 염두에 두고 만들어졌고, 어린이들도 자신들이 만든 텍스트가 학교 사회를 벗어나 일반 사람들에게도 읽히거나 보일 것임을 알고 있었다.

비판적 리터러시 교육으로서의 영화 제작: 〈아프가니스탄 스타일로 요리하기〉

헬렌 그랜트 선생님은 공립 초등학교에서 26년간 근무한 ESL(제2외국어로서의 영어) 교사이다. 그랜트 선생님의 수업은 할리데이(Halliday)의 체계 기능언어학, 미디어 연구, 비판적 리터러시 연구에 기반을 두고 이루어진다. 그랜트 선생님은 현재 도심에 위치한 학교의 ESL 교사로서, 5~13세의 어린이들로 구성된 학급의 수업을 담당하고 있다. 그랜트 선생님은 일반 학급도 가르치지만, 좀 더 집중적인 언어 교육이 요구되는 ESL 특별반 아이들도 지도하고 있다. 그랜트 선생님이 근무하고 있는 학교는 태국어, 세르비아어, 러시아어, 크메르어, 케냐어, 이란어, 인도네시아어, 중국어, 아랍어 등을 모국어로 하는 어린이들이 다니는 다문화적 학교로, 호주에 새롭게 정착한 학생들을 대상으로 한 교육 프로그램인 '새로 온 친구들 프로그램(New Arrivals Program: NAP)'을 성공적으로 수행하고 있는 학교이다. 그랜트 선생님은 담임교사가 이 학생들과 직접 접촉하지 않는 이른바 '비접촉시간(non-contact time)' 동안 주당 몇 시간을 할애하여 NAP 특별반을 가르친다.

영화 제작은 그랜트 선생님이 아주 중요하게 여기는 수업 방식으로, 그랜트 선생님은 어린이들과의 영화 제작 수업 경험을 매우 풍부하게 갖고 있다. 〈아프가니스탄 스타일로 요리하기〉는 ESL 특별반에서 이제 막 영어 공부를 시작한 9~12세 학생들과 함께 작업한 영화이다. ESL의 맥락에서 리터러시 교사들에게 가장 핵심적인 목표는 학생들로 하여금 그들이 새로 배워야 하는 언어인 영어를 자신의 일상생활에 대해 조사하고 이야기하기 위한 목적으로 사용하도록 장려하는 것이다. 일상생활에서 일어나는 활동과 일과에 대해 이야기해 봄으로써 어린이들은 다른 사람들과 의사소통하는 방법을 배우게 되고, 그들이 긴급히 배워야만 하는 기능적 영어를 사용하는 데 있어 자신감을 얻게 된다. 그랜트 선생님도 이러한 ESL의 목표에 공감하고 있기는 했지만, 어린이들에게 언어와 문화를 조사하는 연구자로서의 역할과, 공공적 소비를 위한 텍스트를 생산하는 주도적인 주체로서의 역할을 수행하게 함으로써 비판적 리터러시 교육도 동시에 실행하려는 의지를 분명히 갖고 있었다. 그랜트 선생님의 교육과정은 모든 어린이들이 진지한 아이디어를 표현할 수 있고 마땅히 표현해야 하며, 문화 분석에 참여하고 의미 있는 멀티미디어 제작물을 만들 수 있어야 한다는 생각(Luke *et al.*, 2003; Nixon & Comber, 2004를 참조할 것)에 기초하고 있었다.

그랜트 선생님이 어린이들과 함께 제작한 영화는 문화적 다양성을 학습의 자원 및 주제로 사용한 것이다. 그랜트 선생님은 어린이들이 자신의 모국어를 포함하여 텍스트를 생산하고, 모국어와 문화를 학습과 질문의 주제로 삼도록 격려해 주었다. 2001년과 2002년에는 다수의 아프가니스탄 난민들이 그랜트 선생님이 지도하는 NAP 교실에 입학하였다. 영화 〈아프가니스탄 스타일로 요리하기〉는 그랜트 선생님이 이 시기에 한 학기(10주) 동안 매주 여러 차시에 걸쳐 가르쳤던 아프가니스탄 난민 학생들에 의해 제작되었다.

〈아프가니스탄 스타일로 요리하기〉는 어떤 종류의 텍스트일까? 단순하게 보자면 영국의 제이미 올리버(Jamie Oliver)나 나이젤라 로슨(Nigella Lawson)과 같은 유명 요리사가 나오는 TV 요리 프로그램을 흉내 내 새롭게 바꾼 것이다. 이 영화의 첫 장면을 보면 호주에 정착한 지 얼마 안 되는 다양한 연령의 아프가니스탄 출신 어린이들이 아프가니스탄의 대중적인 음식을 만드는 장면이 나온다. 이 장면에서 아이들은 혼자서, 혹은 두 명이나 세 명이서 음식 재료를 준비하고 양을 측정하며 요리를 만들고, 다 만든 요리를 다른 학생들이나 학교 관계자들과 함께 나누어 먹으면서 카메라와 이야기한다. 두 번째 장면에는 학생들이 애들레이드의 도심인 학교 주변을

걷는 장면이 나오는데, 이곳은 19세기 초에 호주에 정착한 아프가니스탄 인들이 살았던 지역이다. 이 장면에서 어린이들은 이 지역의 식당과 식료 품점들이 표상하는 다양한 문화에 대해 토론한다. 어린이들은 아랍어 혹은 다른 아프가니스탄의 언어와 영어를 사용하며 예전에 이 지역에 아프가니 스탄 사람들이 살았던 흔적에 대해 신나게 이야기하기도 한다. 어린이들이 예전에 낙타 무역을 하던 사람의 집을 방문하는 모습, 심령술사의 상징이 조각되어 있는 빌딩과 호주에서 가장 오래된 이슬람 사원을 찾아내는 모 습도 볼 수 있다.

〈아프가니스탄 스타일로 요리하기〉는 단순한 요리 프로그램 이상의 의미를 가지며, 아이들의 작업은 이 텍스트를 만드는 데 없어서는 안 될 필 수적인 요소였다. 비판적 리터러시 교육의 실행자로서 그랜트 선생님은 언 제나 어린이들로 하여금 자신들이 지닌 지식과 일상생활의 사회적 관습(대 중문화이든 아프가니스탄 고유의 음식이든)을 멀티미디어 텍스트로 끌어들여 표현하게 한다. 이 영화에서 어린이들은 그들이 집에서 실제로 먹는 요리 나 만들어 본 적이 있는 요리들을 만든다. 비록 어린이들이 기존 지식을 활 용하여 영화를 만들기는 하지만, 그렇다 하더라도 이런 텍스트를 계획하고 만드는 데는 교사와 어린이들의 기초 작업이 절대적으로 필요하다. 〈아프 가니스탄 스타일로 요리하기〉 영화 제작의 경우, 교사와 어린이들은 요리 프로그램의 일반적인 특징과 아프가니스탄 요리 만드는 방법에 대한 지식 뿐 아니라, 애들레이드 도심과 호주 정착촌에 살았던 아프가니스탄 사람들 의 역사에 대해서도 조사해야 했다. 그러나 학교에서 어린이들이 수행하는 일반적인 조사와는 달리, 이 영화를 만들기 위해 수행한 조사는 자신들이 새로 이주해 살게 된 도시, 학교, 국가의 '장소'를 포함한 일상생활에 대한 질문과 관심으로부터 나왔다는 점에서 차이가 있다. 그뿐만 아니라 일반적 으로 학생들이 하는 조사가 대부분 책과 같은 인쇄물에 기반을 두어 진행되는 것과 달리, 이 영화 제작에서는 거의 모든 조사가 말 그대로 현장에서 이루어졌다. 어린이들은 학교 근처의 지역을 거닐며 그 지역의 현대적 특징뿐 아니라 거의 150년 전에 아프가니스탄 무역인들이 살았던 지역의 역사에 대해서도 배울 수 있었다. 또한 어린이들은 지역 주민 및 아프가니스탄 공동체 일원과 함께 그들의 사회적 역사와 음식에 대해 이야기하며 관련 사진이나 인쇄 기록들을 빌리기도 했는데, 이 가운데 몇 가지는 이후 영화에 사용되었다.

따라서 〈아프가니스탄 스타일로 요리하기〉는 어린이들에게 자신이 속한 지역사회를 다른 방식으로 '읽도록' 했다. 그것은 또한 다른 이들에게 읽힐 텍스트에 자신이 속한 세계를 다른 방식으로 '쓰도록' 했다. 그랜트 선생님의 교실에서 만들어진 이 텍스트는 학생들의 삶 속으로, 또 보다 넓은 학교 사회 속으로 들어가, 교육과정에 명시된 수업이 끝난 이후에도 오랫동안 계속해서 영향을 미치는 역동적인 텍스트가 되었다. 이미 살펴보았듯이, 대항서사를 생산하기 위한 텍스트 '다시 쓰기'와 '다시 설계하기'는 어린이들이 세상을 바라보는 지배적인 방식(대체로 어린이들을 주변인으로 위치 짓는)에 대항하도록 하는 비판적 리터러시 실행의 특징이다. 이 사례에서 어린이들은 정치적·사회적 의도와 실제 세계에서의 유용함을 목적으로 하여 텍스트를 (다시) 설계하고 생산하는 역할을 수행했다. 대항서사로서 〈아프가니스탄 스타일로 요리하기〉는 어린이, 현대적인 라이프스타일, 학교 교육, 그리고 호주와 아프가니스탄의 역사 및 문화의 지배적 표상에 이의를 제기하도록 하여 좀 더 복합적인 이해를 가능하게 하였다.

영화 〈아프가니스탄 스타일로 요리하기〉는 적어도 두 가지 의미에서 '다시 설계하기'의 원칙을 보여 준다. 우리가 살펴본 것처럼, 이 영화는 요리 프로그램의 대안적인 방식을 제시한다. 어린이들은 다양한 아프가니스탄 요리를 준비하고 완성된 요리를 다른 사람들과 나누어 먹는다. 또한 이 영화는 어른들이 아니라 어린이들이 요리를 소개한다는 점, 아프가니스탄의 음식과 문화를 이국적인 것으로 소개하기보다는 집에서 만드는 간단하고 일상적인 음식을 소개한다는 점에서 기존의 요리 프로그램과는 다르다. 또 좀 더 복잡한 차원에서 보면 이 영화는 지역과 국가의 역사에 관한 지배적 해석 속에 침묵을 강요당하거나 숨겨져 있었던 아프가니스탄의 역사와 문화를 결합시킴으로써 라이프스타일 프로그램을 다시 설계한다. 초기 아프가니스탄 정착민들과 지역사회 지도자들의 삶이 담긴 사진들이 영화 속에 내내 등장하며, 이는 동네를 걸어 다니며 거리의 이름과 상징, 비석들을 조사하고 있는 현대의 아프가니스탄 어린이들의 눈에 여전히 보이는 그들의 유산의 흔적들과 대조를 이룬다.

〈아프가니스탄 스타일로 요리하기〉는 호주 사회의 아프가니스탄 난민 어린이 및 다른 사람들에게 아프가니스탄 문화와 역사에 대한 적절하고도 최신의 자료들을 되찾아 보여 주도록 고안된 명백히 정치적인 텍스트라는 점에서 다시 쓰기 혹은 다시 설계하기의 강력한 사례라 할 수 있다. 우리는 이 어린이들의 작업이 기존에 당연하게 받아들여졌던 것들을 수정하고 재작업하고 바꾸는 기회를 어린이들에게 제공한다는 점을 강조하기 위해, 이를 다시 설계하기, 다시 쓰기, 다시 상상하기라고 부를 것이다. 이 영화를 만든 어린이들은 자신들의 관점으로 일상생활에 대한 새로운 표상을 생산하는 편집자, 영화 제작자, 그리고 작가가 되었다. 이 텍스트를 생산한 교수법은 어린이들에게 모든 텍스트는 구성된 것이라는 점, 모든 역사적 설명들은(어린이들이 만든 텍스트까지도 포함하여) 이해관계에 따라 부분적으로 서술된 것이라는 점을 알려주기 때문에 비판적 리터러시의 실천으로 간주될 수 있다. 처음부터 교사는 어린이들에게 이 영화가 호주에 사는 아프가니스탄 사람들에 대해 잘 알려지지 않은 사실들과 이야기들을 전면에 내세울 것이라는 점을 분명히 했다. 이와 같은 사회적·정치적 의도와 교육적 의

도는 난민들을 사회의 병적 존재로 치부하는 지배적인 미디어에 대항할 주도적 주체로서 어린이들을 위치 지었다. 이러한 교육의 목적은 어린이들이 실제적인 실행을 통해 그들 자신과 그들의 문화 유산을 살아있는 공적 기록에 다시 포함시킴으로써, 다른 어린이들과 가족들에게 아프가니스탄 사람들에 대한 대안적인 이야기를 들려줄 수 있다는 점을 배우게 하는 것이었다.

알파벳 책에 대한 새로운 상상: 〈A는 Arndale의 첫 글자〉

마그 웰스 선생님은 교육 경력이 20년 이상 되는 베테랑 교사이다. 특히 지난 7년간은 애들레이드 서쪽 근교에 위치한 빈곤 지역의 다문화적인 학교 두 군데에서 어린이들을 가르쳤다. 웰스 선생님은 사회 정의와 비판적 리터러시를 강조하는 학교 기반 프로젝트에 여러 번 참여해 왔다. 또한 리터러시 교육과정에서의 대중문화 사용에 관한 교실 연구도 수행하고 있었다. 이 책을 쓰고 있는 현재 웰스 선생님이 근무하고 있는 리들리그로브초등학교(Ridley Grove Primary School)는 공원과 보도블록 등의 지역 시설을 허물고 다시 짓는, 10여 년에 걸쳐 도시 재개발과 택지 개발이 이루어지고 있는 지역의 한가운데에 위치하고 있다. 도시 재개발이 이루어지고 있는 전 세계의 어느 지역과 마찬가지로, 이 지역은 낡은 것과 새 것, 버려지고 부서진 것, 낙서로 가득한 건물과 공간들, 판자로 마구 가려진 창문들이 뒤섞여 있다(이와 유사한 지역에 대한 묘사 및 그것이 교육자들의 업무에 미치는 영향에 대해서는 Thomson, 2002를 참고할 것). 웰스 선생님이 가르치는 8~10세의 어린이들은 호주 원주민, 크메르인, 베트남인, 중국인, 세르비아인, 필리핀인, 이탈리아인, 영국계 호주인 등 다양한 문화적 그룹으로 구성되어 있었다. 학교에서는 높은 수준의 시민의식과 비판적 리터러시의 고양을 강조하는 정책을 내세우고 있었다. 웰스 선생님은 어린이들을 매우 긍정적으로 바라보고 야심차게 일하는 이러한 학교 분위기에 동조하고 있었다. 특히 웰스 선생님은 도시 재개발과 관련된 직원 및 개발자들과 긴밀한 관계를 유지하고 있는데, 이는 '지역'의 변화, 미래, 현재의 조건 등이 웰스 선생님의 교육과정에서 중심을 차지하고 있기 때문이다. 이 연구가 수행될 당시의 '남부 호주 교육과정 및 표준과 평가기준'(Department of Education, Traning and Employment, 2001)에는 '정체성, 미래, 사고, 의사소통, 상호의존성' 등 다섯 가지가 '본질적 학습 요소(Essential Learnings)'로 포함되어 있었다. 공식적 교육과정의 이 다섯 가지 영역은 비판적 리터러시에 대한 웰스 선생님의 접근의 정당성을 뒷받침한다.

2001~2002년에 웰스 선생님과 이 학교의 프랭크 케언스(Frank Cairns) 교장 선생님, 그리고 웰스 선생님이 가르치는 반 학생들은 사우스 오스트레일리아 대학교(University of South Australia)의 패트 톰프슨(Pat Thompson) 교수, 바버라 콤버(Barbara Comber) 교수, 그리고 남아프리카 공화국 요하네스버그에 위치한 위츠워터랜드 대학교(Witswaterand University)의 힐러리 쟁크스(Hilary Janks) 교수와 함께 '비판적 리터러시, 사회적 행위 그리고 어린이들의 장소 표상'이라는 제목의 소규모 연구 프로젝트에 참여했다. 우리는 서로 다른 장소에서 성장하고 있는 어린이들이 세상의 물질적이고 사회적인 '장소'를 어떻게 이해하는지, 그리고 비판적 리터러시가 여러 다른 나라들의 빈곤 지역에 위치한 학교의 교사와 학생들에게 어떻게 생산적인 접근이 될 수 있을지를 탐구하는 데 관심이 있었다. 이 연구는 어린이들이 텍스트를 분석하기만 하는 것이 아니라 만들기도 한다는 점에서, 텍스트를 해체하는 동시에 재구성하는 것을 강조하는 비판적 리터러시의 새로운 흐름의 일부이기도 했다(Janks, 2003: 184-5). 이 연구는 어린이들이 무언가에 대해 단지 글만 쓰는 것이 아니라, 다른 지역에 사는 사람들

이 어떻게 살고 있는지 상상하고 이를 배우도록 했기 때문에 '재구성' 작업이라 할 수 있다. 자신이 사는 동네와 관련해 웰스 선생님이 초기에 했던 작업(Comber et al., 2001), 그리고 프리토리아(Pretoria)에 위치한 자신의 학교에서 채소밭 가꾸기를 중심으로 교육과정을 구성한 폴리나 세톨(Paulina Sethole)의 작업(Janks, 2003)을 참고하여, 우리는 남아프리카공화국과 호주 남부에 위치한 두 학교의 교장, 교사, 학생들을 연결시키기 시작했다. 이러한 연계는 두 학교의 어린이들이 서로에게 편지를 쓰고 교사들은 교육과정과 수업에 대한 아이디어를 나누는 방식으로 이루어졌다. 여기에서 이 프로젝트 전체에 대해 기술할 수는 없지만, 앞으로 논의할 비판적 리터러시 교육의 사례인 '알파벳 책' 제작을 이해하기 위해서는 이 프로젝트에 대해 조금 알아 둘 필요가 있다(Comber, 2004; Comber et al., 2002; Janks, 2003을 참고할 것). 프로젝트를 수행하는 동안 우리의 공동연구원이었던 패트 톰프슨은 우연히 〈A는 Aunty의 첫 글자(A is for Aunty)〉(Russell, 2000)라는 제목의 알파벳 그림책을 발견하게 되었고, 이것이 두 학교에서 상당히 흥미로운 작업을 만들어 낼 수 있을 것이라고 믿었다.

〈A는 Aunty의 첫 글자〉는 호주 원주민 작가이자 화가인 일레인 러셀(Elaine Russell)이 특정 장소, 사람, 활동에 대한 기억, 특히 원주민으로서의 사명을 지닌 자신의 삶을 통해 알파벳 문자 하나하나를 다루고 있는 책이다. 예를 들어 'B는 Billycart의 첫 글자(B is for Billycarts)'에서는 저자의 오빠들이 어떻게 나무 상자와 낡은 유모차에서 떼어낸 바퀴로 빌리카트[26]를 만들고 여러 색깔로 페인트칠을 했는지에 대해 이야기한다. 이 책에서 표제어들에 대한 많은 설명은 '하지만 정말 재미있었지!', '프레드의 손수레는 제일 크고 빨랐지!', '놀다가 지치면 몇 시간이고 돌차기를 했지!'와 같

---

26 빌리카트는 모터가 없는 어린이 놀이용 상자 모양의 차를 가리킨다.

은 감탄문으로 끝난다. 각각의 알파벳 표제어들은 풀밭, 강, 하늘, 나무, 집 그리고 그런 장소에서 일어난 사람들의 활동을 강조하는 아름다운 그림을 담고 있다. 이 책은 영어를 배우는 전 세계 수많은 어린이들이 흔히 보는 진부한 앵글로 문화와 백인 중산층 중심의 알파벳 책과는 근본적으로 다른 대안적인 이야기를 제공한다는 점에서 대항서사라 할 수 있다. 러셀의 책은 또한 원주민 어린이라는 그녀의 위치에서 갖게 된 사명감에 대해 설명한다. 웰스 선생님은 이 책을 자신이 가르치는 반 학생들과 함께 보면서, 러셀이 언어와 그림을 통해 성취한 것에 대해 조심스레 주목하게 되었고, 어린이들이 이 책의 영감을 받아 〈A는 Arndale의 첫 글자(A is for Arndale)〉의 글을 쓰고 그림을 그리도록 지도하게 되었다.

〈A는 Arndale의 첫 글자〉를 처음 읽는 독자들은 웰스 선생님 반의 학생들이 단지 〈A는 Aunty의 첫 글자〉의 장르와 레이아웃을 '베껴' 자신들의 내용만 채워 넣은 것에 불과하다고 생각할 수도 있다. 사실 이야기나 장르 구조를 다르게 '바꿔 쓰기'는 어린이들의 글쓰기 실험을 한 단계 발전시키기 위해 자주 사용하는 방법이다. 어린이들은 이 책의 장르, 양식, 설계와 같은 핵심 요소들을 차용하기는 했지만, 이들이 생산한 텍스트를 면밀히 읽어 보면 기억이란 서사의 자원이며 서사에서는 특정 장소, 사람, 활동들이 중요한 역할을 한다는 점을 명백히 이해하게 되었음을 알 수 있다. 아래에서 여러 가지 예를 들어 논의하겠지만, 어린이들은 자신의 삶을 표상하기 위한 새로운 담론 자원과 기호 자원을 적극적으로 획득하고 있었다.

이러한 '이차적 담론(secondary discourse)'(Gee, 1990)의 발전은 단순히 러셀의 텍스트를 읽고 해체해 보는 작업을 통해서만 이루어진 것이 아니었다. 웰스 선생님은 이미 학생들과 함께 그들이 살고 있는 동네를 조사하는 다양한 활동들을 수행해 왔다. 웰스 선생님과 학생들은 지역사회에 대한 자신만의 독특한 지도를 만들었고, 도로 안내 표지판, 축적, 지도제작

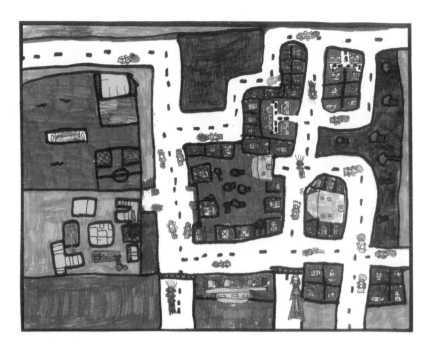

그림 7.1
지역사회 지도

법 등을 공부했다(그림 7.1 참조). 그들은 웨스트우드(Westwood) 지역의 재개발 사업과 관련된 변화에 주목하며 계획을 세워 동네를 돌아다녔다. 어린이들은 특정 지역의 실제 개발 계획과 일정에 대해 도시 재개발 기획자 및 개발자들과 이야기를 나누기도 했다. 또 새로운 녹지 개발 계획을 알리기 위해 지역의 토착 식물군과 동물군에 대한 조사를 수행하고, 습지 개발 계획에 참여하기도 했다. 다른 말로 하면, 그들은 도시 계획과 도시 재개발의 담론과 실행에 대해 체계적으로 알게 된 것이다. 그들은 자신들이 사는 장소와 주거지를 학교, 학급 친구들, 그리고 보다 넓은 교외 지역과 관련지어 생각하는 법을 배웠다. 동네를 돌아다니는 여러 차례의 나들이를 통해, 그들은 자신이 살고 있는 집 그리고 철거나 재건축 등 다양한 단계에 있는 다른 집들의 사진을 촬영했다. 몇몇 학생들은 컴퓨터를 활용해 자기가 살고 있는 집을 다시 설계하거나 '꿈에 그리는 이상적인 집'과 미래의 집 구조를 설계하기도 했다. 도시 재개발 프로젝트는 재개발의 혜택을 받는 바로 그 당사자들을 개발 과정에서 배제하거나 소외시키는 경우가 많다(Arthurson, 2001). 그러나 이 프로젝트를 수행하는 동안 웰스 선생님은 여기에 대해 비판적인 개입을 한 것이다. 이 어린이들이 자신이 살고 있는 '장소'에 대한 알파벳 책을 쓰게 되었을 때, 그들은 이미 그 장소에 대해 환경적으로 (기쁨의 장소로서, 건축물로서, 또는 위험한 장소로서 등등 다양한 방식으로) 생각해 보고 조사와 공부를 한 상태였다.

여러 가지 측면에서 〈A는 Arndale의 첫 글자〉는 자신이 사는 동네에 대한 어린이들의 공부가 정점에 달해 있는 텍스트이다. 이제 비판적 리터러시 실행의 사례로서 이 텍스트 자체를 살펴보도록 하겠다.

〈A는 Aunty의 첫 글자〉와 마찬가지로 〈A는 Arndale의 첫 글자〉는 제작의 맥락 측면에서 볼 때 대항서사를 표방한다. 알파벳 책은 어린이들에게 영어 리터러시를 가르치는 가장 오래된 기술 중의 하나인데, 이 프로젝트에서 어린이들은 교사와 〈A는 Aunty의 첫 글자〉의 작가인 일레인 러셀의 영감을 받으며 작업함으로써, 어린이들을 위해 설계되고 생산되는 일반적인 알파벳 책보다 훨씬 더 복합적인 알파벳 책을 만들게 되었다. 중요한 것은 이 어린이들이 자신만을 위해서가 아니라 폴리나 세톨이 근무하는 남아프리카공화국 학교의 어린이들을 위해서 이 책을 만들었다는 점(〈리들리(Ridley)에서 온 편지〉라는 또 다른 책과 함께), 따라서 메시지의 명확성과 제시 방식이 매우 중요한 책을 만들었는 점이다. 즉 그들이 만드는 텍스트는 자신들만 이해할 수 있는 것이 아니라, 다른 사람들이 봐도 이해할 수 있을 만큼 완결적인 것이어야 했다.

〈A는 Arndale의 첫 글자〉는 A3 크기의 서른 페이지짜리 컬러 그림책이다(서른 페이지이기 때문에 학생들은 각자 하나의 표제어에 한 페이지씩을 만들고, 몇몇 알파벳은 두 개의 표제어로 구성하였다). 표지는 어린이들이 손수 그린 거리, 공원, 집, 맥도날드 가게, 학교 등 그 지역의 주요 장소들에 대한 컬러 그림으로 되어 있다. 두 페이지에 걸친 도입 면은 상공에서 바라본 듯한 동네의 그림과 함께, 자신들의 작업에 영감을 준 일레인 러셀에게 감사를 표하는 글이 들어 있다. 이 책은 'A는 Arndale의 첫 글자'라는 말로 시작한다. 이 책의 저자인 어린이에 따르면 안데일(Arndale)은 '대형 쇼핑센터'이다. 저자는 독자들에게 안데일에 있는 가게와 음식점들에 대한 정보를 준 뒤, 다음과 같은 개인적인 참고사항을 언급하며 글을 마치고 있다.

나는 음악 CD, 애견 매장의 강아지, 보석 가게 안의 보석을 둘러보는 것을 좋아하고, 다양한 가게들에 가는 것을 좋아해요.

'A는 Arndale의 첫 글자'라는 이 첫 표제어는 독자에게 이 지역의 핵심적인 만남의 장소인 쇼핑몰(사실 다른 많은 지역에서도 마찬가지이다)에 대해 소개한다. 이 표제어는 또한 많은 어린이들이 자전거길, 해변, 저수지, 병원 등의 장소를 소개할 때 따르는 패턴을 수립하고 있으며, 그 장소에서 자신이 좋아하는 활동을 하거나 가족이 특정한 활동을 하는 방식을 소개하고 있다.

F는 Fishing의 첫 글자
휴일이 오면 나와 우리 아빠는 늘 낚시를 하러 가요. 어떤 때는 카라반에서, 어떤 때는 텐트에서 머물러요.
나와 아빠는 모닥불을 피우고 저녁을 만들어요. 나는 오징어를 좋아해요. 오징어는 내가 가장 좋아하는 음식이에요.
우리 아빠는 흑백 TV를 지고 와서 나와 함께 봐요.
우리는 낮에 화이앨라(Whyalla)까지 운전해 가서 밤까지 돌아오지 않아요.

함께 실려 있는 삽화는 텐트, 바다, 모닥불, 아빠, 그리고 작가인 자기 자신을 표현하고 있다. 이처럼 각 표제어를 소개할 때마다 어린이들은 자신들에게 특별한 장소와 그곳에서 주로 어떤 경험을 하는지를 이런 저런 방식으로 묘사한다. 예를 들어 어떤 어린이는 자신과 엄마와 남동생이 어떻게 맥도날드에 가는지(엄마가 신문을 읽는 장면에 대한 상세한 묘사와 더불어)에 대해 길게 설명했고, 또 어떤 어린이는 자기 가족이 어떻게 해변에 가는지 설명했으며, 또 다른 어린이는 영화 보러 가는 것에 대해(서로 팝콘을 먹겠다고 싸우는 오빠와 언니를 사촌이 어떻게 떼어 놓는지에 대한 이야기도 곁들이면서) 설명했다. 앞서 살펴본 그랜트 선생님 반의 어린이들이 영화를 만든 것처럼, 웰스 선생님도 어린이들이 일상생활의 참여관찰자가 되도록 격려했다. 어린이들의 경험은 의미 생산의 풍부한 자원이 되는데, 이는 가난한 가정환경에서 자라는 어린이들은 '경험이 풍부하지 못하거나 전무하다'(Comber, 1998)고 여기는 '결핍' 담론을 정면으로 반박하는 것이다. 어떤 어린이들은 일레인 러셀과 마찬가지로 삶에서 일어나는 작은 사건들에 대한 구체적인 기억을 탐구하기 시작했다(그림 7.2 참고).

I는 Ice Cream Van의 첫 글자

매주 주말이면 아이스크림 차가 우리 동네에 아이스크림을 팔러 와요. 토요일에 나는 아이스크림 차가 오는 소리를 들었어요. 그 차는 딩동댕 울리는 벨을 달고 있죠. 그 차는 아주 오래되었고 내 기억에 아주 예전부터 우리 동네에 왔었어요.

그 차가 올 때면 나는 아이스크림을 사기도 해요. 내가 제일 좋아하는 맛은 바닐라예요. 나는 가끔 너무 늦게 나가 아이스크림 차를 놓치죠. 그럼 난 그 차를 쫓아 달려가요. 그 차를 놓치면 나는 울고 말아요. 그 차는 일요일에도 오지만

Is for Ice Cream Van

Every weekend the ice cream van drives around our streets selling ice creams.

On Saturday, I hear it coming. It has a bell that rings. It's very old and has been coming around for as long as I can remember.

When the van comes, I sometimes get an ice cream. My favourite is vanilla.

Sometimes I am too late and miss the van and I chase after it. I cry if I miss the ice cream van. It comes on Sundays too, but I like to sleep in then.

그림 7.2

I는 Ice Cream Van의 첫 글자

난 그때는 낮잠 자는 걸 더 좋아해요.

이것을 비롯해 다른 표제어에서도 우리는 어린이들이 나름대로 삶을 살면서 즐거움을 느끼고 예기치 않은 즐거움을 맞이하기도 한다는 점을 느낄 수 있다. 그들은 아이스크림을 사기도 하고, 장난감을 사러 가기도 하며, 맥도날드에 외식을 하러 가기도 하고 쌀 과자를 사기도 한다. 일상생활에 대한 아이들의 묘사는 매우 풍부하며, 이는 그들이 어린이들이 다른 곳에 살고 있는 어린이들을 독자로 상정하여 글을 쓰고 있다는 사실을 정확히 인지하고 있다는 사실을 보여 준다고 생각된다. 한편 표제어 중에는 어린이들이 느끼는 특별한 즐거움이 넘쳐나는 표제어도 있지만(TV 시청, 스포츠 경기나 컴퓨터 게임 하기, 외식하기, 영화 보러 가기 등), 자신이 살고 있는 지

Is for TV

My house has TV's. We have two TV's. One
TV is new and the other TV is broken, so I
have to watch the new TV.

I like the new TV too. I like to watch Cheez
TV.

On Friday my TV was stolen, so we called
the Police. We don't know who took the TV.

My mum got the old TV fixed and she
bought us a new DVD.

그림 7.3

T는 TV의 첫
글자

역에서 겪는 어려움에 초점을 맞추고 있는 표제어들도 있다. 예를 들어 누
군가 고의로 망가뜨린 자전거 도로, 병원, 혼잡한 도로, 강도 사건 등에 대
해서도 즐거움에 대해 쓴 글과 유사한 방식으로 간략하게 언급하고 있다(그
림 7.3 참고).

우리 집에는 TV가 있어요. 사실 TV가 2대 있는데, 하나는 새 것이고 다른 하
나는 고장 났어요. 그래서 새것으로 봐야 해요.

이 글을 조금 더 읽어 내려가면 다음과 같은 내용이 이어진다.

금요일에 우리 집 TV를 도둑맞았어요. 그래서 경찰을 불렀어요. 누가 TV를 가져가 버렸는지는 몰라요. 엄마가 고장 난 TV를 수리해 오시고 새 DVD를 사주셨어요.

또한 표제어 Q는 다음과 같이 제시되어 있다.

Q는 Quiet의 첫 글자

우리 동네 주변은 대체로 시끄러워요. 핸슨로(Hanson Road)는 아주 번잡하고 시끄러운 도로예요. 매일매일 차가 꽉 막혀있어요. 가로등이나 망가진 파이프에 매달려 일하는 아저씨들을 많이 볼 수 있지요.

어떤 집들은 헐렸고 그 자리에 새로운 집들이 생기고 있어요. 불도저랑 크레인이 매일 그곳에서 바삐 움직이고 있어요.

몇몇 집은 굉장히 시끄럽고 몇몇 집은 조용해요. 이웃들은 가끔 파티를 하기도 하는데 그럴 땐 너무 시끄러워요. 너무 시끄러워서 가끔 난 숙제를 할 수도 없고 잠을 잘 수도 없어요. 동네가 조용할 때는 너무 좋아요.

이 글에서 우리는 도시 재개발이 이 어린이의 삶에 미치는 영향을 이해할 수 있다. 다른 어린이들 중에도 소음에 대해서, 그리고 핸슨로를 건너는 것이 얼마나 위험하고 무서운 일인지에 대해서 적은 아이들이 있었다.

다른 표제어들 역시 어린이들의 동네 연구와 동네에서 일어나는 이런저런 사건들이 아이들에게 미치는 영향에 대해 보여 준다. 한 어린이는 표제어 W에 대한 글에서 도시 재개발의 일환으로 새로 심은 나무와 꽃에 대해 보도 자료에 가까운 방식으로 글을 썼다(그림 7.4 참고). 또 다른 어린이는 새로 생긴 저수지에 대해 상당히 전문적으로 길게 쓰기도 했다.

Is for Westwood

Westwood is the name of the new housing area being built near our school. There have been a lot of changes made.

Houses have been knocked down and new ones built. People are moving out and people are moving in. There are lots of new neighbours moved in already.

There's also new trees and flowers growing.

These changes will start closer to our school one day.

그림 7.4
W는 Westwood의
첫 글자

우리 학교 근처에 웨스트우드 사람들이 공원을 만들고 있는데 아직 완성되지는 않았어요. 그 공원은 원주민을 주제로 만들어질 것이고, 호주 고유의 식물과 동물들이 여기에 생기게 될 거예요.

우리는 그 공원을 장식할 새로운 타일들을 만들고 있어요. 이 타일들은 벤치 위에 붙일 거예요.

저수지에 고일 빗물의 깊이는 꽤 깊을 거예요. 그리고 그곳에는 작은 수로도 생길 거고요. 그 수로는 공원의 한가운데를 가로질러 흐를 거예요.

이 어린이는 저수지 설계의 과학적 원리와 심미적 요소에 대해서도 이야기하고 있다. 독자의 입장에서 볼 때 표제어에 대한 이 책의 설명들은 매우 흥미롭고, 글과 함께 실려 있는 그림들 또한 문제점을 그린 것과 희망을 담은 것이 공존한다. 물론 여기서 우리가 이 책을 공정하게 평가하고 있다고 보기는 어려울 것이다. 그러나 비록 이 책의 모든 내용이 맞다고 할 수는 없지만, 교육적 측면뿐 아니라 한 권의 책으로서도 이 책은 완성도가 매우 높다는 점을 말하고 싶다.

〈A는 Arndale의 첫 글자〉의 집필에 참여한 모든 어린이들은 이 책을 통해 그들이 알고 있는 삶의 방식, 그리고 때로는 그들이 상상하는 삶의 방식을 들여다보았다. 이 어린이들은 개인적 또는 집단적 자원을 활용하여 글을 생산했고, 이 글들은 공동으로 간직할 수 있는 자산이자 학교 안팎에서 모두 중요하게 여겨질 만한 소중한 결과물이 될 것이다. 적어도 리들리 그로브 초등학교의 모든 학생과 교사는 그 책을 읽을 것이다. 그리고 웰스 선생님과 교장 선생님은 남아프리카공화국에 있는 폴리나 세툴의 학교를 방문할 때 이 책을 가져갔다. 여기에서 그들은 〈A는 Arndale의 첫 글자〉와 비슷하게 만들어진 〈A는 Atteridgeville의 첫 글자(A is for Atteridgeville)〉라는 책을 선물로 받았다.

우리는 〈A는 Arndale의 첫 글자〉의 제작이 비판적 리터러시를 실행한 것이라고 본다. 이 책을 만드는 과정에서, 어린이들은 자신이 알고 있던 삶을 지역사회 환경의 변화와 관련지어 복합적으로 분석했다. 그들은 자신과 친구들의 정체성을 강력하게 나타낼 수 있는 새로운 이야기와 표상 자원을 조합했다. 그들은 어른들이 만든, 서구 사회의 백인들이 만든, 게다가 리터러시 교육의 오래된 규범을 따르고 있는(다른 누군가의 삶을 표현하는 데 불과한) 알파벳 책이 아니라, 바로 그들 자신의 삶, 문화, 시대에 관해 이야기하는 포용적이고 다양한 목소리를 지닌 현대적인 책을 다시 설계해 낸 것이다. 어린이들은 대중문화에 대한 지식, 호주 원주민 작가 겸 화가인 일레인 러셀의 스토리텔링 방식 및 예술적 스타일의 '차용(appropriation)', 그리고 자신들이 사는 동네에 대한 이해를 바탕으로, 자신들의 학교와 호주 남부 전체,

나아가 더 넓은 범위의 교육계에서 인기를 끌게 된 알파벳 그림책을 공동으로 생산해 냈다. 이 프로젝트는 계속 진행 중이다. 최근에 웰스 선생님의 학생들은 축척 기술을 활용해 자기만의 집을 그리는 법을 배웠다. 웰스 선생님은 어린이들과 자신의 지식을 나누고 싶어 하는 이들(대학의 건축학과 학생, 개발자, 언론인 등)을 모아, 공간에 대한 이해를 넓히기 위한 교육을 진행 중이다.

결론

이 장에서 우리는 교사와 학생들이 공동으로 텍스트를 생산함으로써 비판적 리터러시, 즉 '다시 쓰기', '다시 설계하기', 그리고 '문화 다시 읽기'를 성취해 낸 두 수업 사례를 중점적으로 살펴보았다. 우리가 수업에서 생산된 텍스트를 살펴본 이유는 이러한 텍스트들이 비판적 리터러시 교육의 성과를 구체적으로 입증하는 증거가 될 수 있기 때문이다. 텍스트의 측면에서 볼 때 알파벳 그림책 〈A는 Arndale의 첫 글자〉와 영화 〈아프가니스탄 스타일로 요리하기〉는 학교 교실과 도서관 그리고 다른 여러 곳에서 계속 이용될 것이다. 이 텍스트들이 만들어진 후, 우리는 어린이들이 이 책과 영화를 찾아보면서 자신들이 이 책과 영화의 저자라고 말하고 다니는 모습을 볼 수 있었다. 우리는 텍스트를 만드는 과정과 물리적으로 구현된 텍스트의 물질성이라는 두 가지 측면 모두가 이 어린이들의 정체성에 매우 중요한 역할을 했다고 본다(Ormerod & Ivanic, 2000). 이 교사들이 개발한 지역사회 기반의 비판적 리터러시 교육과정은 단지 어린이들의 개별적인 리터러시 능력만을 발달시킨 것이 아니다. 어린이들은 서로에 대해 더 많이 알게 되었고, 다른 이들에게도 가치를 인정받고 사용될 수 있는 책과 영화를 만들기 위해 집단적으로 작업했다. 마지막으로, 텍스트를 만드는 과정에서 어린이들은 그들이 살고 있는 지역과 세계의 개인적·문화적 특수성뿐 아니라, 공통성도 표현하도록 격려받았다. 이러한 방식의 교육은 일반적인 학교 수업, 특히 리터러시 교육의 영역에 잘 포함되지는 않지만 사회적·문화적 측면에서 매우 중요한 작업이라 할 수 있다.

교육 활동에 대한 시사점

초등학교에서 비판적 리터러시 교육과정을 구성할 때 교사는 어떻게 하면 어린이들이 언어와 사회적 역학 관계에 초점을 둔 활동에 몰입할 수 있을지 생각해야 한다. 어린이들은 다른 사람들이 만든 텍스트가 작용하는 방식에 대해서도 이해해야 하지만, 세상에 바람직한 영향을 미치는 텍스트를 생산하는 방식에 대해서도 배울 필요가 있다. 만약 어린이들이 자신이 다루는 주제에 대해 잘 알고 있는 전문가라면, 그들은 더욱 효과적인 텍스트 생산자가 될 수 있을 것이다. 자신이 사는 동네는 어린이들이 이러한 글쓰기를 시작하는 하나의 출발점이 될 수 있다.

수업을 통해 생산된 텍스트 검토해 보기

이 목표는 교사들로 하여금 교실이 단지 순수하게 '기능적인' 텍스트를 생산해야 하는 장소인지, 아니면 어린이, 교사, 지역사회가 사회적·문화적 가치를 부여하는 텍스트를 생산하는 데 힘을 쏟을 수 있는 장소인지를 되돌아보도록 만든다. 이 말은 해독과 같은 텍스트의 작용적 측면뿐 아니라 텍스트의 문화적, 비판적, 그리고 때로는 정서적이고 심미적인 차원을 가치 있게 여겨야 한다는 뜻이다. 아래는 교사들이 자신의 수업을 통해 생산된 텍스트들을 검토해 보기 위해 사용할 수 있는 질문의 목록이다.

- 이 수업에서는 어떤 텍스트가 만들어지는가?
- 어린이들은 어떤 종류의 텍스트를 생산하라고 배우는가?
- 이 텍스트가 의도하는 수용자는 누구인가?
- 이 텍스트는 누군가가 읽거나 볼 가능성이 있는가? 그렇다면 어떤 사람들이 볼 것 같은가?
- 이 텍스트에 누구의 주장이나 태도가 나타나 있는가? 또는 배제되어 있는가?
- 어린이들과 교사들은 이 텍스트를 만들기 위해 어떤 노력을 기울이는가?
- 어린이들은 어떤 텍스트를 자랑스러워하는가? 어린이들이 다른 사람에게 보여 주거나 / 간직하거나 / 다시 읽거나, 다시 보고자 하는 것은 어떤 것인가?
- 수업 시간에 텍스트를 생산하면서 어린이들은 새로운 지식과 새로운 기호 자원을 어떻게 조합하는가?
- 어린이들이 자신의 텍스트를 특별한 지역적 효과를 가진 문화 상품으로서 어느 정도 간주할 수 있는가?

리터러시 교육과정에 지역 기반 활동을 포함하기

우리가 특정 지역에만 국한된 교육과정을 만들어야 한다고 믿는 것은 아니다. 실제로 어린이들은 점점 더 세계화되고 있는 사회에 대해 이해해야 한다는 주장들이 많이 제기되고 있다. 그러나 자기가 살고 있는 동네 및 지역사회의 일과 장소에 대한 이해로부터 학습을 시작하면, 모든 어린이들이 학습 주제에 대해 관심을 갖게 된다. 어린이들은 교사의 도움을 받아 자신이 사는 동네에 대해 새로운 시각으로 배울 수도 있다. 이러한 프로젝트에는 현재와 과거에 자기 동네에 있었던 다양한 커뮤니티에 대한 학습, 어떤 민족 그룹에게 상당히 중요한 특정 장소들에 대한 학습, 그리고 물의 재활용이나 공공주택의 철거와 같은 지역사회 문제에 대한 학습을 포함할 수 있다.

비판적 리터러시를 텍스트 읽기와 생산으로 발전시키기

비판적 리터러시 교육은 교사와 학생들로 하여금 자신이 읽고 생산하는 텍스트를 세밀하게 검토하도록 하는 데서 시작된다. 예를 들어 그들이 사는 동네에 있는 간판이나 게시판 등을 면밀히 살펴보는 것을 통해 시작할 수도 있을 것이다. 누가 누구에게 무엇을 하라고 지시하는가? 누가 누구에게 어떤 생산물에 대해 이야기하는가? 누가 누구에게 무엇을 하지 말라고 지시하는가? 어떤 표지판이 환영받는가? 어떤 표지판이 금지되는가? 일상생활에 존재하는 이러한 텍스트들은 우리가 살고 있는 세계에서 언어가 작용하는 방식을 해체해 볼 수 있는 아주 훌륭한 출발점이다. 그런 다음 어린이들은 자신들이 생산한 텍스트를 이와 동일한 관점에서 살펴볼 수 있을 것이다. 어린이들은 또한 이러한 간판과 표지판이 보다 다양한 사람들을 수용자로 포괄할 수 있도록 하기 위해, 대안적인 텍스트와 재현을 만들고자 결심할 수도 있다.

참고문헌

Arthurson, K. (2001) 'Achieving social justice in estate regeneration: the impact of physical image construction', *Housing Studies*, 16 (6), 807-26.

Baker, C. & Davies, B. (1993) 'Literacy and gender in early childhood', in A. Luke & P. Gilbert (eds) Literacy in contexts: *Australian perspectives and issues*. Sydney: Allen and Unwin.

Comber, B. (1994) 'critical literacy: an introduction to Australian debates and perspectives', *Journal of Curriculum Studies*, 26 (6), 655-68.

Comber, B. (1998) 'Problematising "background": (re)constructing categories in educational research', *Autsralian Educational researcher*, 25 (3), 1-21.

Comber, B. (2001) 'Critical literacies and local action: teacher knowledge and a "new" research agenda', in B. Comber & A. Simpson (eds) *Negotiating critical literacies in classrooms*. Mahwah, NJ: Lawrence Erlbaum.

Comber, B. (2003) 'Critical literacy: what does it look like in the early years?' in N. Hall, J. Larson & J. Marsh (eds) *Handbook of research in early childhood literacy*. London: Sage/ Paul Chapman.

Comber, B. (2004) 'Critical literacy educators at work: examining their dispositions, discursive resource and repertoires of practice', in R. White & K. Cooper (eds) *The practical critical educator*. The Netherlands: Kluwer Academic Publishers.

Comber, B. & Simpson, A. (eds) (2001) *Negotiating critical literacies in classrooms*. Mahwah, NJ: Lawrence Erlbaum.

Comber, B., Thomson, P. with wells, M. (2001) 'Critical literacy finds a "place": writing and social action in a neighborhood school', *Elementary School Journal*, 101 (4), 451-64.

Comber, B., Thomson, P. & Wells,M. (2002) 'Critical literacy, social action and children's representations of "place".' Paper presented at the American Educational Research Association Annual Meeting, 1–5 April, 2002, New Orleans, Louisiana.

Department of Education, Training and Employment (2001) *South Australian curriculum, standards and accountability framework*. South Australia: DETE Publishing.

Fairclough, N. (ed.) (1992) *Critical Language Awareness*. London: Longman.

Freire, P. (1970) *Pedagogy of the oppressed*. New York: Herder & Herder.

Gee, J. P. (1990) *Social linguistics and literacies: ideology in discourse*. London: The Falmer Press.

Gilbert, P. (1991) 'Writing pedagogy: personal voices, truth telling and "real" texts', in C. Baker & A. Luke (eds) *Towards a critical sociology of reading pedagogy*. Amsterdam: John Benjamins.

Grunenewald, D. (2003) 'The vest of both worlds: a critical pedagogy of place', *Educational Researcher*, 32 (4), 3-12.

Halliday, M. (1978) *Language as social semiotic: the social interpretation of language and meaning*. London: Edward Arnold.

Janks, H. (ed.) (1993) *Critical language awareness.* Johannesburg: Witwatersrand University Press and Hodder & Stoughton Educational.

Janks, H. (2000) 'Domination, access, diversity and design: a synthesis for critical literacy education', *Educational Review*, 52 (2), 175-86.

Janks, H. (2003) 'Seeding change in South Africa: new literacies, new subjectivities, new futures', in B. Doecke, D. Homer & H. Nixon (eds) *English teachers at work: narratives, counter narratives and arguments.* Adelaide: Australian Association of Teaches of English and Wakefield Press.

Kamler, B. (2001) *Relocating the personal: A critical writing pedagogy.* Albany: State University of New York Press.

Luke, A. (1996) 'Text and discourse in education: an introduction to critical discourse analysis', *Review of Research in Education*, 21, 3-48.

Luke, A. (2000) 'Critical literacy in Australia: a matter of context and standpoint', *Journal of Adolescent and Adult Literacy*, 43 (5), 448-61.

Luke, A., Comber, B. & Grant, H. (2003) 'Critical literacies and cultural studies', in G. Bull & M. Anstey (eds) *The literacy lexicon* (Second edition). Melbourne: Prentice-Hall.

Luke, A., Comber, B. & O'Brien, J. (1996) 'Critical literacies and cultural studies', in G. Bull & M. Anstey (eds) *The literacy lexicon.* Melbourne: Prentice-Hall.

Luke, A. & Freebody, P. (1999) 'Further notes on the four resources model', Reading Online, http://www.readingonline.org/research/lukefreebody.htm.

McLaren, P. & Giroux, H. (1990) 'Critical pedagogy and rural education: A challenge from Poland', *Peabody Journal of Education*, 67 (4), 154-65.

Mellor, B., Patterson, A. & O'Neill, M. (1987) *Reading stories.* Perth: Chalkface Press.

New London Group (1996) 'A pedagogy of multiliteracies: designing social futures', *Harvard Educational Review*, 66 (1), 60-92.

Nixon, H. & Comber. B. (2004) 'Behind the scenes: making movies in early years classrooms', in J. Marsh (ed.) *Popular culture, media and digital literacies in early childhood.* London: RoutledgeFalmer.

O'brien, J. (1994) 'Show mum you love her: Taking a new look at junk mail', *Reading*, 28 (1), 43-6.

O'brien, J. (2001) 'Children reading critically: a local history', in B. Comber & A. Simpson (eds) *Negotiating critical literacies in classrooms.* Mahwah, NJ: Lawrence Erlbaum.

Ormerod, F. & Ivanic, R. (2000) 'Texts in practices: interpreting the physical characteristics of children's project work', in D. Barton, M. Hamilton & R. Ivanic (eds) *Situated literacies: Reading and writing in context.* London and New York: Routledge.

Russell, E. (2000) *A is for Aunty.* Sydney: Australian Broadcasting Corporation.

Searle, C. (1993) 'Words to a life-land: literacy, the imagination, and Palestine', in C. Langshear & P. Mclaren (eds) *Critical literacy: politics, praxis and the postmodern.* Albany: State University of New York Press.

Thomson, P. (2002) *Schooling the rustbelt kids: Making the difference in changing times.* Sydney: Allen & Unwin.

어린이들의 관심사와 학교 교육과정 사이에 다리 놓기

교육자들은 어린이들이 개인적으로 지닌 학교 밖 관심사들과 학교 교육과정에서 요구하는 것 사이의 연계 방안을 찾기 위해 끊임없이 노력하고 있다. 여기 3부에서는 이러한 두 가지 요구가 어떻게 어린이와 교사 모두를 위해 '융합'될 수 있는지 살펴볼 것이다.

8 장

호기심을 자극하는 책 꾸러미

독서와 놀이의 연계 방안

로스 피셔 Ros Fisher

이 장에서는 책 읽기를 싫어하는 남자아이들이 집에서 가족과 함께 책을 읽도록 장려하기 위해 시작된 '호기심을 자극하는 책 꾸러미(Curiosity Kits)' 프로젝트에 대해 소개하고자 한다. 이 프로젝트는 책 읽기에 대한 어린이들의 열정을 불러일으키고, 학교에서 어린이들에게 숙제로 내주는 독서 활동에 가족 구성원들을 참여시키는 데 매우 성공적이었다. 특히 흥미로운 것은 어린이들이 '정보 텍스트(information text)' 읽기를 놀이와 접목시킬 수 있었다는 점이다. 그러나 문제는 이와 같이 텍스트를 가지고 놀 수 있는 여지가 공식적인 교육과정 안에 얼마나 있는가, 그리고 어린이들이 과연 이러한 접근을 가치 있게 받아들이는가 하는 점이다.

들어가며

리터러시 연구의 맥락에서 '새롭다'는 말은 최근에 생겨난 새로운 형태의 리터러시를 가리키는 용어이기도 하지만, 익숙한 것을 바라보는 새로운 방식을 뜻하기도 한다. 랭크시어와 노벨(Lankshear & Knobel, 2003)은 '새롭다'는 용어의 사용을 '패러다임'과 '존재론'의 측면으로 분류해 설명하고 있다(p.16). 이 책에 포함된 글들은 주로 존재론적 측면의 '새로운 리터러시 (new literacies)', 즉 사회적 실천의 변혁과 관련된 리터러시의 '성격과 본질'의 변화를 다루고 있다. 그러나 주로 심리학에 기반하여 리터러시를 바라보던 방식에서 구체적인 사회·문화적 접근으로의 패러다임 전환 역시 리터러시와 리터러시 교육에 대한 기존의 정통적 방식에 도전을 제기한다. 교사들은 새로운 형식의 리터러시를 인정하고 교육에 포함할 필요가 있을 뿐 아니라, 리터러시의 실행을 바라보는 새로운 방식을 인정할 필요도 있다. 리터러시는 이제 더 이상 경험이 부족한 독자들이 숙지해야 하는 일련의 행동들로 간주될 수 없다.

학교에서 가르치는 리터러시의 범위와 목적을 지나치게 세부적으로 규정하고, 어린이들이 도달해야 할 성취기준을 엄격하게 제시하면, 텍스트를 가지고 '놀이'를 할 수 있는 기회는 축소된다. 이때 '놀이'란 '특히 어린이들이 즐거움이나 휴식을 위해 하는 게임, 연습, 혹은 기타 활동'과 '움직일 수 있는 범위와 공간의 자유'(Collins, 2003)를 포함한다. 루크(Luke, 2003)는 다음과 같이 주장한다.

> 학교 교실은 공식적인 분류 범주(예를 들어 교육과정), 그리고 시간과 공간에 대한 공식적인 구획(예를 들어 시간표)을 통해 어린이들이 다양한 텍스트 자원과 소통 매체를 혼합하고 뒤섞고 짝지어 보는 행위를 못 하게 하는 보기 드문 장소 가운데 하나이다.(p.398)

'호기심을 자극하는 책 꾸러미'는 이러한 융합이 일어날 수 있게 하는, 공식적으로 승인된 방법이라 할 수 있다.

호기심을 자극하는 책 꾸러미

'호기심을 자극하는 책 꾸러미'(이하 책 꾸러미)는 가정과 지역사회의 독서 수준을 끌어올리기 위한 영국 정부의 정책으로 1998년에 모린 루이스(Maureen Lewis)가 고안한 것이다. 논픽션 책을 담아 만든 가방인 '책 꾸러미'의 목적은 남자 어린이를 포함해 가족 구성원들 가운데 특히 남자들의 가정 내 독서를 증진시키는 것이다. 이 꾸러미는 독서에 대한 흥미를 불러일으켜 가정에서의 독서에 더 많이 참여할 수 있도록 설계되었다. 이러한 이유로 인해 책 꾸러미는 규범적인 '독서'를 넘어서는 훨씬 넓은 의미의 리터러시에 대한 정의를 보여 준다. 기본적인 '책 꾸러미'는 남자 어린이들이 흥미 있어 할 만한 주제의 정보 책 한 권, 이와 비슷한 주제를 다룬 것으로 성인 가족 구성원이 읽을 만한 잡지 한 권, 해당 주제와 관련된 낱말 찾기, 그림 그리기, 만들기 등의 게임이나 활동, 장난감이나 상품 등으로 구성되어 있다.

예를 들어 어떤 책 꾸러미에는 〈책장을 넘겨 봐요, 신체를 알아봅시다(*Flip Flip Body Book*)〉라는 제목의 책 한 권, 〈건강을 지켜요(*Keep Fit*)〉라는 제목의 잡지 한 권, 어린이들이 직접 운동 기구를 고안해 보게 하는 활동, 분해 가능한 신체 모형 하나, 그리고 읽기 자료에 바탕을 둔 낱말 찾기 활동이 들어 있다. 또 다른 책 꾸러미의 예를 들면, 〈젊은 운동선수(*The Young Athlete*)〉라는 제목의 책 한 권, 〈주간 육상경기(*Athletics Weekly*)〉라는 제목의 잡지 한 권, 십자말풀이 하나, 새로운 형태의 멋진 유선형 자전거와 타이어 펑크 수리 도구, 자전거 경기용 장갑을 고안해 보는 활동이 포함되어 있다. 이러한 책 꾸러미들은 책가방처럼 생기지 않은 스포츠백 형태의 가방에 들어 있어서 어린이들이 들고 다니기 좋아할 만하다.

책 꾸러미 프로젝트가 시작된 후 이 아이디어는 다양한 맥락에 적합한 다양한 방식으로 발전해 왔다(Lewis & Fisher, 2003). 애초의 책 꾸러미 프로젝트는 7~9세 사이의 책 읽기를 싫어하는 남자 어린이들을 대상으로 시작되었다. 이 프로젝트에 대한 평가 결과, 학부모와 학생 모두 책 꾸러미를 이용했고, 어린이들이 집으로 가져가는 책 꾸러미의 숫자가 늘어났으며, 더 많은 가족들(특히 남자 구성원들)이 책 꾸러미를 통해 함께 책을 읽게 되었고, 어린이들이 책 꾸러미 안에 들어 있는 게임과 활동, 장난감을 좋아했으며, 교사들도 책 꾸러미가 독서 태도 향상에 효과가 있다고 보는 등 가치를 인정하는 것으로 나타났다(Lewis & Fisher, 2001).

애초의 프로젝트에 참여했던 어린이들과의 인터뷰를 통해 알게 된 흥미로운 사실들 중 하나는 어린이들이 책 꾸러미를 사용하는 방식이었다. 특히 흥미로운 지점은 정보 책과 장난감 혹은 관련 상품 간의 관계에 대한 것이었다. 한 어린이는 책의 일부를 읽고 나서 관련 상품을 가지고 책에 나오는 맥락을 떠올리며 상상 놀이를 한다고 말했다. 이 어린이는 자신이 읽고 있는 책의 내용을 바탕으로 한 놀이에서 주인공이 되어 있었던 것이다.

이처럼 독서의 사적인 목적과 공적인 목적이 융합되는 것(Rosenblatt, 1991)은 어린이들이 논픽션 책을 읽는 방식에 대해 보다 잘 이해할 수 있는 관점을 제공하는 것으로 보인다.

놀이와 리터러시의 관계

비록 픽션에 비해서는 연구가 덜 되긴 했지만, 논픽션 텍스트 읽기에 대한 연구는 최근에 상당한 주목을 받아 왔다. 정보 획득의 관점에서 보든, 장르 이론이나 비판적 리터러시의 관점에서 보든, 논픽션 텍스트 읽기는 초등학교의 리터러시 교육에서 점차 더 중요한 부분을 차지하고 있다. 게다가 근거가 다소 빈약하고 연구 동기에 대해서도 문제 제기가 있는 것은 사실이지만(Moss, 2000), 특히 남자 어린이들이 정보 책 읽기를 더 좋아한다는 연구 결과도 보고되고 있다. '책 꾸러미' 프로젝트는 이러한 출발점에서 생겨났다. 이보다 앞서 시도된 바 있는 '이야기 자루(Story Sacks)' 프로젝트(Griffiths, 2001)는 조금 더 어린 연령대의 아이들에게 독서를 촉진하는 데에는 성공적이었지만, 특히 논픽션 텍스트를 이용하여 남자 어린이들에게 동기를 부여하는 프로젝트가 필요하다는 의견이 많이 제기되었기 때문이다. 책 꾸러미의 핵심 요소는 동기부여였고, 따라서 책 꾸러미는 다른 가족 구성원들을 독서에 참여시키는 것과 더불어 독서를 즐길 수 있도록 하는 것을 목표로 설계되었다. 책과 잡지뿐 아니라 게임과 장난감 역시 어린이들이 이러한 텍스트를 즐기도록 하는 데 중요한 역할을 할 것으로 생각되었다.

로젠블랫(Rosenblatt, 1991)은 독자가 취할 수 있는 입장에 두 가지가 있다고 보았는데, 하나는 '원심적 입장(the efferent)', 즉 독서에 대한 독자의 주된 관심이 정보를 획득하는 데 있는 것이고, 다른 하나는 '심미적 입장(the aesthetic)', 즉 독자의 주된 관심이 독서 과정에서 생각하고 느끼는 것에 있는 것이다. 원심적 입장에 있는 독자는 공적인 의미에 더 반응하는 데 비해, 심미적 입장에 있는 독자는 텍스트에 대해 보다 사적으로 반응한다. 로젠블랫은 이 두 가지 입장이 상반된 것이 아니라 텍스트에 대한 개인적인 접근과 읽기 목적에 따라 달라지는 것이라고 보았다.

로젠블랫과 다른 연구자들은(예를 들어 Holland & Shaw, 1993; Fisher, 1999) 여기에서 더 나아가, 교사의 역할이 특정한 텍스트를 읽을 때 어린이들이 취하는 입장에 영향을 미친다고 주장했다. 교사들은 어린이들이 특정한 유형의 텍스트에 대해 자동적으로 어떤 특정한 입장을 취하지 않도록 하는 것이 중요하다. 로젠블랫(Rosenblatt, 1991)은 현재 이루어지고 있는 리터러시 교육이 학습 능력을 기르기 위한 맥락에서 주로 원심적 입장의 텍스트 사용을 강조하다 보니, 심미적 반응을 배제하게 될 수 있다는 우려를 표명한다.

사실 놀이와 리터러시의 관계는 새로운 것이 아니다. 비록 이에 대한 최근의 논의는 유아들이 읽고 쓰면서 노는 것에 초점을 두고 있지만 말이다. 놀이는 어린이들이 텍스트에서 파악하는 의미를 자기 나름의 개인적인 방식으로 탐구할 기회를 제공한다. 스트리트(Street, 1984)는 많은 학교들이 '자율적' 리터러시 모델을 채택하고 있다고 보았다. 이는 리터러시란 이를 사용하는 사람들이 만들어 가는 사회적 실행이라고 보는 것이 아니라, 그 자체로서 공부하고 학습해야 할 목적이라고 보는 것을 뜻한다. 그는 리터러시에 대한 '자율적' 관점이 가정에서 이루어지는 리터러시와 학교에서 이루어지는 리터러시 사이의 연계가 불분명한 일부 어린이들에게는 불리하다고 주장했다. 섀넌(Shannon, 1990)은 어린이들이 자기 목소리를 낼 수 있도록 허용함으로써 그들 자신의 경험을 이해할 수 있도록 격려해 주어야 한다고 주장한다. 크리스티(Christie, 1998)에 따르면 비판 이론가들은 '어린이들에게 자신의 리터러시 학습을 통제할 권한을 주고 자신의 문화적 경험과 밀접히 연관되어 있는 교육적 접근법을 선호한다' (p.51). 정보 텍스트 읽기와 놀이를 연결한 책 꾸러미는 어린이들에게 놀이를 통해 자기 자신의 의미를 탐구할 기회를 제공해 줄 수 있다.

'책 꾸러미'에 대한 어린이들의 이야기

책 꾸러미를 사용하는 어린이들이 그 안에 들어 있는 장난감과 상품을 어떻게 이용하는지 더 자세히 알아보기 위해, 나는 책 꾸러미를 여러 해 동안 사용하고 있는 북잉글랜드의 한 대규모 초등학교를 찾아갔다. 이 학교에서 사용하는 책 꾸러미는 기본 구성에서 성인들을 위한 잡지만 뺀 것을 사용하고 있었는데, 그 이유는 해당 주제에 관한 최근의 경향을 포함한 잡지를 매번 만들려면 비용이 너무 많이 들었기 때문이었다.

인터뷰는 내가 학교를 방문한 하루 동안 이루어졌고, 모두 스물네 명의 어린이들이 인터뷰에 참여했다. 이들은 일 년 넘게 책 꾸러미 프로젝트에 참여하고 있었으며, 학교 학생들의 인적 구성을 대표할 수 있는 방식으로 선별되었다. 인터뷰는 서너 명씩 구성된 그룹으로 이루어졌고, 반구조화된 질문을 사용하여 이루어졌다. 인터뷰 질문은 다음과 같다.

1   책 꾸러미의 가장 좋은 점은 무엇이고 왜 그런가요?
2   책 꾸러미를 어떻게 사용했는지 말해 주세요.
3   책 꾸러미 가운데 어떤 것이 가장 좋았나요?
4   책 꾸러미에 장난감이 들어 있는 것이 좋았나요?
5   장난감을 갖고 어떻게 놀았나요? 이야기를 지어 보기도 했나요?
6   책 꾸러미가 책 읽기에 도움이 되었다고 생각하나요? 어떤 점에서 도움이 되었나요?
7   장난감을 갖고 논 것이 독서에 도움이 되었나요?

맨 처음 인터뷰에서는 책 꾸러미에 들어 있는 도구들이 어린이들의 상상 놀이에 어떻게 도움이 되었는지를 살펴보려고 했다. 그러나 인터뷰를 하다 보니 책 꾸러미 활용의 일부인 놀이에는 상상 놀이만이 아니라 여러 다른 유형의 놀이도 포함된다는 것을 알게 되었다. 이런 이유로 인해 네 번째와 다섯 번째 질문은 보다 광범위해졌고, 어린이들이 책 꾸러미를 활용하는 방식(장난감이나 관련 상품뿐 아니라 게임과 퍼즐을 가지고 노는 것을 포함하여)에 대해 대답하는 내용을 따라가며 추가 질문을 하는 방식으로 인터뷰가 이루어졌다.

거의 예외 없이 어린이들은 책 꾸러미에서 게임과 활동이 가장 즐거웠다고 대답했다. 어린이들은 만들기 활동(예를 들어 종이 구조물로 공룡 만들기), 게임하기(예를 들어 별을 가지고 놀기), 관찰하기(예를 들어 확대경을 가지고 곤충 관찰하기) 등이 즐거웠다고 대답했다. 재미가 독서 활동을 즐겁게 만드는 중요한 요소인 것 같았다. 어떤 여자 어린이는 책 꾸러미가 전혀 지루하지 않았다면서 '책 꾸러미는 정말 재미있어요. 게임도 정말 많이 하고 만들기도 하게 되거든요'라고 여러 번 반복해서 말했다. 어떤 아이들은 내가 물어보고 나서야, 장난감을 가지고 이야기를 지어 본 경험에 대해 말해 주었다. 그들은 공룡이 쿵쾅거리며 걸어 다니도록 만드는 것, 곤충이나 공룡들이 서로 싸우도록 만드는 것에 대해 이야기했다.

어린이들이 책 꾸러미를 가지고 하는 놀이 활동은 크게 다음과 같은 세 가지 범주로 분류되었다.

- 게임, 퍼즐, 모형 만들기와 같은 실제적인 놀이
- 상상 놀이
- 학교와 관련된 반응

이 세 가지 범주들이 서로 배타적인 것은 아니다. 거의 모든 어린이들이 퍼즐, 게임, 만들기 활동에 대해 신이 나서 이야기했다. 절반 정도의 어린이들은 책 꾸러미에 들어 있는 책, 장난감, 관련 상품 등에 나온 주제를 바탕으로 이야기를 만들어 보았다고 대답했다. 이러한 상상 놀이는 다음과 같은 세 가지 범주로 나누어 볼 수 있다.

- 일반적인 상상 놀이
- 대중문화에 기초한 상상 놀이

- 어린이의 생활 경험을 바탕으로 한 놀이 대본

게임, 퍼즐, 모형 만들기와 같은 실제적인 놀이

책 꾸러미에 대한 인터뷰에서 어린이들에게 처음으로 던진 질문은 책 꾸러미가 기억나는지, 그리고 책 꾸러미에서 어떤 점이 좋았는지에 대한 것이었다. 이 질문은 앞으로 진행될 인터뷰를 위한 가벼운 질문이었지만, 거의 모든 어린이들이 책 꾸러미에 대해 신나게 반응했고 인터뷰가 진행될 수록 그 주제에 몰입했다. 책 꾸러미에 대해 다소 시큰둥한 반응을 보였던 어린이들에 대해서는 나중에 따로 논의하도록 하겠다. 첫 번째 그룹의 인터뷰에서 어린이들은 게임, 만들기, 그리고 여러 가지 활동들에 대해 언급했다. 어린이들은 처음에는 책 꾸러미가 '재미있었다'는 식으로 일반적인 반응을 보였지만, 이후에는 어떤 게임과 활동이 재미있었는지를 자세히 이야기해 주었다.

어린이들이 즐거웠다고 말한 활동의 종류는 다양했다. 많은 어린이들은 종이 구조물로 공룡 그림 만들기와 피라미드 모형 만들기에 대해 언급했다. 플라스틱 곤충이 들어 있는 확대경이 포함된 책 꾸러미도 인기가 있었다. 몇몇 어린이들은 확대경으로 곤충을 보았던 것에 대해 이야기했다. 또 어떤 어린이들은 가족과 함께 했던 게임에 대해 언급하기도 했다. 자기 스스로 선택한 활동이 더 사실적인 활동이었던 어린이도 있었는데, 한 어린이는 책에 나온 공룡 그림과 공룡 모형을 짝지어 보면서 즐거워했다고 말했다.

상상 놀이

어린이들에게 책 꾸러미에 들어 있는 장난감이나 관련 상품을 가지고 놀거나 이야기를 만들었던 경험에 대해 듣는 것은 좀 어려웠다. 여러 번 질문을 한 뒤에야 어린이들은 자신이 어떻게 장난감을 갖고 놀았는지 말해 주었다. 이것이 어린이들이 '학교 공부'와 '놀이'에 대해 기대하는 바와 어떤 연관이 있을까? 여기에 대해 내가 생각해 본 것을 아래에 제시하였다. 결국 스물네 명의 어린이들 가운데 열세 명만이 책 꾸러미에 기반해 자기들이 만든 이야기에 대해 말해 주었다. 이 가운데 일곱 명은 남자 어린이였고, 여섯 명은 여자 어린이였다.

일반적인 상상 놀이

적어도 어린이들의 기억 속에서, 이야기는 완전히 발달된 것 같지 않았다. 한 남자 어린이는 공룡들이 '쿵쾅거리며 걸어 다니는' 이야기를 만들었다고 했고, 또 다른 남자 어린이는 곤충을 가지고 자기 여동생을 쫓아다니는 이야기를 만들었다고 했다. '공룡 책 꾸러미', '곤충 책 꾸러미', '이집트 책 꾸러미'는 대부분의 상상 놀이에 등장했는데, 대부분의 상상 놀이는 폭력적이었다. 어떤 어린이들은 자신이 만든 상상 놀이에 대해 다음과 같이 좀 더 자세히 말할 수 있었다.

> '나는 공룡이 다른 공룡을 죽이는 이야기를 만들어요. 아주 큰 공룡이 다른 공룡을 잡아 찢어요.' (남자 어린이)
> '나는 이집트인들이 모두 죽는 이야기를 만들었어요.' (남자 어린이)
> '나는 "곤충 구하기"라는 제목의 이야기를 만들었어요.' (여자 어린이)
> '나는 공룡들이 사는 땅에서 공룡들이 모두 나를 에워싸고 있는 것을 상상했어요. 공룡들이 나를 잡아먹으려고 하고 있었어요.' (여자 어린이)

대중문화에 기초한 상상 놀이

책 꾸러미의 주제들이 대중문화의 주제와 연결되는 경우가 많았고, 이 두 요소들이 상상 놀이의 소재가 되곤 했다.

> '용이 있는데 사람들을 잡아먹어요. 〈쥬라기 공원〉처럼요.' (여자 어린이)
> '나는 딱정벌레를 만들어 놓았어요. 그건 〈미이라〉에 나오는 풍뎅이같이 생겼어요.' (남자 어린이)

이 남자 어린이는 영화 〈미이라〉 이야기로 넘어가, 이 영화와 다른 영화들에 대해 친구들과 이야기했다. 어린이들은 영화 〈매트릭스(The Matrix)〉에 나오는 곤충을 일반적인 곤충과 연결하여 이야기하기도 했다.

어린이의 생활 경험을 바탕으로 한 놀이 대본

다른 어린이들은 책 꾸러미의 주제들을 통해 자기 자신의 생활 경험을 탐구하며 놀기도 했다. 내가 가장 재미있다고 생각한 것은 '곤충 책 꾸러미'와 관련하여 아기를 가진 무당벌레 이야기를 말한 여자 어린이의 사례였다. 내가 놀라는 표정을 짓자 이 어린이는 수줍게 깔깔거리면서 자기가 그 책 꾸러미를 가지고 놀 때 4개월 된 남동생이 옆에 있었기 때문이라고 설명해 주었다. 어떤 남자 어린이는 '집 주변에서 모은 것들'로 만든 곤충 병원에 곤충들을 집어넣은 이야기를 들려주었다. 또 다른 여자 어린이는 '교통수단 책 꾸러미'를 가지고 논 경험을 이야기하면서 '내가 차고로 가니까 아버지가 나를 차에 태워 주었고 그래서 나는 차로 "위~" 소리를 내며 정원을 돌았어요'라고 말했다.

학교와 관련된 반응

인터뷰에 응한 어린이들 가운데 네 명의 여자 어린이와 한 명의 남자 어린이, 이렇게 모두 다섯 명은 장난감을 갖고 놀거나 이야기를 짓지 않았다고 대답했다. 그중 남자 어린이는 '장난감을 가지고 놀기는 했지만 선생님이 생각하는 방식으로 놀지는 않았어요. 그냥 책 꾸러미에서 하라는 대로 가지고 놀았어요'라고 말했다. 이 어린이들의 대답에는 그들이 책 꾸러미를 놀이 목적으로 보지 않았다는 의미가 담겨있다. 책 꾸러미에 들어 있는 색칠하기와 그림 그리기 활동을 좋아했다는 한 여자 어린이는 장난감과 관련해서 어떤 상상도 하지 않았다면서 '그것(특정한 장난감을 지칭함)을 가지고 어떻게 하라는 지시 사항이 하나도 없었어요'라고 대답했다. 이 말은 곧 이 어린이가 책 꾸러미를 일종의 숙제(주어진 활동을 해야 하는)로 보았다는 것을 뜻한다. 실제로 몇몇 어린이들은 책 꾸러미에 들어 있는 활동에 대해 이야기할 때, '뭘 해야 하냐면… 확대경을 가지고 그것들을 들여다보고 스케치해야 해요. 무당벌레와 베짱이가 있거든요'와 같이 종류의 표현이 꼭 억압을 의미하는 것은 아니지만, '~해야 한다'라는 표현을 사용하기도 했다. 이러한 말을 사용하는 어린이들이 놀이에 대한 상상력이 부족하다고 볼 수는 없겠지만, 이 어린이들이 책 꾸러미를 갖고 놀지 않기로 마음먹었다는 것은 분명하다. 따라서 이러한 표현은 어린이들이 독서란 주로 누군가가 자신에게 부여한 것, 학교에서 주어지는 과제나 활동으로 인식하고 있다는 문제를 제기해 준다.

논의 거리

위에서 살펴본 어린이들의 반응을 통해 어렴풋이 알 수 있는 것은, 책 꾸러미를 통해 할 수 있는 놀이는 로(Rowe. 2000)가 정의한 책 관련 놀이와 본질적으로 다르다는 것이다. 로에 따르면 책 관련 놀이는 '텍스트나 삽화, 즉 어린이들이 책에서 마주치는 사건에 기호화되어 있는 의미를 명시적 혹은 암시적으로 반영하는 상징적 변형을 수반한다'(p.4). 그러나 우리가 만난 어린이들이 책 꾸러미를 사용함으로써 일어난 놀이 사건은 '텍스트나 삽화에 기호화되어 있는 의미를 반영'하는 것 같지 않다. 오히려 어린이들의 놀이는 텍스트의 내용을 자기 자신의 생활과 연결 짓는 내적 반응으로부터 발전된 것 같다. 따라서 텍스트에서 나오는 의미는 로의 정의처럼 반드시 작가가 의도한 의미로부터 비롯되는 것이 아니라, 어린이들에 따라 개인적이고 개별적인 것이라 할 수 있다.

어린이들이 책과 자신들의 놀이 사이에 분명한 연관을 짓지 않았다는 것은 놀라운 일인 것 같다. 비록 이 연구는 그 둘 사이에 연관을 지은 한 어린이의 대답으로부터 시작되었지만 말이다. 어린이들이 책을 읽을 때 장난감을 갖고 논 경험에 대해 이야기한 것은 우리가 그것에 대해 물어보았을 때뿐이었다. '신체 책 꾸러미'에 있던 청진기를 좋아했다고 말한 어린이의 경우, 책 꾸러미에 담긴 책에 청진기가 나오는지조차 이야기하지 못했다. 오히려 어린이들의 초점은 책에서 놀이로 옮겨진 듯 보였는데, 아마도 이를 통해 어린이들은 학교에서 이루어지는 해석 방식에 얽매여 있던 독서로부터 벗어날 수 있었을 거라고 짐작된다. 따라서 몇몇 어린이들이 이것이 책 꾸러미의 중요한 장점이라고 말했다 하더라도, 장난감과 독해 활동 (혹은 사실에 대한 학습) 사이의 직접적인 연관성은 찾을 수 없었다. 더욱이 많은 어린이들이 묘사한 놀이는 대부분 폭력적이었고, 공상적이었으며, 제대로 구성된 이야기도 아니었고, 때로는 대중문화의 주제와 관련된 것이기도 했다.

이러한 연구 결과에 대해 두 가지 유형의 반응이 있을 수 있다. 첫 번째 유형은 일반적으로 구체적인 결과물을 가진 효과적 학습 상황을 제공하는 데 전전긍긍하는 교사들의 반응이다. 이러한 교사들은 책 꾸러미 사용에 관해 보다 분명한 지침이 필요하다거나, 장난감이나 상품들이 책 꾸러미에 불필요하다는 반응을 보일 것이다(이미 이렇게 하는 교사들이 있다). 두 번째 유형은 어린이들의 반응이 다양하고 유동적이라는 바로 그 사실에 책 꾸러미의 긍정적인 점이 있다고 보는 교사들의 반응이다. 이런 교사들은 책 꾸러미가 계량적인 독서 성취도보다는 어린이들의 개인적인 반응과 더 많이 관련된다는 점에 대해 문제 삼지 않을 것이다. 이러한 교사들은 어린이들이 자기자신의 해석을 개발하고 탐구할 기회는 그 자체로 매우 가치 있는 것이며, 잠재적으로 독서 동기나 이해의 측면에서 훨씬 더 가치 있는 결과를 가져올 수 있다고 주장할 것이다.

놀이와 학습의 연관성이 분명히 드러나지 않는다고 해서, 장난감이나 관련 상품들이 책 꾸러미에서 중요한 부분이 아니라고 주장해서는 안 된다. 사실 내가 보기에 중요한 것은 책 꾸러미가 제공하는 바와 같이, 어린이들이 텍스트 속 아이디어들을 자기 자신에게 적합한 방식으로 탐험할 수 있는 자유인 것 같다. 그러나 현실에서는 교사나 교육과정이 목표로 하는 의제와 수준에 도달하기 위해 텍스트에 대한 어린이들의 반응이 통제되고 있다.

학교에서 이루어지는 어린이들의 학습에 대해 측정 가능한 성취의 증거와 명시적으로 규정된 성과에 대한 요구가 지나치게 강조되면, 학교 교육을 통해 이루어지는 학습은 삶으로부터 더 분리될 수 있다. 교사와 학생 모두 좋은 성적을 거두는 것이 학교에서 교사와 학생의 성공으로 간주되기 때문이다. 이 때문에 어린이들은 학교에서의 성공이 자신들의 개인적인 경험과 어떻게 관련되는지를 분명히 이해하기 어려워진다. 알버만과 해굿(Alvermann & Hagood, 2000)은 이에 대해 다음과 같이 주장한다.

학교 설계, 교육과정의 함의, 그리고 교사와 학생의 관계는 학교의 담론 내에서 공부와 즐거움, 교실과 운동장, 학교 안 리터러시와 학교 밖 리터러시, 교사와 학생, 그리고 정신과 신체 사이의 분명한 구분을 강조한다.(p.199)

앞서 언급한 바와 같이 로젠블랫(Rosenblatt, 1991)은 리터러시에 대한 공적인 반응과 사적인 반응이 모두 발전되어야 한다고 주장한다. 로젠블랫은 심리학자들이 다음과 같은 사항을 지적했다는 점을 상기시킨다.

언어적 기호와 그것들이 의미하는 바 사이의 연관은 '단어가 지시하는 것'(공적, 사전적 의미)과, 과거의 독서나 삶의 경험을 통해 그 단어들과 연계된 '감정, 아이디어, 태도'(사적 연상)의 두 가지 모두를 포함한다.(p.445-6)

어린이들은 비록 단순하고 미처 완성되지 않은 방식의 의미 탐구를 통해서도 공적 해석과 사적 해석, 학교에서의 리터러시 경험과 가정에서의 리터러시 경험을 융합할 수 있었다. 논란의 여지가 있기는 하지만, 나는 이러한 융합을 할 수 없었던(혹은 학교에서 만난 어른인 나에게 이러한 혼합을 일부러 드러내지 않은) 어린이들이 더 염려스럽다고 본다. 학교 과제로 규정된 것 이상을 하지 않으려 한다면 과연 이 어린이들은 리터러시를 어떻게 이해하고 있단 말인가?

많은 이들이 '전달과 감시를 통한 구시대적인 낡은 방식의 교육'(Luke, 2003)에 대해 비판하고 있지만, 어린이들 역시 어떤 측면에서는 이러한 교육의 공모자라는 점을 간과할 수 없다. 어린이들의 책 읽기 과정에서 발생하는 놀이 요소에 교사들이 어느 정도로 개입해야 하느냐는 질문은 논쟁의 여지가 있다. 분명 어떤 어린이들은 장난감이 없어도 잘 놀았을 것이다. 그러나 장난감을 제공하는 것은 교사가 어린이들에게 놀아도 좋다고 허락해 주는 듯한 효과가 있다. 장난감이 책 꾸러미의 필수 요소가 아니라고 생각해서 이를 가지고 놀지 않았던 어린이들에게 다른 어린이들의 장난감 사용에 대해 이야기함으로써 장난감을 가지고 놀도록 안내할 필요가 있었을까? 이런 질문을 스스로에게 던져 보지만, 공룡 장난감을 가지고 놀도록 안내하는 것이 놀이의 질을 향상시켰을지 아니면 어린이들의 반응을 침해했을지는 결론을 내리기 어려운 질문이다.

이 소규모 연구를 통해 분명해진 것은 어린이들이 아주 어린 나이에서부터 리터러시의 주제를 가지고 혹은 그것을 바탕으로 놀 기회를 가질 수 있다는 것이다. 만약 어린이들이 읽기 자료의 내용, 주어진 과제, 의미 사이의 연계를 스스로 찾아내야 한다면, 그들은 그럴 수 있는 자유가 필요하다. 학교에서의 리터러시는 너무나 자주 어린이들 자신이 아닌 다른 사람들이 갖고 있는 리터러시 개념 혹은 목적에 의해 제한되고 있다. 학교에서 리터러시를 바라보는 관점이 가정에서 이루어지는 리터러시를 지배한다는 연구 결과가 이미 나와 있다(Kelly et al., 2002). 아마도 정보 책을 가지고 게임, 퍼즐, 상상 놀이 등을 하며 노는 어린이들의 사례는 가정에서 탐구해 온 의미의 개념이 학교 리터러시 교육에 침투할 수 있는 작은 기회를 제공할 것이라고 생각한다.

교육 활동에 대한 시사점

**텍스트를 가지고 놀 수 있는 다양한 방법을
생각해 보기**

이것은 즉흥 연극, 미술, 음악 혹은 그 밖에 텍스트에 대한 다양한 반응을 불러일으킬 수 있는 여러 방법들을 통해서 가능할 것이다. 텍스트는 픽션이든 논픽션이든 관계없다. 어린이들이 놀이를 위해 텍스트를 접할 수 있는 기회들을 다시 살펴보라. 장난감, 게임 혹은 다른 관련 상품들을 활용할 여지가 있는가?

**가정에서 하는 독서에 대한 어린이들의 관심을
학교에서도 가치 있게 여겨 주기**

어린이들이 직접 쓴 텍스트와 그들의 텍스트 해석 (가정에서든 학교에서든)에 대해 교사가 어떤 반응을 보였는지 평가해 보라. 텍스트를 대하는 일이 재미있어질 가능성이 있는가? 교사로서 성취수준에 도달해야 한다는 염려 때문에 여러분 스스로도 읽기에 대한 열정이 줄어들지 않는가?

'호기심을 자극하는 책 꾸러미'를 계획해 보기

학교에서 낸 과제를 가정에서 완성하도록 하는 것 이상으로, 어떻게 하면 어린이들이 가정에서 읽는 것과 학교에서 읽는 것을 연계할 수 있을지 생각해 보라. '호기심을 자극하는 책 꾸러미'에 대한 보다 상세한 안내는 다음의 웹사이트를 통해 얻을 수 있다.

education.exeter.ac.uk/download.php?id=758

참고문헌

Alvermann, D. E. & Hagood, M. C. (2000) 'Critical Media Literacy: Research, Theory and Practice in "New Times"', *Journal of Educational Research*, 93, 193-205.

Christie, J. F. (1998) 'Play as a Medium for Literacy Development', in D.P. Fromberg & D. Bergen (eds) *Play from Birth to Twelve and Beyond: Contexts. Perspectives, and Meanings.* London: Taylor and Francis.

Collins (2003) *English Dictionary* (Sixth edition). Glasgow: HarperCollins.

Fisher, R. (1999) 'When is a story not a story?', *Education* 3-13, 27 (1), 18-23.

Griffiths, N. (2001) *Story Sacks.* Reading: Reading and Language Information Centre.

Holland, K. E. & Shaw, L. A. (1993) 'Dances between Stances', in K. E. Holland, R. A. Hungerford & S. B. Ernst (eds) *Journeying: Children responding to literature.* Portsmouth, NH: Heinemann.

Kelly, C., Gregory, E. & Williams, A. (2002) 'A new understanding of family involvement', in R. Fisher, G. Brooks & M. Lewis (eds) *Raising Standards in Literacy.* London: falmer 66-81.

Lankshear, C. & Knobel, M. (2003) *New Literacies: Changing Knowledge and Classroom Learning.* Buckingham: Open University Press.

Lewis, M. & Fisher, R. (2001) 'Curiosity Kits', *Topic: Practical Applications of Research in Education*, Spring Issue.

Lewis, M. & Fisher, R. (2003) *Curiosity Kits.* Reading: National Centre for Language and Literacy.

Luke, C. (2003) 'Pedagogy, connectivity, multimodality, and interdisciplinarity', *Reading Research Quarterly*, 38 (3), 397-403.

Moss, G. (2000) 'Raising boys' attainment in reading', *Reading*, 34 (4), 101-6.

Rosenblatt, L. M. (1991) 'Literature-S.O.S.' *Language Arts*, 68, October.

Rowe, D. W. (2000) 'Bringing Books to Life: The Role of Book-Related Dramatic Play in Young Children's Literacy Learning', in K. A. Roskos & J. F. Christie (eds) *Play and Literacy in Early Childhood.* Mahwah, NJ: Lawrence Erlbaum Associates.

Shannon, P. (1990) *The struggle to continue: Progressive reading instruction in the United States.* Portsmouth, NH: Heinemann.

Street, B. (1984) *Literacy in Theory and Practice.* Cambridge: Cambridge University Press.

9 장

영웅과 악당에 대한 글쓰기

판타지 텍스트에 대한 어린이들의 지식과
러터러시 교육을 융합하기

일레인 밀러드 Elaine Millard

교육자로서 우리는 자신이 선택한 교육과정에 내재된 가치들과 그것들을 가르치기 위해 사용하는 자원들에 대한 우리 자신의 견고한 확신을 엄격하게 검토함으로써 정기적으로 재진단할 필요가 있다. 이 장에서는 유능하고 비판적이며 참여적인 독자를 길러 내기 위해 한 교사가 어떤 일을 했는지에 대해 다룰 것이며, 특히 교육과정에서 '문학' 혹은 '문학적 우수성'을 갖춘 책으로 분류하고 있는 책들이 교육과정에서 하는 역할을 재검토하는 데 초점을 두었다. 이 장에서 주장하려는 바는 대중문화에 대한 관심을 고전적인 어린이 문학작품의 교육과 융합하여, 판타지 텍스트를 창작하는 데 있어 복합양식성에 대한 교사의 비판적 이해를 더욱 확장할 필요가 있다는 것이다. 나아가 이 장은 교육과정에 대한 국가의 통제가 점점 더 심해지고 있는 환경 속에서 어린이들의 권익을 위해 보다 자율적인 교육과정을 유지하고자 애쓰고 있는 교사 교육자와 연구자들을 지원하기 위한 목적으로 쓰였다.

들어가며

어린이 문학은 마치 사과파이나 모성애처럼 서구 문화의 주된 요소로 간주되어 왔다. 이에 따라 어린이 문학을 학교에서 활용하는 것은 교육적으로 긍정적인 결과만을 가져온다고 여겨진다. 특정 작품이나 특정 작가의 작품을 학교 독서의 필수 요소로 규정하는 일에는, 독서가 우리가 살고 있는 세계와 우리가 갈망하는 생활방식에 대해 보다 나은 감성을 개발함으로써 우리를 더 나은 사람으로 만들어 줄 것이라는 관점이 내재되어 있다. 이러한 관점은 옥스퍼드 대학교 코퍼스 크리스티 칼리지(Corpus Christi College)의 영문학과 교수인 밸런타인 커닝엄(Valentine Cunningham)이 독서의 중요성에 관한 책 〈리터러시만으로는 부족하다(*Literacy Is Not Enough*)〉(Cox, 1998)에 수록한 글에서 촉발되었다. 이 글에서 그는 리터러시에 초점을 둔 독서(부정적인 것)에서 문학에 대한 공부(긍정적인 것)를 분리해야 한다고 주장했다.

대중문화의 힘을 인정하는 학자들조차 책의 문학적 우수성이 중요함을 강조하곤 한다. 이는 옛이야기(folk tale)의 중요성을 주장한 어느 연구의 결론 부분인 다음의 인용문에서도 확인할 수 있다.

읽기의 시작에서 필요한 것은 어린이들을 매료시키는 텍스트, 그리하여 어린이들이 읽기는 즐거운 일이며, 자기 자신과 다른 이들에 대한 더 나은 이해, 즉 우리가 살고 있는 세계와 그 세계를 살아가는 방법에 대한 보다 나은 이해를 얻을 수 있도록 도와준다는 점에 대해 확신을 주는 텍스트이다. 이를 위해 주요 읽기 텍스트는 동화처럼 어린이들의 상상력을 자극하고 풍부하게 만들 수 있는 것, 좋은 시가 그러하듯이 어린이들의 리터러시에 대한 감수성을 개발할 수 있는 것이어야 한다. 또한 주요 읽기 텍스트는 어린이들에게 위대한 작가들이 창조한 세계, 자연, 그리고 인간에 대한 문학적 이미지를 제시하는 것이어야 한다.

(Bettleheim & Zelan, 1982: 263, 고딕체는 필자에 의한 강조)

그런데 학교에서 제공하는 도서 목록들을 보면, 문학적 가치는 심리학적 리얼리즘(psychological realism)에 초점을 두고 있는 책들에 한정되는 경향이 있다. 그리고 많은 교사들은 현실 세계의 사람들과 사건들에 대해 가르칠 수 있는 것이 '좋은' 문학의 힘이라고 생각한다. 이 때문에 '수준 높은' 작가들이 썼으나 감히 어려운 주제를 다룬 작품(10대 청소년들의 성을 다룬 주디 블룸(Judy Blume)[27]의 〈영원히(Forever)〉나 마약 문제를 다룬 멜빈 버지스(Melvin Burgess)의 〈마약중독자(Junk)〉[28] 등)과 어린이책 사이에 도덕적 혼란이 반복되고 있는 것이다. 또한 읽기의 대상으로 책만을 지나치게 강조하다 보니, TV, 영화, 만화책, 디지털 이미지 등 다른 텍스트에서 언어가 새로운 의미를 구성하는 방식이나, 다양한 양식의 서사 형식들이 서로를 지원해 주는 방식에 대해서는 다루지 못하고 있다. 이 장에서 다루고자 하는 중요한 쟁점은 바로 이와 같은 측면, 즉 이야기의 힘, 그리고 언어가 다양한 현실세계를 창조하는 방식을 이해하는 데 있어 이야기가 갖는 역할에 대한 것이다.

읽기 능력 발달에 있어 판타지 책의 역할

우선, 학교에서 읽히는 서사물과 읽기 자료에서 여전히 중요한 위치를 차지하고 있는 책에 대한 주장들을 재검토할 필요가 있다. 〈가디언(*Gura-*

---

27 미국 검열 반대 전미연합 대변인. 작가동맹과 아동도서 및 그림책작가협회 위원. 〈별 볼 일 없는 4학년(Tales of a Fourth Grde Nothing)〉의 작가.
28 1996년 카네기문학상 수상 작품.

dian)〉에 실린 〈행복하게, 그 이후도 오랫동안(*Happy Ever After*)〉이라는 글 (Tatar, 2004의 서문에 실린 글을 수정한 것)에서 소설가 바이엇(A. S. Byatt) 은 작품 활동 초기에 판타지 이야기를 썼던 경험에 대해 이야기했다. 그녀 는 자신이 '탐욕스럽게 그리고 닥치는 대로' 읽은 온갖 종류의 옛이야기와 동화에서 얼마나 많은 즐거움을 느꼈는지 설명했다. 그녀는 이 이야기들 을 '놀라운 이야기(wonder tales)'라고 부르면서, 이와 같은 이야기들이 그 녀나 다른 어린이들에게 매력적으로 여겨졌던 이유는 그 이야기들이 인간 의 본성에 대한 영감을 주었기 때문이 아니라 오히려 그것을 거부했기 때 문이라고 말했다. 그녀가 이야기들에서 갈망했던 것은 심리학적 리얼리즘 이 아니었다. 그것은 바로 '나는 어린이가 어린이다운 행동을 하는 것, 예 를 들어 다투고 요리하고 캠핑을 가는 것 등에 관한 이야기는 좋아하지 않 았다. 내가 좋아한 이야기들은 마술적인 것, 비현실적인 것, 현실 이상의 것이었다'(p.4)라고 말한 데서 알 수 있는 것처럼, 이야기가 가진 '깜짝 놀 라게 하는 힘(power to astonish)'이었다.

프랜시스 스퍼포드(Francis Spufford, 2002) 역시 〈책이 만들어 낸 바 로 그 아이(*The Child That Books Built*)〉라는 책에 수록된 자신의 어린 시절 독서에 대한 회상록에서, 초기 독서 단계에 읽은 책들은 인물 형상화의 구 체성이 부족했음을 시인했다.

> 동화는 소설의 기법을 몰래 들여오는 문학적인 글과는 달리, 인물의 개인적 성격이 없고 오로지 인물의 유형만이 존재한다. 착한 공주, 못된 공주와 같이 인물 유형을 나타내는 어휘는 어린이 자신이 살고 있는 세계에 대한 지식보다 습득하기 쉽다.(p.50)

또한 바이엇과 스퍼포드는 문학적 참여의 다음 단계에서 자신들이 어린이 독자로서 작품 속 등장인물들과의 '동일시(identification)'를 통해 점차 서사에 빠져들게 된 과정을 묘사한다. 스퍼포드는 빌보 배긴스(Bilbo Baggins)의 눈을 통해 중간계에서의 삶을 체험했던 일을 떠올렸고, 바이엇은 아서 왕 이야기에 나오는 기사 랜슬롯에게 반했던 일을 떠올렸다. 두 작가 모두 배워야 할 진실 혹은 교훈이 책에 담겨 있었다기보다는, 책이 제공하는 대안적 세계를 통해 자신이 할 수 있는 역할을 확장하고 책에 나오는 인물의 행동과 허구적 세계를 놀이의 형식으로 즐겼음을 묘사하고 있다.

교육학자 애플야드(J. Appleyard)는 그의 학문적 여정에 대해 설명한 〈독자 되기(Becoming a Reader)〉(1990)에서 이러한 개인의 읽기 발달에 대한 설명을 더욱 의도적으로 체계화하였다. 그는 아동기에서 성년기에 이르는 읽기 습관의 습득을 단계별로 나누어 설명한다. 그에 따르면 독서 습관의 단계가 진전됨에 따라 이야기에 대한 사고방식 역시 진전되며, 삶의 배경이나 개성과는 상관없이 모든 독자는 판타지 놀이 세계에 몰입하는 초기 단계에서, 주요 인물과 자신을 동일시하는 단계를 거친 후, 한발 뒤로 물러나 이야기를 판단하는 보다 비판적이고 분석적인 단계로 나아간다. 애플야드는 이 가운데 첫 번째 단계를 '놀이 독자(Reader as Player)'라고 명명했는데, 이 단계에서 어린 독자는 이야기에 등장하는 다양한 인물들 가운데 하나에 빠져들게 된다. 그에 따르면 이 단계에서 어린이는 단지 이야기를 다시 상상하거나 다시 창조하는 데 그치는 것이 아니라, 매우 능동적이고 참여적인 방식으로 허구적 사건들을 다시 실행한다. 피아제의 발달 단계를 참고해 만든 애플야드의 독자 범주는 모든 어린이들의 광범위한 독서 경험을 포괄하기에는 지나치게 엄격한 순서를 설정했다고 할 수 있다. 이렇듯 비록 이상적이기는 하지만 그가 제시한 읽기 단계의 범주는 앞서 언급한 두 작가가 설명한 바와 같이 이야기가 어린이의 상상력을 사로잡는 방식을 이해하는 데 도움이 된다.

바이엇, 스퍼포드, 애플야드 이 세 명의 저자는 모두 어린 시절 지배적인 책 문화로 인도되어 어린이책에 입문했다가 문학작품에 빠져든 후 전문적인 문학가의 길을 걷게 된 특별한 경험을 공유하고 있다. 그들이 어린 시절 경험한 소중한 독서 경험은 이후 이들이 픽션에 풍부한 상상력을 불어넣는 데 굳건한 토대를 마련해 주었다. 사실 리터러시 분야의 연구자들은 어린이들이 어린 시절에 이야기를 읽는 것이 이후 학교 체계에서 성공할 것인지를 예견하는 강력한 잣대가 된다는 점(Wells, 1987)과, 자녀가 잠들기 전에 책을 읽어 주는 것이 구어적 전통을 지닌 문화권에서든 픽션을 부정적으로 보는 문화권에서든 어린이들에게 좋은 영향을 준다는 점(Heath, 1983)을 보고해 왔다. 상상력이 풍부한 픽션은 어린이들을 위한 대부분의 초기 학습 프로그램의 중심에 위치해 왔고, 서구 문화의 영어 교사들에게는 학생들이 많은 책과 작가들의 작품을 광범위하게 읽고 이에 대해 정보를 얻도록 하는 것이 필수 교육과정으로 되어 있다. 이제부터 나는 과연 21세기에 광범위하게 '읽는다'는 것, 그리고 다양한 정보를 얻는다는 것은 무엇을 뜻하는가를 보다 비판적으로 살펴보려 한다.

서사 속 판타지에 대한 어린이들의 이해

많은 어린이들은 학교 교육에 굳건히 자리하고 있는 픽션의 세계를 낯설어한다. 심지어는 자신이 가정에서 겪은 경험이나 익숙한 사회문화적 자본(Bourdieu, 1984)과는 전혀 공통점이 없는 위협적인 공간으로 여기는 경우도 있다. 책을 중시하는 가정에서 자란 어린이들이라 하더라도, 학교에서 '좋은 책'으로 선정한 책을 선택하거나 즐겨 읽지 않을 수도 있다(Moss, 1977; Wilkinson, 2003). 실제로 윌킨슨(Wilkinson, 2003)은 네 명의 유치원생 어린이를 대상으로 한 독서 연구에서 그들 중 한 명의 어머니가 자녀의 독서의 질에 대해 분명한 인식을 갖고 있음을 발견했는데, '자녀가 가장 좋아하는 책으로 꼽은 13권의 책 가운데 오직 4권만이 어린이 문학의 고전에 해당했다'(p.297). 가정에서 개인적으로 즐기는 책과 학교에서 지시하는 요구 사항이 불일치할 경우 어린이들은 독서에 대한 흥미를 쉽게 잃어버릴 수 있다. 예를 들어 2004년에 열린 영국 영어교사협회 학술대회에서 어린이책 작가인 마이클 모퍼고(Michael Morpurgo)는 자신의 어머니가 어린이책 고전을 읽어 주면서 이야기 창작에 흥미를 갖도록 했었는데, 학교 교육을 받으면서 글쓰기에 대한 흥미가 심각하게 떨어진 적이 있었다고 말하기도 했다. 그렇다면 인쇄물이 더 이상 부모와 어린이가 공유하는 주요 서사 매체가 아닌 시대에, 학교 교육은 어린이들에게 얼마나 위압적으로 느껴지겠는가. 재키 마시(Marsh, 2004)가 가정 내 초기 리터러시 경험에 대한 연구에서 발견한 바와 같이, 많은 어린이들은 글보다는 미디어를 통해 서사와 '착한 사람' 및 '나쁜 사람'에 대해 알게 된다. 어린이들은 주로 만화, TV 시리즈, 영화(대개 가정에서 DVD나 비디오로 접함), 그리고 컴퓨터 게임 속에 존재하는 악당, 괴물, 모험가들의 전투와 같은 시각 미디어를 통해 이야기 속 인물을 접하고 이야기를 경험한다. 더욱이 어린이들이 선택하는 많은 책들은 〈인어공주(Little Mermaids)〉나 〈뚝딱뚝딱 밥 아저씨(Bob the Builder)〉처럼 미디어를 통한 이야기에서 나온 부산물인 경우가 많다.

많은 교사들은 이러한 미디어의 발전이 어린이들의 상상의 세계를 훼손하고 '진정한' 읽기 교육과정을 혼란스럽게 한다고 보는 경향이 있다. 또한 TV와 컴퓨터 게임이 어린이들의 독서 경험을 확대하고 발전시키기보다는 그것과 경쟁 관계에 있다고 생각하는 경향도 있다(Marsh & Millard, 2000). 교육청의 글쓰기 프로젝트에 참여한 예순다섯 명의 교사들을 대상으로 대중문화에 대한 태도를 조사한 램버스(Lambirth, 2003)는 다음과 같은 점을 발견했다.

> 교사들은 대중문화에 대해 양가적인 입장을 보였다. 자신의 어린 시절에 경험
> 한 대중문화에 대해서는 따뜻하고 애정 어린 태도로 말했지만, 현대 대중문화
> 에 대해서는 혐오감을 드러냈다.(p.9)

미국의 연구자인 세이터(Seiter, 1999)는 교사들이 대중문화에 대한 어린이들의 관심에 대해 두 종류의 반응을 보인다는 것을 알아냈는데, 첫 번째 반응은 어린이들이 미디어의 폐해로부터 보호가 필요한 수동적인 희생양이라고 보는 것이었고, 두 번째 반응은 어린이들이 자신의 세계에서 능동적으로 의미를 구성하는 존재라고 보는 것이었다. 영국의 초등학교 교사들에게는 이 중 첫 번째 반응이 가장 흔한데, 이들은 일반적으로 어린이들이 가정에서 대중문화에 충분히 노출되어 있기 때문에 학교 교육과정에서는 대중문화를 다룰 필요가 없다고 본다(Lambirth, 2003).

많은 교사들이 인쇄물에 담긴 풍부한 언어와 말놀이가 사라져 가고 있는 것을 유감스럽게 여기고, 이 때문에 어린이들의 문화적 산물을 자신이 가르치는 수업, 특히 모국어 수업에서 배제하고자 한다. 그러나 다이슨(Dyson, 1997, 2000, 2003)이 보여 준 바와 같이, 어린이들의 대중문화 경험을 학교 교육에서 배제하는 것은 불가능한 일이다. 어린이들은 자신들이 좋아하는 대중문화를 학교 사물함에만 가져오는 것이 아니라 학교에서 내주는 글쓰기 과제에도 들여오기 때문이다. 다이슨(Dyson, 2000: 34)은 '어린 시절 자체를 리터러시 발달 연구의 핵심 단계로 규정하기 위한' 자신의 연구를 통해, 어린이들이 어떻게 가정과 지역사회에서 즐기는 것들을 재맥락화하고, 대중문화를 활용하여 공식적인 학교 세계와 비공식적 학교 밖 세계 사이의 다리를 놓는지를 묘사한다. 어린이들은 자신들이 좋아하는

'텍스트적인 무언가'를 활용해 '즐거워하기도 하고, 재미를 추구하기도 하며, 단지 검열을 통과하기도'한다. 다이슨(Dyson, 2000)은 이에 대해 다음과 같이 말한다.

> 어린이들은 학교에서 이루어지는 리터러시에 발을 들여놓는 과정에서 공부와는 상관없는 사회세계에 깊이 의존한다. 이러한 세계는 어린이들에게 주도성, 그리고 대중음악, 영화, 애니메이션, 스포츠 미디어 등을 포함한 의미 있는 상징들을 제공한다.(p.15)

그러나 대부분의 교사들은 어린이들이 학교 공부에 대중문화나 비학습적 자료를 활용하는 데 강한 반감을 갖고 있다. 그리고 바로 이러한 교사들의 반감 때문에 어린이들이 학교에서 이루어지는 리터러시 활동을 무미건조하고 의미 없는 것으로 여기게 되거나(Pennac, 1994; Hilton, 1996), 자신이 속한 공동체나 문화와 유리된 것으로 여기게 된다는 주장(Marsh & Millard, 2000)이 생겨나고 있다. 더욱이 새로운 리터러시를 기존의 학교 교육에 들여오는 최근의 흐름이 이 두 가지 모두를 비효율적이고 의미 없는 소통 형태로 만들고 있다는 증거도 나오고 있다(예: 학교 수업에서 이메일을 사용하는 것에 대한 Lankshear *et al.*, 1997의 연구를 참고할 것).

어린이들의 관심사에 대한 연구

어린이들의 경험과 욕망, 그리고 그들을 비판적이고 열정적인 독자로 길러내려는 교사들의 욕망 사이에는 지속적인 불일치가 존재한다. 이 때문에 나는 얼핏 모순된 충동으로 보일지 모르지만, 어린이 문화를 바탕으로 한 학습을 정규 교육과정의 리터러시 활동에 대한 동기 유발과 융합하는 것을 목적으로 한 소규모 연구 프로젝트를 지난 5년간 지속적으로 수행해 왔다. 이 프로젝트는 어린이들의 학급 만화 그리기, 이야기 지도 만들기, 파워포인트를 활용하여 서사의 효과를 탐구하고 발전시키기, 자신들의 이야기와 놀이를 위한 장소와 인물을 그리거나 설계하기 등을 포함한다. 연구 경험을 통해 나는 어린이들이 TV와 인쇄물의 이야기 세계 사이에서 모순과 단절이 아니라 연속성과 유사성을 발견하며, 특히 어린이들이 독자가 되는 첫 단계, 즉 어린이들의 상상 속에서 영웅과 악당들이 어두운 숲길과 복도, 그리고 마법에 걸린 궁전을 활보하는 단계에서는 더욱더 그러하다는 나의 생각에 확신을 갖게 되었다. 〈슈렉(*Shrek*)〉(Dreamworks, 2001)과 같은 대중영화는 〈돈키호테(*Don Quixote*)〉와 같은 고전 문학작품과 동화들을 복합적으로 참조해 만든 것으로, 각각의 매체가 기존의 이야기 전통을 어떻게 빌려 오고, 기반으로 삼고, 변형시키는지를 보여 주는 중요한 예이다. 그뿐만 아니라 이 작품은 광범위한 인쇄물 형태의 파생상품과 사실적/허구적 텍스트들을 읽기 목록에 추가하기도 했다. 인터넷 서점 아마존에 검색해 보면 이 영화 한 편에서 생겨난 책 형태의 파생상품이 무려 52가지나 된다는 점을 알 수 있다.

이 프로젝트들은 8, 9, 10세 어린이들의 학급에서 수행되었다. 연구의 강조점은 어린이들의 현재 관심사를 교사들의 학교 교육과정 계획과 '융합(fusion)'하는 것, 그리고 어린이들의 수업 참여를 존중하고 이야기에 대한 어린이들의 이해를 신장시키는 것에 있었다(Millard, 2003a). 여기서 융합이란 각각의 구성 요소들이 이야기의 전개에 중요한 기여를 할 수 있도록 이질적인 요소들을 혼합하는 것을 뜻한다. 교사는 어린이들이 서로 다른 유형의 텍스트 사이를 자유롭게 오가며 이들을 연결 짓고 차이를 숙고하도록 하는 데 매우 중요한 역할을 한다(Millard, 2003a, 2003b). 교사들은 또한 판타지 장르를 접할 기회를 적절히 제공하고 각 소통 양식에 따른 행동유도성을 활용하는 데 결정적인 역할을 한다. 교사에게는 자신의 교수 행위에 대한 확신과 더불어 어린이들의 이해에 대한 인식이 필요한데, 이와 같은 자질은 일반적으로 '어린이 중심적(child-centred)'이라고 불리지만 부르너(Bruner, 1999)의 용어로는 '상호주의(mutualist)'라고 한다. 여기에는 '교사와 어린이가 서로 이해하고 있는 바를 교환하는 것'과 '어린이들의 직관을 체계적 지식의 근원으로 보는(Bruner, 1999: 57) 능력'이 포함된다. 비고츠키적 관점에서 웰스(Wells, 2003)는 '가장 우선적이고 중요한 것은 읽기와 쓰기가 학습자 자신에게 중요한 목적을 위해 수행되어야 한다는 점이다'(p.191)라고 상기시킨다. 이 프로젝트에 모두 참여한 교사인 리베카 저드(Rebecca Jurd) 선생님은 바로 이러한 동기와 확신을 갖고 있었고, 어린이들의 학교 밖 관심사에 기반을 둔 연구 프로젝트로 자신의 수업을 실험하는 것을 행복하게 여겼다.

대중문화의 판타지 서사를 수업에 도입하기

우리의 첫 프로젝트인 〈공포의 성(*The Castle of Fear*)〉(Millard, 2005)에서는 8~9세 어린이 서른 다섯 명에게 심각한 위험에 직면한 게이머 혹은 모험가의 역할이 되어 문제를 해결하는 모험 이야기를 쓰도록 요구했다. 이 이야기의 계획 단계에서는 어린이들에게 삼등분으로 접은 A3 크기의 종이를 나누어 주고, 접힌 앞 부분에 성의 입구를 그리게 했다. 이 입구를 열었을 때 보이는 속지에는 여러 개의 방을 그리고, 각 방마다 주인공에게 닥칠 위협 한 가지와 이를 해결할 수 있는 방법 하나를 고안하도록 했다(그림 9.1a, 그림 9.1b, 그림 9.2a, 그림 9.2b 참고).

저드 선생님과 나는 여러 차시에 걸쳐 이루어진 이 수업을 함께 계획했다. 각각의 차시는 독자에게 글을 안내하는 단계, 배경과 주요 인물 소개,

그림 9.1a
여자 어린이가 그린 성의
외부 모습
주로 파스텔 톤의 핑크색과
초록색을 사용했다.

문제에 대한 해결 등 글쓰기 과정에서의 특정 측면들에 초점을 두었다. 어린이들은 이미 이러한 이야기가 구성되는 방식에 대해 풍부한 암묵적 지식을 지니고 있었고, 이를 바탕으로 순조롭게 그림을 그렸다. 우리가 제공한 단순한 성 지도(map)는 컴퓨터 게임에서 캐릭터가 여러 경로를 거쳐 문제 해결에 이르는 구조를 또 다른 방식으로 보여 준 것이다.

어린이들은 자기가 만드는 이야기의 영웅과 악당들을 만화책, 디즈니 비디오, 동화를 각색한 영화, 웹상의 정보, TV 시리즈, 학교에서 들은 이야기 등 다양한 출처로부터 가져왔다. 〈해리포터와 마법사의 돌(*Harry Potter and the Philosopher's Stone*)〉 혹은 〈반지의 제왕(*The Lord of the Rings*)〉과 같이 문학작품을 영화화하여 인기를 끈 대중적인 이야기가 어린이들의 글에

그림 9.1b
여자 어린이가 그린 성의
내부 모습
영화 〈초콜릿〉에서 가져온
캥거루 모티브를 보여 주며,
성의 외부에 쓰인 것과 같은
파스텔 톤의 색깔을 사용하고
있다.

압도적으로 많이 등장했다. 심지어 어떤 여자 어린이는 엄마와 함께 본 영화 〈초콜릿(Chocolat)〉에 나오는 시각적 단서를 표현하기도 했다.

저드 선생님은 우리가 개발하고자 하는 글쓰기 형태를 유도하기 위한 토의의 자극제로서, 학급 도서 목록에 있는 톨킨의 소설 〈호빗(The Hobbit)〉의 부분들을 사용했다. 이렇게 쓰인 글의 하나는 주인공인 빌보 배긴스의 구멍을 반의어로 묘사하는 이 책의 시작 부분을 모방한 것이다. 어린이들은 이런 방식으로 교실을 묘사해 보는 연습을 했는데, 다음은 그 가운데 잘 쓴 것들을 추려낸 것이다. 이에 따르면 저드 선생님의 교실은 다음과 같다.

그림 9.2a
남자 어린이가 그린 성의
외부 모습
빨간색과 검은색을 사용했다.

- 천 마리나 되는 개들의 냄새가 나는 산뜻하지 않은 곳이다. 전혀 평화로운 곳이 아니다. 다채롭지도 않다. 저드 선생님의 교실은 우정과 웃음을 의미한다.

- 땀으로 범벅된 더러운 체육복 냄새가 진동하는 어둡고 우울한 그런 곳이 아니다. 저드 선생님의 교실은 평화와 따뜻함을 의미한다.

- 씻지 않은 발 냄새가 나는 꾀죄죄하고 더러운 곳이 아니다. 벽지가 떨어져 흘러내리지도 않는다. 저드 선생님의 교실은 재미와 친구들을 의미한다.

- 일상적인 교실이 아니다. 저드 선생님의 교실은 안락의자가 놓여 있는 기계실이다. 여기에는 점심을 위한 도넛 가게가 있다. 도넛은 모두 공짜이다. 기계들은 원하는 것을 모두 도와준다. 기계는 우리의 나이와

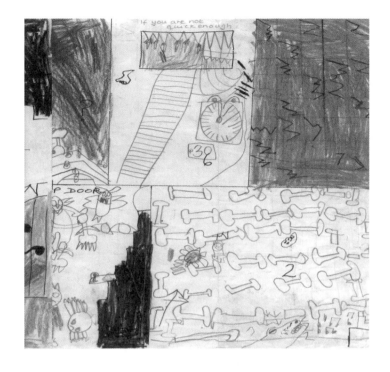

그림 9.2b
남자 어린이가 그린 성의
내부 모습

성별을 알고 있다. 저드 선생님의 교실은 재미를 의미한다.

(여기에 인용된 글들은 모두 특수 교육 대상 학생들이 쓴 글이다.)

우리가 어린이들과 함께 한 또 다른 글쓰기 활동은 소설 〈호빗〉의 제 2장 '양고기 구이(Trolls in the Roast Mutton)'에 나오는 대화에 바탕을 두었다. 이것은 대체로 글쓰기를 싫어했던 한 남자 어린이의 작문에 분명히 나타나 있다.

괴물들의 논쟁

'저기 어슬렁거리는 놈을 어쩌면 좋을까?'
'끓는 물에 삶아 버려요'라고 배티라는 이름의 남자가 말했다.

'우리에겐 물이 없어'라고 레슬리가 속삭였다.

'호수는 너무 멀고, 거기에 가는 건 불가능해.'

'그 놈 위에 올라타자'라고 레슬리가 속삭였다.

'절대 안 돼! 그놈이 내 엉덩이를 깨물어 버릴 거야. 난 아직도 지난번에 올라탄 사내 녀석이 물어뜯은 곳이 아프다고.'

'결국 지난번 녀석은 놓아 주고 말았었지'라고 레슬리가 슬픈 목소리로 말했다.

일반적인 글쓰기 관습에서 살짝 벗어난 '내 엉덩이를 깨물어 버릴 거야(bite my bottom)'라는 표현이 담긴 이 글은 그룹의 다른 학생들에게서도 즉시 사용되어 교실에 즐거움을 주었다.

〈호빗〉에서 빌보는 간달프(Gandalf)와 처음 만났을 때 '~가 아니지(Not the ~)'라는 말을 반복함으로써 이 마술사의 명성을 칭찬한다. 이러한 언어 패턴을 이용한 공동 창작은 어린이들이 선택한 인기 있는 영웅인 '해리 포터'에 기반을 둔 다음과 같은 공동의 텍스트를 만들어 냈다.

프리벳가 4번지에서 더즐리 가족과 사는 것은 해리 포터가 아니지.

마술사가 되려고 호그와트 학교에 간, 퀴디치 기술로 유명한 남자아이는 동그란 안경을 쓴 아이가 아니지.

훌륭한 마술을 부릴 줄 알고 헤드위그라는 올빼미를 가진 녀석은 그 녀석이 아니지.

자기 사촌에게 꼬리가 생기도록 마술을 걸었던 건 그 악당이 아니지.

비밀의 방을 찾아낸 건 그 용감한 탐정이 아니지.

릴리 포터의 아들이 아니지.

함께 나누는 대화를 최대한 활용하기

프로젝트가 끝날 무렵 어린이들이 만든 이야기의 구성을 돌아보았을 때, 저드 선생님과 나는 우리가 어린이들로 하여금 상당히 넓은 범위의 언어 사용역을 지닌 대화를 해 보도록 격려했다는 것을 알게 되었다. 더욱이 공동 창작을 위해 제공된 문학적 자극이 어린이들의 이야기에 도입된 경우, 그들은 자신들이 선호하는 텍스트에서 가져온 요소들을 묘사하는 데 더 많은 힘을 쏟을 수 있었다. 긴 글을 쓰기 어려워하던 많은 어린이들도 자기가 만든 이야기를 다른 어린이들과 공유하기 위해 지도를 사용하는 등, 모험 이야기를 시각적으로 구성해 정교하게 이야기하는 것에는 전혀 어려움을 보이지 않았다.

이 초기 프로젝트는 어린이들이 선택한 이야기 세계의 핵심적 측면들을 어린이들의 상징적 정체성과 연결하여 리터러시 학습의 발달이 이루어지도록 하는 데 도움을 주었다(Millard, 2005). 또한 이 초기 프로젝트를 통해 우리는 어린이들이 다른 이들과의 관계 속에서 자기 자신을 위치 짓게 하는, 성(gender)과 관련된 강력한 메시지들을 탐구할 수 있었다(Gilbert, 1992). 어린이들이 인물과 인물의 행위를 선택할 때 나타나는 성별 차이에 대한 토의는 이야기들을 공유하고 발전시키는 데 핵심적인 부분이었다.

그다음 단계의 연구 프로젝트는 6주간 계속되었는데, 우리는 모든 어린이가 가장 확장된 글을 쓸 수 있었던 이러한 요소들에 좀 더 직접적으로 초점을 맞추기로 했다. 우리는 고전적인 픽션 작품을 중심으로 이야기를 구성하기로 하고, 〈사자, 마녀, 그리고 옷장(*The Lion, the Witch and the Wardrobe*)〉[29]이라는 매우 강력한 판타지 동화를 그 대상으로 선택했다. 이

---

29 영국 작가 C. S. 루이스(C. S. Lewis)가 1950년에 어린이들을 위해 쓴 판타지 소설인 〈나니아 연대기〉 시리즈의 첫 번째 작품으로, 2005년에 영화화되기도 했다. 〈타임(*Time*)〉 지에 의해

작업에는 이야기 지도, 비디오 재생산, 인터넷을 통한 정보 찾기 등 이야기 창작을 위한 다른 양식들도 도입했다. 우리는 어린이들이 각 장의 상호연관성을 알 수 있도록 하기 위해, 이야기 지도 대신 각 섹션의 시작 부분에 글쓰기를 자극할 수 있는 장치를 넣은 작은 챕터북(chapter book)[30]을 만들었다. 이 챕터북에는 모두 6개의 섹션이 있었는데, 각 섹션은 묘사로 이루어지는 시작 부분, 주인공이 새로운 세계로 들어가는 부분, 갈등 부분, 적과의 결투 부분, 그리고 평화로운 해결이 이루어지는 부분 등의 간단한 서사 구조를 갖고 있었다. 다음은 이 구조 중 가운데에 위치한 갈등 부분의 글쓰기를 자극하는 장치들이다.

제3장 : 어린이들이 완수해야 할 임무가 있다. 어린이들은 적의 영토로 들어가는 길을 찾아야 한다. 그 과정에서 어린이들이 보게 되는 것들과 찾게 되는 것들이 무엇인지 설명하라.

제4장 : 적이 밖에서 기다리고 있다. 그들의 생김새는 어떠하며, 무엇을 하려는지 설명하라.

각 섹션은 20분 정도 함께 읽기 혹은 글쓰기 활동을 한 후에 약 40분간 이루어졌다.

판타지 이야기의 구조와 행동유도성에 대해 '가르칠' 때, 우리는 우선 〈사자, 마녀, 그리고 옷장〉에 대해, 옷장의 내부가 영원히 겨울만 지속되는 추운 땅으로 변하는 부분을 활용했다. 우리는 어린이들이 숲이나 해변가,

---

1923년~2005년 사이에 출판된 최고의 영어 소설 100편 가운데 하나로 선정되었고, 47개 국어로 번역되었다.

30 유아부터 초등학생까지 읽을 수 있는 간단한 영어 소설책으로, 본격적인 영문 소설보다는 분량이 짧고 그림 영어책인 스토리북이나 리더스북보다는 흐름이 길다. 긴 이야기가 5~8개의 장(chapter)으로 쪼개져 있어 챕터북이라는 이름이 붙었다.

궁전과 같은 여러 가지 배경을 자신들의 이야기에 묘사하는 데 도움을 주고자, 나뭇잎, 잔가지, 자갈, 실크, 벨벳 등이 담긴 작은 감각 상자를 마련했다. 어린이들은 다양한 방식의 묘사에 대해 브레인스토밍한 후, 둘씩 짝을 지어 텍스트를 분석하고, 다음과 같이 감각에 호소할 수 있는 특정한 표현들을 골라냈다.

마룻바닥의 단단하고도 부드러운 느낌 (…) 부드러운 가루 같으면서도 아주 차가운 것. 더 이상 부드러운 털이 아니라, 단단하고 거칠고 따끔따끔한 것.

어린이들이 이야기를 구조화하는 방식

이후 우리는 어린이들이 지도 그리기, 그림 그리기, 글쓰기 등을 혼합한 다양한 장치들을 사용하여 이야기를 계획해 보도록 했다. 어린이들에게 주어진 첫 번째 과제는 문이나 뚜껑을 열고 판타지 세계로 들어갈 수 있는 상상의 옷장, 찬장, 차고 또는 장난감 상자 등을 그리는 방식으로, 각자가 설계한 판타지 세계로 들어가는 마법의 입구를 디자인하는 것이었다. 〈공포의 성〉 만들기 활동을 할 때와 마찬가지로, 삼등분한 A3 종이를 자신이 선택한 판타지 세계 지도의 앞부분을 그리는 데 사용하도록 했다.

그런 후에는 주제가 담긴 장소 이름을 짓기 위한 토론이 이어졌다. 예를 들어 판타지 세계를 '사탕 나라'로 선택한 여자 어린이는 '롤리팝 숲', '코카콜라 호수', '탄산음료가 나오는 화산'과 같은 이름을 지었고, '귀신이 나올 것 같은 나라'를 판타지 세계로 선택한 남자 어린이는 '해골 섬', '공동 묘지 숲', '어두침침한 강'과 같은 이름을 지었다. 그다음에는 감각 상자를 사용해 만든 감각어의 목록을 가지고 세부 배경 묘사를 확장해 가면서 공동 창작을 하도록 했다. 이러한 활동은 어린이들이 '바삭바삭하고 사각사

각거리는 눈(crisp, crunch snow)', '부드럽고 체로 걸러진 듯한 고운 모래(soft, sifting sand)', '둥글고 매끈매끈한 자갈(round, smooth pebbles)' 등과 같이 묘사를 위한 의성어와 두운법의 사용에 관해 토론할 수 있는 기회가 되었다.

영화의 행동유도성 활용하기

우리가 초점을 두었던 그다음 에피소드는 '하얀 마녀(White Witch)'의 도착과 그녀의 행동방식에 대한 묘사였다. 어린이들은 책을 읽고 난 후 이를 영화화한 비디오를 보고 하얀 마녀의 모습과 행동에 관해 메모했다. 그런 후에 수업에서는 어린이들에게 지금까지 접해 온 이야기에 등장하는 인물들 가운데 무섭거나 놀라웠던 악당을 생각해 보게 했다. 이에 관해 어린이들이 만든 목록은 〈공포의 성〉 만들기 활동을 했을 때와 마찬가지로 최근 영화나 TV 프로그램에 나오는 것들이 대다수를 차지했다.

어린이들이 말한 악당들을 많이 언급된 순서대로 나열하면 〈해리포터와 마법사의 돌〉에 나오는 '볼드모트(Voldemort)'(어린이들은 '그의 이름을 부르면 안 돼요'라고 속삭이듯 말했다), 〈스타워즈〉에 나오는 '다스 몰(Darth Maul)'(볼드모트와 차이가 별로 나지 않았다), 〈오즈의 마법사〉에 나오는 '서쪽 마녀(the Wicked Witch of the West)', 〈101마리의 달마시안〉에 나오는 '크루엘라 드 빌(Cruella De Vil)', 디즈니 영화 〈백설공주〉에 나오는 사악한 계모인 '말레피센트(Maleficent)', 그리고 〈배트맨〉에 나오는 '조커(the Joker)' 순이었다. 이 활동을 하고 있을 당시 저드 선생님과 나는 다스 몰에 대해 들어 본 적이 없었는데, 이 때문에 남자 어린이들은 다스 몰이 〈스타워즈〉에서 어떤 역할을 하는지 설명해 주기도 하고, 우리가 이름의 철자를 잘못 적자 이를 고쳐 주기도 하면서 즐거워했다. 우리는 여기에 열거된 악당이 나오는 비디오를 갖고 있는 어린이들에게 다음 수업 시간에 그것을 가져와 달라고 부탁했다. 그리고 학부모들에게 이것이 어린이들의 읽기 과제의 일부라고 설명하는 편지를 보냈다. 다음은 어린이들이 집에서 가져온 비디오의 목록이다.

- 〈101마리의 달마시안〉
- 〈007 골드핑거〉
- 〈잠 자는 숲속의 미녀〉
- 〈백설공주〉
- 〈해리포터와 마법사의 돌〉
- 〈카툰 케이퍼스〉
- 〈인어공주〉
- 〈스타워즈〉
- 〈오즈의 마법사〉
- 〈토마스와 친구들〉

어린이들은 집에서 비디오를 보면서 '악당'이 출현하는 적절한 순간을 찾아 시작 지점으로 세심하게 맞춰 왔다. 수업 시간에는 어린이들이 선택해 온 장면들을 해당 장면을 가져온 어린이의 안내에 따라 학급 전체가 함께 보았다. 그런 후에는 각각의 장면을 다시 한번 보고 나서 학급 전체가 토론한 뒤, 여러 그룹으로 나누어 하나의 에피소드를 선정하고 그 내용을 자세하게 분석하는 토론을 했다. 저드 선생님과 나는 어린이들의 토론을 안내하기 위해 다음과 같은 표를 준비했다. 다음은 세 명의 어린이로 구성된 그룹에서 〈101마리의 달마시안〉을 분석한 표이다.

영화 제목	주인공	생김새/옷차림	얼굴/표현/분위기	말투/목소리	행동
101 마리의 달마시안	크루엘라 드 빌	• 매우 거만해 보임 • 흑백이 섞인 머리 • 검은색 옷 • 하이힐	• 냉소적인 얼굴 • 밝은 빨간색 입술 • 찌푸린 얼굴 • 교활한 웃음	• 경멸하는 말투 • 조롱하는 말투 • 직원에게 소리를 지르며 "바보, 멍청이"라고 말함	• 하이힐을 신고 또각또각 소리를 냄 • 담뱃대를 흔들어 댐 • 담배를 피움

모든 그룹에서 다양한 영화 장면에 대한 분석을 끝낸 후에는 이를 모아 반 전체가 살펴보면서 악당에게서 공통적으로 발견되는 특징을 찾아냈다. 어린이들이 찾아낸 것은 빨간색과 검은색처럼 강렬하게 대조되는 색깔들을 사용하는 것, 혹은 위협과 권력을 암시하기 위해 검은색이나 하얀색 등 단색을 주로 사용하는 것 등이었다. 그 후 어린이들은 악당들의 힘 있는 움직임들, 예를 들어 성큼성큼 걷기, 휩쓸고 가기, 급습하기 등에 대해 이야기했고, 그들의 목소리에 잔인함이 묻어난다고 말했다. 이런 방식으로 어린이들은 영화의 시각 언어와 청각 언어가 만들어 내는 의미 패턴의 비밀을 벗겨 내기 시작했다.

언어 사용 양상을 분석하기

책에 사용된 언어를 보다 자세히 살펴보기 위해, 앞서 어린이들이 작성한 표의 다섯 번째 항목인 '말투/목소리'를 대화의 출발점으로 삼았다. 또 볼드모트나 크루엘라 드 빌과 같은 특정한 악당을 집중 조명하여 그들의 동기를 살펴보았다. 어린이들은 영화에 나오는 목소리를 흉내 내거나 새로운 목소리를 만들어 서로에게 실행해 보는 것을 특히 좋아했다. 그런 후에 우리는 〈사자, 마녀 그리고 옷장〉에 나오는 하얀 마녀의 언어를 다시 면밀히 들여다보기 시작했다. 이 텍스트에서 집중적으로 분석한 부분은 어린이들이 '책에 나오는 언어(book language)'라고 말한 것이었다. 어린이들은 이러한 언어가 '약간 시대에 뒤처지는' 것이지만 '매우 중요한' 것이기도 하다고 생각했다. 어린이들은 악당들이 사용하는 언어의 특징이 모욕, 명령, 대답할 수 없는 질문들(수사적 질문들)이라고 적으면서, 이 텍스트의 복사본에 나오는 다음의 인용문들에 밑줄을 쳤다.

> '말해라, 이 해충 같은 놈아! 아니면 나의 난쟁이가 채찍으로 네 혀를 가져가 버리기를 원하느냐?'
> '조용히 해, 이 바보야.'
> '거기서 발견한 사람은 누구든 죽여라. 네가 무엇을 해야 할지 알게 될 것이다.'
> '네가 조언자냐, 노예냐? 시키는 대로 해라.'

그런 다음 어린이들은 자신의 작은 책에서 주인공들이 악당과 맞서는 내용이 나오는 섹션을 완성했다. 여기서 어린이들이 사용한 언어에는 앞서 했던 활동에서 얻은 지식이 반영되어 있었는데, 예를 들어 한 남자 어린이는 자신이 만든 '무시무시한 땅'에서 해골이 '좋다. 나는 너와 함께 그곳으로 갈 것이다. 그러나 인간아, 어떤 문제도 일으켜서는 안 된다'라고 말한다고 적었다. 이 어린이가 만든 또 다른 인물인 마법사는 '더러운 놈, 나의 왕국을 보여 주마. 두려워해라. 아주, 아주 두려워하여라'라는 대사를 하는데, 이것은 이 책, 그리고 이에 바탕을 두고 만들어진 유명한 영화의 대사에서 사용된 언어 패턴을 섞어 놓은 것이다.

마지막으로 어린이들은 미로슬라프 홀룹(Miroslav Holub)의 시 〈가서 문을 열어라(*Go and Open the Door*)〉(1967)에 기초하여 자신의 세계에 대해 시를 쓰는 활동을 했다. 홀룹의 시는 다음과 같이 시작된다.

가서 문을 열어라

아마도 어느 개가 뒤적거리는 것을

아마도 누군가의 얼굴을, 혹은 누군가의 눈을

혹은 그림을 그린 그림을 너는 보게 될 것이다

    어린이들은 각자 만든 작은 책의 뒤표지에 자신의 시를 옮겨 적었는데, 모두가 동기 유발을 위해 보여 주었던 시 형식에 각자 나름대로 구축한 판타지 세계의 세부사항들을 혼합하는 방식으로 시를 썼다. 이러한 혼합의 방식은 '에마'가 쓴 시에서 볼 수 있다. 이 시는 에마가 읽은 책의 여러 가지 요소들과 자신이 구축한 상상의 세계를 분명히 반영하고 있다 (그림 9.3).

그림 9.3

에마가 쓴 시

장난감 상자

장난감 상자를 열어라.

아마도 말하는 장난감,

혹은 나무,

혹은 사자가 거기에 있을 것이다.

바로 장난감 상자를 열어라.

장난감 상자를 열어라.

아마도 거기엔 강,

혹은 죽은 새,

심지어는 꽃 한 다발이 있을지도 모른다.

바로 장난감 상자를 열어라.

장난감 상자를 열어라.

아마도 거기엔 종종걸음으로 돌아다니는 거미,

혹은 눈송이,

혹은 폭발 직전의 화산이 있을지도 모른다.

바로 장난감 상자를 열어라.

마침내 우리는 놀 수 있게 될 것이다.

어린이들과 함께 한 글쓰기 과정에 대한 평가

작은 책 프로젝트가 끝났을 때(이 프로젝트는 6주간 실행되었다), 어린이들은 서로의 이야기를 교환해 함께 읽는 수업을 했다. 독자로서 어린이들은 작가가 성취한 특별하고 개인적인 성과를 찾아내도록 요구받았다. 그런 후에 우리는 프로젝트 전반에 대한 그룹 평가를 실시했다. 우선 어린이들에게 요구한 것은 우리가 이 작업을 조직한 방식에 대해 개인적으로 유용하다고 생각했던 점을 적어 보라는 것이었다. 이후 우리는 그룹 내에서 평가를 기록하는 방식에 대해 협의했다. 이런 방식으로 우리가 함께 진술한 내용은 아래에 적혀 있다. 각 논평의 첫 문장은 학급 전체가 동의한 내용이고, 그 아래 큰 따옴표로 인용한 말은 개별 어린이들이 작성한 실제 논평이다. 이 내용을 읽어 보면 어린이들이 글쓰기 과정에 더 자신감 있게 집중할 수 있도록 하는 데 우리가 사용한 구조들이 도움을 주었다는 점이 분명히 나타난다. 어린이들이 프로젝트의 장점이라고 평가한 사항은 다음과 같다.

- 글쓰기 활동을 단계별로 나누어 주어서 한꺼번에 다 쓸 필요가 없었다.
  "지루하지 않았다."
- 지도를 그린 활동.
  "이렇게 해보니까 다양한 장소의 이름들을 제대로 연결시키며 생각할 수 있었다."
- 우리가 쓴 글을 소리 내어 함께 읽었던 것.
  "이렇게 하니까 우리가 쓴 이야기가 훨씬 더 재미있었다. 목소리로 연기를 할 수 있어 좋았다."
- 각자 가져온 비디오를 함께 본 것.
  "이렇게 하니까 우리가 만들 악당에 대한 아이디어를 잘 떠올릴 수 있었다."
- 감각 주머니 활동이 재미있었다.
  "또 다른 세계에서 걸어 다니는 것이 어떤 느낌일지를 묘사하는 데 도움을 주었다."
- 작은 책 쓰기.
  "내가 작가가 된 기분이었다."
- 글을 쓰면서 그림도 함께 그린 것.
  "그림을 그리는 것이 묘사를 하고 아이디어를 얻는 데 도움을 주었다."

프로젝트 전체에 대한 평가

저드 선생님과 나는 우리의 평가를 요약하면서 어린이들에게 글쓰기 동기를 부여한 점, 어린이들이 서로의 아이디어를 함께 나누는 데 진심으로 관심을 갖게 된 점, 어린이들이 자신의 이야기를 할 수 있게 해 주는 '공통 화폐(commom currency)'로서 대중문화를 인식하게 된 점 등을 알게 되었다. 우리는 작은 책에 개인의 이야기들이 담겨야 한다고 강조하였고, 이를 통해 어린이들은 판타지 이야기의 본래적인 틀에서 벗어나 각자의 관심을 자유롭게 논의할 수 있었다(예를 들어 어린이들이 영웅의 모델로 선택한 것은 '기차 토마스'에서 '제임스 본드'에 이르기까지 매우 다양했다). 우리가 고안했던 계획 단계의 활동들은 어린이들이 이야기할 수 있는 많은 기회를 제공했다. 또한 작은 책 프로젝트는 어린이들이 자신의 글쓰기 활동을 구조화하고 유지하는 데 도움을 주었다. 심화 활동으로는 특히 언어 선택에 초점을 둔 활동들을 제공했으며, 이 활동들은 읽기가 쓰기를 지원하고 다시 쓰기가 읽기를 지원하는 방식으로 이루어졌다. 이 모든 활동들은 교육과정 밖의 요구에 주의를 기울인 기획 내에서 이루어짐으로써, 교사의 관심사와 어린이들의 관심사가 효과적으로 융합될 수 있었다.

융합적 리터러시

프로젝트가 끝날 무렵 어린이들의 작품을 검토하면서, 저드 선생님과 나는 우리가 선택한 교육과정을 통해 국가 수준의 리터러시 능력의 준거 틀이 규정하는 요구와 어린이들이 동료 집단 내에서 개별적인 작가로서 자신의 정체성을 수립하고자 하는 욕구 사이의 융합을 이루어 낼 수 있었다고 결론 내렸다. 어린이들은 자신의 작품을 다른 어린이들과 열정적으로 공유했으며, 작은 책 만들기 프로젝트를 한 해 동안 가장 즐거웠던 활동으로 꼽았다.

이 프로젝트는 악당에 대한 정보를 수집하기 위해 웹사이트를 방문하는 것을 포함해 다양한 범위의 양식으로 작업할 수 있도록 했다. 더욱이 이 프로젝트의 주요 양식 가운데 하나였던 말(talk)은 어린이들의 작업을 계획하고 공유하는 과정에서 중심적인 역할을 담당했다. 이 학급의 어린이들은 그룹 토론에서 발표하고 자기 자신의 작품을 읽거나 공연하는 등의 많은 기회를 갖는 것을 무척 즐거워했다. 계획을 위한 장치는 대체로 매우 간단한 종이였다. 이를 활용하여 어린이들은 인물이나 장소에 대한 아이디어를 말이나 그림으로 끌어낼 수 있었고, 이야기를 구조화하고 이야기에서 선택 가능한 것들을 시각화해서 보여 줄 수 있었으며, 다른 어린이들에 비해 시각적 상상력이 뛰어난 어린이들은 자신의 아이디어를 더 쉽게 기록할 수 있었다. 현행 영국 학교 교육과정의 '리터러시 전략(Literacy Strategy)'에서 중심적 위치를 차지하는 단어와 문장 수준의 학습은 별도의 활동지로 제시하지 않고 함께 읽고 쓰는 활동에 포함하여 시행하였다. 또한 이 작업을 통해 우리는 (비디오 속 행동이나 말은 물론 의복이나 특정한 버릇 등이 제공하는) 시각적 기호 단서의 분석과 같은 조금 더 복잡한 미디어 기술을 도입할 수 있었다. 이 학급은 보통 중등 교육 단계에서 시행하는 것으로 생각되는 내용 분석 방법을 잘 이해하기 시작했다. 이뿐만 아니라, 어린이들이 고안한 세계를 공유하면서 저드 선생님과 나는 어린이들의 문화적 관심과 즐거움에 대해 보다 복합적인 이해를 얻을 수 있었다.

이 프로젝트에서는 읽기, 그리기, 보기, 말하기, 그리고 쓰기가 서로 얽혀 있었다. 이로 인해 모든 어린이들이 자신감을 갖고 작업할 수 있었으며, 어린이들이 지닌 개인적인 지식이 그룹 활동에 잘 녹아들 수 있었다. 이러한 점을 잘 보여 주는 예는 앞서 언급한 바 있는 '괴물들의 논쟁'이라는 제목의 글을 쓴 남자 어린이다. 이 어린이는 자신의 글과 또 다른 짧은 시나리오를 연기하는 과정에서, 자신이 말투를 흉내 내고 자기 그룹을 지도하는 데 재능이 있음을 깨닫고 자신감을 얻었다. 이는 다이슨(Dyson, 1997)이 자신의 저서 〈영웅에 대한 글쓰기(*Writing Superheroes*)〉에서 논의한 '저자 극장(author theatre)'의 사용과 또 다른 남자 어린이가 '기차 토마스'의 이야기를 이용해 쓴 글에 대해 다른 어린이들이 '유치'하다며 거부하기보다는 관심을 갖고 들어주었던 것도 마찬가지이다. 이와 유사하게 저드 선생님은 한 남자 어린이가 제임스 본드를 자신의 악당 가운데 하나로 선택하자 제임스 본드 이야기는 수업에 적절하지 않다는 거부 반응이 일어났지만, 그 어린이가 영화에 나오는 정보를 활용하여 어떻게 폭력을 사용하지 않고 상대방을 굴복시킬 수 있는지에 관해 복잡한 설명을 하는 것을 보면서 자신의 태도가 올바른 것인지 다시 생각하게 되었다. 성인 대상 영화를 수업에 가져오는 것을 허용하지 않으려는 저드 선생님의 본능은 교사들이 대중문화를 거부하는 이유들에 대해 연구자들이 보고한 바와 같은 이유에서 작동하는 것이다(Dyson, 1997; Green *et al.*, 1998; Lambirth, 2003; Makin & Jones Diaz, 2002; Marsh & Millard, 2003). 그러나 저드 선생님은 이 어린이가 당시 매우 열광하고 있던 관심사를 인정해 주고, 그가 제임스 본드 이야기 중에서 판타지 이야기 만들기 작업에 적합한 측면들을 선택하도록 허용해 주었다. 그 과정에서 이 어린이가 얼마나 많은 것을 얻었는가는 매우 놀라운 것이었다. 아마도 우리는 어린이들이 다양한 맥락에서 무엇이 적절한지에 대해 스스로 이해하고 있는 바를 너무 쉽게 과소평가하면서, 이러한 변용의 형식을 학교 교육에 끌어들이는 데 대해 충분히 주목하지 않고 있는 것이 아닌가 생각한다.

교사 전문성에 대한 자신감 발달시키기

마시(Marsh, 2003)는 예비 교사들이 어린이들의 문화가 동기부여에 효과가 있음을 알면서도 이를 수업에 포함하지 않는 '자기 제재' 행위에 대해 연구한 바 있다. 마시에 따르면 예비 교사들이 말하는 자신의 신념과 실제 수업 실행이 불일치하는 이유 중 하나는 가르쳐야 하는 내용의 조직과 전달을 상당 부분 교사나 학생이 아니라 교육과정 자체가 강력하게 통제하고 있기 때문이다.

그러나 함께 읽고 쓰는 활동에 기반을 둔 '리터러시 전략'의 틀을 가르친 결과, 거시적인 수준에서는 판타지 장르의 주요 요소들을 토의하고 공유할 수 있었고, 미시적인 수준에서는 작문과 문체의 세부사항에 대해 가르칠 수 있었다. 학급 담임으로서 대담한 교육과정 개념을 개발한 저드 선생님과 대중문화를 학교에서 가르칠 필요가 없다고 보는 교사들(Lambirth, 2003)의 차이는 교사 전문성에 대한 자신감의 차이에서 비롯된다. 저드 선생님의 개인적인 결론은 이 프로젝트에 대한 평가 당시에 기록한 다음의 논평에 요약되어 있다.

어린이들은 정말로 몰입했다. (…) 이 프로젝트는 어린이들의 상상력, 그리고 다른 사람과 언어로 상호작용하는 능력을 향상시켜 주었다. 이러한 방식으로 나는 경계를 넘나들 수 있었다. 즉, 문학으로 시작한다면 문학적 관점에서 글쓰기 작업과 시 쓰기로 넘어갈 수 있고, 또 이를 신문 기사 쓰기로 확장하거나 또 다른 활동을 할 수도 있다. 이번에는 과학 학습을 위해 눈과 눈송이를 관찰했다.

결론

판타지 장르는 어린이들이 학교에 가장 쉽게 가져오는 문화이지만, 여전히 비공식적 교육과정에서 통용되고 있다. 지금도 학교의 공식적 교육과정에 접근하기 위한 핵심 요소는 읽기와 쓰기이며, 이는 교사들이 어린이들에게 가장 직접적으로 가르치고 싶어 하는 것이기도 하다. 저드 선생님이 교사로서 가진 역할의 핵심은 판타지 이야기가 작용하는 방식에 대해 어린이들이 이해하고 있는 주요 측면들을(이것은 시각적 텍스트에 대한 그들의 암묵적 이해로부터 나온다) 어린이 고전 작품의 풍부한 문학적 언어와 융합한 데 있다. 이처럼 가정과 학교의 관심사를 융합하고 어린이들이 인쇄물보다는 미디어의 언어를 실험할 수 있도록 동기를 부여하는 능력은 내가 주장하는 '융합적 리터러시' 개념의 본질적인 요소이다(Millard, 2003a). 융합적 리터러시는 교사들이 어린이들의 관심사와 그들이 선호하는 의미 생산 방법에 주의를 기울일 것을 요구한다. 그래야 어린이들이 학교 밖 관심사에서 가져온 지식에 의문을 제기하고 이를 변형시킴으로써 교실의 요구를 충족시킬 수 있기 때문이다. 마시(Marsh, 2003)의 결론이 말해 주듯이, 역사 이래 가장 강력한 교육과정 통제의 시대에 교사들에게 가장 중요한 메시지는 초등학교 교실에서 다른 미디어의 사용을 금지할 필요가 없다는 것이다. 또한 교육 전문가는 국가 수준의 지침을 다루면서도, 교사들이 학급의 요구와 학생의 관심사를 연결하는 자신만의 자율적인 리터러시 교육과정을 구성할 수 있도록 지원할 전문적 책임이 있다.

교육 활동에 대한 시사점

이 장의 관심은 어떻게 어린이들과 교사들의 목적이 서로 대립하는 것이 아니라 서로 지원할 수 있는지를 설명하는 데 있었다. 그 첫 번째 필요 조건은 교사들이 자신의 교수 학습 맥락에 적합한 것을 결정할 수 있는 자율성을 가져야 한다는 점이다. 이를 위해 교육 전문가들은 교사들이 전문성에 대한 자신감을 얻고 새로운 형식에 대한 자신의 실험으로부터 얻은 안목을 교환할 수 있는 협력적인 워크숍과 세미나를 개최하는 방식으로 적극적인 지원을 할 수 있다. 교사들은 다음과 같은 자신감을 가져야 한다.

정기적인 교실 토론을 통해 어린이들의 학교 밖 리터러시 실행에 관심을 갖기

새로운 학급을 맡을 때마다 어린이들이 집에서 읽고 쓰는 것에 관해 묻는 간단한 설문지를 사용하여 그들의 관심사에 대해 조사하는 습관을 가져라. 이러한 조사에는 화면 기반의 활동이나 컴퓨터 활동도 포함해야 한다.

모든 학급 어린이들이 스토리텔링에 대해 알고 있는 바에 대해 이야기할 수 있는 기회를 찾아보기

어린이들이 읽는 책 뿐만 아니라 그들이 보는 영화나 비디오, 그들이 하는 컴퓨터 게임에 대해서도 이야기할 수 있도록 하라. 어린이들이 현재 지니고 있는 지식을 학교 공부에 적합한 형식으로 변형할 수 있는 방법을 찾을 수 있음을 신뢰하라.

어린이들이 대중문화의 양상에 대해 전문가가 됨으로써 얻을 수 있는 혜택을 허용하기

어린이들에게 자신의 아이디어와 관심사를 다른 사람들에게 설명할 수 있는 기회를 주어라. 열린 토론을 통해 다른 사람들의 취향과 관점에 대해 관용적인 태도를 가질 수 있도록 하라.

협력적 글쓰기를 장려하고 어린이들이 자신의 이야기를 다시 말하는 방식으로 대화할 수 있도록 글쓰기 활동을 구조화하기

어린이들이 다른 미디어에서 접한 이야기를 바탕으로 이야기를 형성하고, 가장 생산적이라고 생각되는 의미 생산 양식을 사용하도록 격려해 주어라.

자신이 읽고 쓰는 텍스트에 대해 비판적인 태도를 취하는 것이 중요함을 강조하기

예를 들어 어린이들이 인종이나 성에 대한 고정관념 및 상업화 문제, 특정 이야기의 인쇄 버전과 영화 버전 간의 차이점 등에 대해 토론할 수 있는

기회를 찾아 보라.

취향과 개인이 선호하는 창의성 양식의 차이를 인정해 주기

언어로 표현된 텍스트의 내용만큼이나 디자인과 시각적 효과 측면에 대해서도 많은 관심을 기울여라. 어린이들이 자신이 선호하는 양식으로 작업을 계획하고 발표할 수 있게 하라. 이런 방식으로 독자 및 글쓰기 목적에 대한 감각을 길러 주어라.

가능한 한 학부모와 보호자들을 참여시키기

과제를 내 주는 것을 고려하라. 보다 관습적인 이야기뿐 아니라 시각적 이야기를 읽는 것도 과제에 포함시켜라.

참고문헌

Appleyard, J. A. (1990) *Becoming a Reader: The Experience of Fiction From Childhood to Adulthood*. New York: Cambridge University Press.

Bettleheim, B. & Zelan, K. (1982) *On Learning to Read: A Child's Fascination With Meaning*. London: Thames and Hudson.

Blume, J. (2001) *Forever*. London: Macmilan's Children's Books (First published 1975).

Bourdieu, P. (1984) *Distinction: A Social Critique of the Judgement of Taste*. London: Routledge and Kegan Paul.

Bruner, J. (1999) *The Culture of Education* (Fifth edition). Cambridge, MA: Harvard University Press.

Burgess, M. (1996) *Junk*. London: Pelican Books.

Byatt, A. S. (2004) 'Happily Ever After', *Guardian Review*, 4 January.

Cox, B. (ed.) (1998) *Literacy Is Not Enough: Essays in the Importance of Reading*. Manchester: Manchester University Press.

Dreamworks (2001) *Shrek*. Home Entertainment VHS Tape.

Dyson, A. H. (1997) *Writing Superheroes: Contemporary Childhood, Popular Culture, and Classroom Literacy*. New York: Teachers College Press.

Dyson, A. H. (2000) 'On Reframing Children's Word: The Perils, Promises and Pleasures of writing Children', *Research in the Teaching of English*, 34, 352-67.

Dyson, A. H. (2003) *Brothers and Sisters Learn to Write: Popular Literacies in Childhood and School Culteres*. New York: Teachers College Press.

Gilbert, P. (1992) 'Narrative as gendered social practice: in search of different story lines for language research', *Linguistics and Education*, 5, 211-18.

Green, B., Reid, J. & Bigum, C. (1998) 'Teaching the Nintendo generation? Children, computer culture and popular technologies', in S. Howard (ed.) *Wired-up: Young People and the Electronic Media*. London: UCL Press.

Heath, S. B. (1983) *Ways With Words: Language, Life and Work in Communities and Classrooms*. Cambridge: Cambridge University Press.

Hilton, M. (ed.) (1996) *Potent Fictions: Children's Literacy and the Challenge of Popular Culture*. London: Routledge.

Holub, M. (1969) *Collected Poems*, Modern European Poets. Harmondsworth: Penguin.

Lambirth, A. (2003) '"They get enough of that at home" understanding aversion to popular culture in schools', Reading, *Literacy and Language*, 37 (1), 9-14.

Lankshear, C. with Gee, J. P., Knobel, M. & Searle, C. (1997) *Changing Literacies*. Buckingham: Open University Press.

Lewis, C. S. (2001) *The Lion, the Witch and the Wardrobe (Chronicles of Narnia)*. London: Collins (First published 1950).

Makin, L. & Jones Diaz, C. (2002) *Literacies in Early Childhood: Changing Views and Challenging Practice*. Sydney: Maclennan and Petty.

Marsh, J. (2003) 'Taboos, Tightropes and Trivial Pursuits: Pre-service and Newly-qualified Teachers' Beliefs and Practices in Relation to Popular Culture and Literacy'. Paper presented at AERA Annual Meeting, Chicago, April 2003.

Marsh, J. (2004) 'The techno-literacy practices of young children', *Journal of Early Childhood Research*, 2 (1), 51-66.

Marsh, J. & Millard, E. (2000) *Literacy and popular culture: Using Children's Culture in the Classroom*. London: Paul Chapman.

Marsh, J. & Millard, E. (2003) *Literacy and Popular culture in the Classroom*. Reading: National Centre for Language and Literacy, The University of Reading.

Millard, E. (2003a) 'Transformative Pedagogy: Toward a Literacy of Fusion', *Reading, Literacy and Language*, 37 (1), 3-9.

Millard, E. (2003b) 'Transformative Practitioners, Transformative Practice: Teachers Working With Popular Culture in the Classroom'. Paper presented at AERA Annual Meeting, Chicago, April 2003.

Millard, E. (2005). 'To Enter the Castle of Fear: Engendering Children's Story Writing from Home to School at KS2', *Gender in Education*, 17 (1), 57-73.

Moss, E. (1977) 'The peppermint lesson', in M. Meek, A. Warlow & G. Barton (eds) *The Cool Web*. London: Bodley Head.

Pennac, D. (1994) *Reads Like a Novel*. London: Quartet Books.

Seiter, E. (1999) 'Power Rangers at Preschool: Negotiating Media in Child Care Settings', in M. Kinder (ed.) (1999) *Kids' Media Culture*. Durham: Duke University Press.

Spufford, F. (2002) *The Child That Books Built: A Life in Reading*. London: Faber and Faber.

Tatar, M. (ed.) (2004) *The Annotated Brothers Grimm: Jacob Grimm, Wilhelm Grimm*. New York, London: WW Norton.

Tolkien, J. R. R. (1991) *The Hobbit*. London: HarperCollins (First published 1937).

Wells, G. (1987) *The Meaning Makers*: Children Learning Language and Using Language to Learn. London: Hodder & Stoughton.

Wells, G. (2003) 'Action, talk and text: integrating literacy with other modes of meaning making', in E. Bearne, H. Dombey, and T. Grainger, (eds) *Classroom Interaction in Literacy*. Maidenhead: McGrawHill Educational, Open University Press.

Wilkinson, K. (2003) 'Children's favourite books', *Early Childhood Literacy*, 3 (3), 1.

10 장
어린이들에게 적합한 방식으로 가르치기

어린이 문화, 지역사회, 학교 사이의
의미 있는 연계

도미닉 스콧 Dominic Scott

오늘날 어린이들은 새로운 아동기를 경험하고 있다. 전통적으로 교육을 담당해 왔던 가정, 교회, 학교는 어린이들의 학습 방식에 있어 더 이상 독점권을 행사하지 못하고 있다. 어린이들은 컴퓨터, 대중문화, 패션, 그리고 다양한 기술적 도구와 같은 새로운 영역에서도 세련된 수준의 리터러시를 요구받고 있으며, 이로 인해 어린이들은 부모들보다 더 '똑똑해지게' 되었다. 그런데 이처럼 새로운 아동기를 살아가는 어린이들의 교육 문제는 이주민 가정 어린이들에게는 더욱 시급한 문제로 떠오르고 있다. 이 장에서는 미국의 거버너 스쿨(Governor's school)[31]에 참여한 헌신적인 십대 청소년들이 9~10세 사이의 이주민 가정 어린이들을 대상으로, 그들이 살게 된 새로운 세계의 의미를 비판적으로 읽을 수 있도록 한 교육에 대해 논의할 것이다. 이 장의 집필 목적은 교육자들로 하여금 리터러시의 개념 정의를 보다 확대하고, 어린이들이 자신의 삶에 의미 있는 새로운 텍스트들을 이해할 수 있도록 돕기 위한 비판적 접근들을 리터러시 교육에 통합하는 혁신적인 전략이 필요하다는 점을 인식시키는 데 있다. 또한 이 장에서는 어린이들이 지닌 문화 자본을 고려할 때, 학교 교육과정

---

31 미국에서 재능 있는 고등학생들에게 주 정부 차원에서 장학금을 지급해 운영하는 5주간의 여름방학 프로그램을 뜻한다.

이 어린이들에게 더욱 의미 있게 다가갈 수 있음을 보여 줄 것이다.

들어가며

오늘날 어린이들은 예전에는 상상할 수 없었던 복잡한 세계를 살아가고 있다. '새로운 아동기'는 부모, 학교, 시민 사회가 함께 고민하고 있는 사회적 구성물이다. 기업, 미디어, 인터넷, 장난감, 비디오 게임, 친구들, 대중문화 등 많은 다양한 요소들이 새로운 아동기를 구성하고 있다. 이 모든 요소들이 만들어 내는 공간 속에서 어린이들은 자신이 살고 있는 세계, 그리고 그 세계가 자신들에게 기대하는 바를 읽고 해석하며, 자기 자신에 대한 이미지들을 형성한다. 오늘날 존재하는 수많은 지식과 정보의 원천들은 가족, 교회, 학교와 같은 전통적인 교육 기관이 제공하는 것을 넘어선 현실에 대한 해석을 제공하며, 이는 어린이들이 과잉현실(hyperreality)[32]의 세계를 유능하게 살아 나가는 데 도움을 주고 있다. 과잉현실이란 미디어가 생산한 이미지와 실제 세계의 이미지 사이의 경계가 허물어지고 서로 침투하는 공간, 즉 시뮬레이션들이 현실로 받아들여지는 공간을 뜻한다. 이러한 과잉현실은 주류 문화가 미디어와 기업이 생산하는 문화에 의해 뒤덮이는 새로운 현상을 만들어 낸다.

과잉현실을 접하고 알게 되는 과정에서 어린이들은 탈근대사회를 살아가기 위한 교섭 방법을 배우며, 이를 통해 모종의 힘을 느끼게 된다. 그리고 이는 '과잉현실을 만들어 내는 전자 매체를 통해 어린이들이 성인의 세계에 접근하게 되면서 스스로가 무능력하고 의존적인 존재가 아니라고 생각하게 된다'(Steinberg & Knincheloe, 1998: 17)라는, 힘에 대한 새로운 인

---

32 프랑스의 철학자 장 보드리야르(Jean Baudrillard)의 용어로, 미디어가 만들어 내는 현실보다 더 현실적인 이미지를 뜻한다.

식을 만들어 냈다. 대중문화, 기술, 시장이 만들어 낸 소비에 대한 지식에 있어 어린이들이 성인을 압도할 만큼 더 똑똑해짐에 따라 아동기와 성인기의 경계는 허물어지게 되었다.

텍스트는 더 이상 문자로 적힌 단어에 의해서만 표상되지 않는다. 텍스트는 이제 비디오 게임, TV, 음악, 장난감 등 다양한 인공물의 집합까지도 포괄해야 하며, 이 모든 것이 합쳐져 현대 사회의 어린이가 살고 있는 세계의 지식, 의미, 느낌, 신념을 형성한다. 그런데 이러한 텍스트들은 그것들을 만들어 내는 데 기여하는 시장, 기업, 정부, 그리고 시민 단체들의 욕망에 순응한다. 따라서 현대사회의 어린이들은 다양한 코드와 포맷을 지닌 여러 가지 다른 리터러시를 획득할 필요가 있다. 다른 사람들이 만들어 놓은 복잡한 코드의 의미와 중요도를 구분해야 하는 어려운 과제가 어린이들에게 제시된 것이다. 다른 말로 하면, 어린이들은 여러 과잉현실들이 경쟁하고 있는 가운데 어떤 과잉현실이 적합하고 의미 있는 것인지를 결정해야 한다. 탈근대사회를 살아가는 어린이들에게 리터러시란 여러 다른 종류의 리터러시를 활용해 다양한 맥락에서 힘을 발휘할 수 있어야 함을 뜻한다.

어린이들은 복잡한 현실 상황에서 여러 가지 리터러시가 요구된다는 점, 그리고 각각의 리터러시가 지닌 코드는 다른 맥락에서는 적용되지 않는다는 점을 알게 된다. 그러므로 복합적 리터러시를 다룰 수 있는 능력은 새로운 아동기를 성공적으로 살아가며 의미를 교섭하기 위해 필수적인 기술이다. 현대의 어린이들은 다양한 정보가 쇄도하는 가운데 자신이 살아가는 세계와 그 세계의 현실 상황들의 의미를 이해해야 하는 도전에 직면하고 있다. 아동기의 본질은 변형되고 있으며, '어린이, 어른, 부모, 그리고 아동 전문가들은 아동기의 의미가 변화하는 문화적 과도기의 시대정신을 목격하고 있다'(Kincheloe, 2002: 109). 어린이들이 세계의 의미를 이해하기 위해서는 자신보다 아는 것이 더 많은 중재자(mediator)를 필요로 한다(Vygotsky, 1962). 그러나 탈근대사회에서 부모나 다른 어른들은 이러한 의미의 중재자가 되어 줄 수 없는 경우가 많다. 더욱이 어른들은 어린이들이 살아가고 있는 문화적 동네의 현실을 거의 이해하지 못하고 있다. 이 때문에 미디어와 다른 형태의 디지털 인터페이스는 어린이들에게 대리 중재자가 된다. 비고츠키(Vygotsky, 1962)는 인간 심리 과정의 복합적인 문화적 배태성(cultural embeddedness)을 다음과 같이 인식한 바 있다(Dixon-Krauss, 1996).

> 심리학에 접근하는 비고츠키 이론의 기본 원리는 인간의 행동이 진공 상태에서 고립시켜 해부하고 연구하기에는 지나치게 복잡하다는 것이다. 인간 행동은 반드시 그것이 일어나는 사회적이고 역사적인 맥락 내에서 연구되어야 한다. 그러므로 비고츠키의 접근은 사회역사적이다.(p.1)

비고츠키(1962)와 다른 학자들이 기표(signifier)라고 부른 것, 즉 추상적 사고의 발달과 개념 형성의 도구로 작용하는 단어와 구들은 디지털화된 기표들로 급격히 확장되었다. 그런데 디지털화된 기표들은 이전에 존재했던 기표들보다 사람들의 주의를 더 잘 끌어내며, 더 강력하게 작용한다. 디지털 미디어로 구현된 문화적 도구의 정교함을 이해하기 위해서는 일곱 살에 불과한 어린이가 얼마나 자연스럽게 문자 메시지를 주고받고 이모티콘의 사용법을 익히는지를 떠올리면 된다. 이러한 현상은 단어나 구를 매개로 하여 개념을 압축하는 언어의 의미 작용이 디지털 미디어의 기표들로 극적으로 진화했음을 보여 준다(이 분야에서 어린이들이 지닌 놀라운 능력의 사례에 대해서는 4장을 참조할 것).

이상의 논의로부터 분명해지는 것은 리터러시의 개념이 우리에게 익숙한 사전적 정의인 '문자를 알고 있는 상태나 그 자질, 특히 읽고 쓸 수 있는 능력'(Morris, 1977: 762)에 비해 훨씬 더 광범위한 맥락에서 정의되어야 한다는 점이다. 날이 갈수록 리터러시의 개념은 다양한 미디어를 다룰 수 있는 능력을 의미하는 방향으로 변화하고 있는데, 여기서 문자 언어로 읽고 쓰는 능력은 리터러시의 일부분에 불과하다. 그럼에도 불구하고, 읽기와 쓰기가 여전히 지식 기반 사회의 특권적인 표현 수단으로 남아 있기 때문에 문자로 읽고 쓰는 능력은 리터러시의 중심부를 차지한다. 우리가 살고 있는 세계는 여전히 읽고 쓸 수 있는 능력을 요구한다. 그러나 오늘날 읽고 쓸 수 있는 능력은 단순히 문장 구조 만들기나 에세이 쓰기와 같은 기술 이상의 것, 즉 복잡한 현실에 대해 복합적 리터러시를 통해 말할 수 있는 능력을 포함한다. 이러한 리터러시의 획득은 어린이들이 사는 공간 속에서 서서히 일어나지만, 기업, 미디어, 그리고 디지털 방식으로 생산된 인터페이스에 의해 구성된다.

리터러시의 역학 관계

새로운 아동기에 접어든 아이들이 강력한 미디어 도구를 접하게 되면서 어린이들의 읽기 점수가 하락하고 있다는 난제가 생겨났다. 미국을 예로 들면, '2000년과 2001년 어린이들의 읽기 점수를 비교할 때 몇몇 주의 경우 8학년의 읽기 점수가 향상되기도 했으나, 4, 5, 10학년의 읽기 점수가 떨어지며 하락세가 심화되었다'(Loveless, 2002: 4). 온라인 세계에는 능하지만 읽기 능력은 떨어지는 어린이들의 문제는 많은 논문과 보고서에서 지적하고 있는 바이다. 패트릭 핀(Patrick Finn, 1999)은 '노동계급 어린이들은 학년이 올라갈수록 읽기 점수가 더욱 하락해 자신이 속한 실제 학년의 수준에 미치지 못하게 된다. 그들은 기본적인 능력이 부족하기 때문에 발음 중심 교수법(phonics)을 적용해야 한다'(Finn, 1999: 90)라고 주장한다. 노동계급 어린이들의 컴퓨터 사용 능력은 증가하고 있는 반면 읽기 점수는 떨어지는 현상을 과연 어떻게 설명해야 할까? 영국의 학교에서 노동계급 청소년들의 문제를 연구한 윌리스(Willis, 1977)는 학교란 학생들이 교사에게 순응함으로써 고급 지식을 얻는 맞교환이 공식적으로 이루어지는 장소라고 보았다. 여기서 고급 지식이란 중산층과 상류층 사회에서 성공할 수 있는 언어를 뜻한다. 성공하기 위해 필요한 리터러시 능력을 얻기 위해 어린이들은 자발적으로 교사들에게 순응한다. 윌리스(Willis, 1977)는 이를 '기본적인 교육 패러다임(basic teaching paradigm)'이라 불렀다.

> 이러한 생각은 교육을 정당한 교환—가장 기본적으로는 지식을 존경과 교환하는 것, 지도를 통제와 교환하는 것—이라고 간주한다. 지식은 희귀한 상품이기 때문에 이러한 생각은 교사에게 도덕적 우월성을 부여한다. 이러한 생각은 특정한 교사들의 생각이 아니라, 교사들이 어린이들에게 정당하게 통제력을 행사할 수 있도록 하는 지배적 교육 패러다임이다.(p.64)

과거에 대부분의 어린이들은 공식 교육이 경제적 성공, 사회적 지위 그리고 개인적 효능의 핵심이라고 보았기 때문에 이러한 거래를 받아들였다. 그러나 일부 어린이들은 이러한 거래에 협조하지 않았다. 그들은 성공하기 위해 배워야 하는 언어를 문화적 변절이라고 보고, 노동계급의 가치를 선택적으로 받아들이거나 심지어 그것들을 찬양하기도 했다. 그러나 아이러니한 결과는 노동계급의 청소년들이 계급적 정체성을 통해 해방된 것이 아니라, 급여도 적고 사회적 지위도 낮은 직업을 가질 수밖에 없는 신세가 되었다는 점이다. 노동계급의 자부심에 경제적 기반을 제공했던 공장 노동이 자유무역과 세계화로 인해 대부분 영국 밖으로 옮겨 갔다는 사실 또한 아이러니한 일이다.

오그부(Ogbu, 1991)는 최근에 미국으로 이민 온 소수 민족 어린이들(자발적 소수자)과 미국에서 태어난 소수 민족 어린이들(비자발적 소수자)의 시각을 비교하는 연구를 수행한 바 있다. 그의 연구에 따르면 미국으로 이민 온 소수 민족 사람들은 자신들이 스스로의 선택에 의해 미국에 왔으며, 고향으로 돌아갈 수 있는 선택의 여지가 있다고 본다. 더욱이 그들은 자신들이 겪고 있는 고난이 앞으로 더 나은 삶을 살기 위한 디딤돌이 될 것이라고 본다. 그들은 자신의 뿌리를 알고 있고 고향에 돌아갔을 때 받을 수 있는 지원에 대해 알고 있기 때문에, 새로운 문화에 '동화(assimilation)'되기보다는 '적응(accommodation)'하는 방식으로 미국 문화를 접한다. 이와는 대조적으로 미국에서 태어난 소수 민족 사람들은 자신들이 자기 본래 문화의 자양분으로부터 단절되어 있으며, 지배적 문화 속에 고립되어 오도 가도 못하고 있다고 생각한다. 그 결과 그들은 카스트 제도의 말단과 같이, 영원히 억압받는 존재라고 본다. 그들에게 있어 주류 사회가 규정하는 좋은 삶이란 결코 그들이 얻을 수 없는 것이기 때문에, 이들은 자신들의 고유문화를 미화할 수밖에 없다.

리사 델피트(Lisa Delpit, 1995)는 비자발적 소수자가 주류사회의 열망에 종속하는 이러한 반응을 지적하면서 다음과 같은 점을 깨달았다고 했다.

> 리터러시는 읽고 쓰는 것 이상의 문제로, 보다 큰 정치적 실체의 일부이다. 제임스 폴 지(James Paul Gee)는 이러한 정치적 실체를 담론(discourse)이라 부르는데, 이것은 법률가의 담론, 학자의 담론, 혹은 남성의 담론과 같이 일종의 '정체성 도구'로 해석된다.(p.153)

델피트는 개인의 태도와 사회적 용인을 결정하는 데 담론이 중요한 역할을 한다는 생각을 제시하였다. 델피트에 따르면 '일차적 담론(primary discourse)'이란 사람이 자라나면서 자연스럽게 습관화되는 의사소통 방식이고, '이차적 담론(secondary discourse)'이란 사회적, 경제적 혹은 직업적 이유로 획득하거나 채택하는 의사소통 방식이다. 델피트는 비자발적 소수자들이 보다 높은 사회적 지위를 갖는 담론들을 습득하는 일은 특히나 더 어렵고, 자신이 속한 문화로부터의 단절 및 정체성의 상실로 이어질 가능성이 높다고 설명한다. 그러나 성공한 자발적 이주민들은 보다 높은 사회적 지위로 빠르게 나아가기 위해 이러한 이차적 담론들, 특히 성공 지향적인 그룹과 관련된 이차적 담론들을 빠르게 채택한다. 그들은 이를 위해 겪게 되는 코드 전환을 모순적으로 느끼거나 문화적인 측면에서 '변절하는' 행위라고 보지도 않는다. 오히려 그들은 이것을 '일을 하려면 어쩔 수 없이 치러야 하는 대가'로 인식한다. 그들에게 이러한 코드 전환은 자신의 정체성을 타협하는 것과 무관하며, 따라서 타자에 의해 식민화된다는 느낌도 갖지 않는다. 반면에 비자발적 소수자들은 사회적 지위가 높은 그룹의 담론을 채택하는 것을 문화적 재앙으로 받아들인다.

델피트(Delpit, 1995)는 미국에서 출생한 비자발적 소수자들이 고급 담론을 습득할 수 없다거나 그래서는 안 된다는 생각에 반대하며, 오히려 성공을 위해 필요한 이런 언어를 그들이 특히 더 습득할 필요가 있다고 옹호한다. 델피트는 '권력이나 높은 사회적 지위와는 거리가 먼 상황에서 태어났을 뿐 아니라 그러한 사회적 지위를 지닌 기관에 접근하지도 못했던 소수 민족 어린이들 역시 주류 미국 사회에서 성공할 수 있도록 해 주는 지배 담론의 규칙들'(p.159)을 배울 수 있다고 믿었다. 델피트는 또한 교사는 학생들이 학교 담론에 저항하는 것을 극복하고, 학교 공부를 잘하기 위해서는 '백인이 되어야 한다'는 잘못된 관념에서 벗어나도록 도와주는 것이 교사의 의무라고 주장했다. 델피트는 비자발적 소수자들이 성공의 담론을 사용하는 과정에서 스스로가 왜소해진다고 느끼지 않는 것이 가장 바람직하다고 보았다.

델피트(Delpit, 1995)의 연구는 교사의 끊임없는 노력이 가져오는 의식의 변화를 보여 준다. 학생의 해방은 그들이 가진 일차적 담론을 찬양하는 방식이 아니라, 그들이 주류 사회에서 성공하기 위해 필요한 복합적인 리터러시를 가르침으로써, 그리고 지배 담론을 활용하여 주류 사회를 변혁할 수 있다는 믿음을 조성함으로써 촉진될 수 있다. 교사들은 지배 담론과 관련하여 정체성의 상실에 대한 두려움보다는, 주류 담론을 능숙하게 사용하는 것이야말로 주류 담론을 변혁하는 데 필수적인 요소라는 신념을 학생들에게 심어 줄 필요가 있다.

단지 언어의 소비자가 아니라 언어의 생산자가 되어야 한다는 생각은 파울루 프레이리(Paulo Freire, 1997)가 자세히 논의한 바 있다. 프레이리는 1960년대 브라질에서 성인 문맹자와 함께 한 작업을 통해 자신이 가르친 학생들이 '은행 저축식(banking)' 학습 시스템에서 벗어나 그가 '비판적 리터러시'라 부른 능동적이고 창의적인 학습 과정으로 나아갈 수 있도록 시도했다. 이에 대해 프레이리는 '처음부터 우리는 순수하게 기계적인 리터러시 프로그램의 가설을 거부하고, 성인들을 가르치는 문제는 그들의 의식을 일깨우기 위해 읽기를 어떻게 가르칠 것인지의 문제라고 보았다'(Freire, 1994: 43). 1964년 당시 브라질에는 '거의 4백만 명에 달하는 학령기 어린이들이 학교에 다니지 않고 있었다'(p.41).

프레이리는 지역사회 지도자들이 성인 문맹자들과 함께 그들에게 중요한 쟁점들에 대해 토론하는 문화 동아리를 만들었다. 각각의 동아리는 학습자들에게 심층적인 의미를 구현하는 '생성적 단어들(generative words)'[33]을 식별해 냈다. 이 단어들은 지역사회의 생활, 경험, 희망과 현실

---

33 '생성적 단어'란 한정된 개수의 단어가 끊임없이 다양한 방식으로 조합되어 무한정 많은 문장을 생성하는 언어의 역량을 뜻한다.

로부터 나온 단어들이었다. 이 단어들은 학습자 자신의 언어였기 때문에 그들과 매우 가까웠고 그들의 정서와 경제적 현실이 깊이 배어 있었다. 그들은 이 단어들이 표상하는 영역에 스스로 전문성이 있음을 알게 되었다. 이러한 단어들의 의미에 대한 그들의 이해는 내부자의 것이고 진정성이 있는 것이었다. 그들은 이러한 단어들이 표상하는 주제에 관해 진심으로 이야기할 수 있었다. 이러한 생성적 단어들을 통해 프레이리, 그리고 그와 함께 한 노동자들은 리터러시 교육과정을 만들어 냈다. 생성적 단어들은 학생들의 현실을 풍부하게 담은 상징이 되었고, 따라서 학생들이 토론, 철자법, 글쓰기를 배우도록 동기를 부여하는 중요한 단어들이 되었다. 프레이리의 접근은 상업적인 책이나 독본에 미리 주어져 있는 주제들이 아닌 학습자가 생산한 물건들, 단어들, 주제들을 기반으로 한다. '중요한 것은 사람들이 자신의 제안에 명시적으로 혹은 함축적으로 나타나 있는 세계관과 사고방식에 대해 토론함으로써 스스로 사고의 주인이 되었다고 느끼는 것이다' (Freire, 1997: 105).

핀(Finn, 1999), 오그부(Ogbu, 1991), 델피트(Delpit, 1995) 그리고 프레이리(Freire, 1997)는 모두 리터러시가 지닌 더 깊은 수준의 권력 구조에 대해 인지했다. 그들에게 리터러시란 힘을 가진 담론과 권력 구조에 참여할 수 있는 능력을 획득하는 것을 포함한다. 이 저자들은 기능적 리터러시보다는 비판적 리터러시, 즉 자기 자신의 운명을 형성하는 데 도움이 되는 방식으로 힘 있게 말하고 자기 삶과 연관 짓는 능력을 가르치는 것이 학습자로 하여금 탈근대주의의 복합적 리터러시를 획득하도록 동기를 부여하는 데 훨씬 더 효과적이라고 믿었다. 그렇다면 이러한 이론들은 어린이, 특히 사회의 주변부에 있으면서 미국 사회의 권력자들이 지닌 리터러시에 접근하지 못하고 있는 어린이들과 어떻게 관련될 수 있을까? 이민 가정 어린이들을 위한 비판적 리터러시 교육에 초점을 둔 여름방학 워크숍은 이러한 아이디어들을 실행하기 위한 기회로 만들어졌다.

이주민을 위한 리터러시 교육 프로젝트

펜실베이니아 밀러즈빌 대학교(Millersville University)의 이주민 교육 프로그램은 4~17세의 학령기 어린이들을 대상으로 매해 개설되는 정부 지원 여름방학 프로그램이다. 밀러즈빌 대학교가 위치한 부유한 농업 지역에는 계절에 따라 이주 노동자들을 고용하는 전통이 있다. 대개는 가족 전체가 함께 와서 부모들의 일을 돕는다. 이주한 가족들은 이 지역에 정착하기도 하지만, 경제적 어려움과 일터의 변화로 인해 다시 이주를 하는 경우도 많다. 농업 관련 일에 종사하는 부모의 자녀로서 최근에 이주한 어린이라면 누구나 이주민 교육 서비스를 받을 수 있다. 이주민의 자녀들은 여름방학 기간 동안 적절한 교육을 받지 못하거나 퇴보하는 경향이 있다. 이를 보완하기 위해, 이주민 교육 프로그램은 지역의 고등학교에서 여름방학 프로그램을 운영하여 그들이 영어 실력을 유지할 수 있도록 돕는다. 이주민 교육 프로그램을 이수한 어린이들은 거의 예외 없이 히스패닉(Hispanic)[34]이었으며 대다수는 푸에르토리코(Puerto Rico) 출신이었으나, 모두 이주민이었던 것은 아니다. 이 프로그램에 참여한 많은 어린이들은 제1언어가 스페인어였고, 영어 습득 수준은 다양했다.

2003년 여름, 이주민 교육 프로그램과 펜실베이니아 거버너 스쿨 사이에 독특한 파트너십이 형성되었다. 이 거버너 스쿨은 펜실베이니아 전역

---

34 '히스패닉'이란 용어는 주로 미국에 거주하는 라틴아메리카 출신자들을 가리키는 말로 쓰이고 있다. 미국 인구 조사국(United States Census Bureau) 정의에 의하면 원래 히스패닉이라는 용어는 미국 내에서 스페인어를 모국어로 말하는 모든 민족을 일컬으며, '라티노'라고도 불린다. 미국 제1의 인구는 유럽계이며, 2위는 히스패닉, 3위는 아프리카계이고, 아시아인과 미국 원주민이 그 뒤를 잇는다.

에서 학업 능력이 뛰어난 고등학교 2학년(16~17세) 학생들 가운데 교사가 되고자 하는 이들에게 5주간 기숙학교 방식의 교육을 제공하는 프로그램이다. 이들의 교사 경험을 더욱 실제적으로 만들기 위해 거버너 스쿨은 비판적인 관점에서 이주민 어린이들을 가르치는 데 참여하기로 결정하였다. 이 학교의 교장은 16~17세의 참여자들이 점점 더 다원화되는 사회에서 이러한 다양성을 대표하는 어린이들을 직접 가르쳐 봄으로써 실제적인 교사 경험을 할 필요가 있다고 생각했다. 이주민 교육 프로그램 조직자도 거버너 스쿨과의 파트너십에 동의했고, 그 결과 거버너 스쿨에 참여한 예순네 명의 학생들이 2주 동안 11세의 이주민 교육 프로그램 참가자들에게 비판적 관점에서 리터러시 능력을 가르치는 데 도움을 주었다.

비판적 리터러시에 대해 거버너 스쿨 학생들이 배운 것

거버너 스쿨에 참여한 학생들은 이민 가정 어린이들을 비판적인 관점에서 가르치는 것에 관한 개관 수업을 수강했다. 전문가와 함께 비판적 리터러시 교육의 다양한 관점에 대해 다루는 이 수업은 다음과 같은 네 부분으로 구성되어 있다.

1 이주민 교육 프로그램 대표와 함께, 영어 학습자 어린이들을 위한 수업 계획 조정 전략에 대해 개관하는 워크숍을 진행하였다. 이 수업에서는 어린이들을 있는 그대로 수용하고, 어린이들의 문화를 강점으로 볼 필요가 있으며, 협동 학습 전략 및 언어 경험 접근법이 중요함을 강조했다.

2 엘살바도르 출신의 국제 리터러시 컨설턴트로서 유엔과 함께 일하고 있는 마르타 베나비데스(Marta Benavides)를 초청하여 한 시간 정도

세미나를 진행하였다. 이 세미나에서 베나비데스는 리터러시와 '정치적 권한 부여(empowerment)'의 관계에 대해 논의했으며, 서구 소비자들의 생필품 공급에 있어 농장과 정육공장 노동자로 일하는 이주민들의 위치에 대해 강조했다. 또한 교육과 해방이 어떻게 세계 평화의 문화적 이상을 증진시킬 수 있는지를 강조했다.

3 거버너 스쿨의 교장 선생님이 학생들에게 미국 학생들의 인구 구성이 갈수록 다양해지고 있다는 점과 어린이들이 가정에서 경험하는 문화와 장점을 이해하고 수업 계획에 포함할 필요가 있다는 점에 대해 설명했다.

4 거버너 스쿨에 참여한 학생들은 다문화 인식 증진을 위한 시뮬레이션 게임인 '바파 바파(BaFá BaFá)'에 참여했다. 학생들은 우선 두 집단(알파 집단과 베타 집단)으로 나뉘어 자신들이 만든 가상의 문화 집단의 언어와 관습을 연습했다. 각 집단은 다른 집단에 방문객을 보내 '타자'를 이해하려는 시도를 하고 돌아온 후 그 결과를 보고한다. 전체가 다시 모여 보고회를 가졌을 때, 학생들은 자신이 다른 집단의 행동을 어떻게 잘못 해석했는지, 혹은 그들을 참을성 없이 대하거나 평가절하했는지 알 수 있었다. 이 게임은 학생들에게 외부인이 되는 느낌, 다른 문화가 작용하는 방식을 이해하지 못하는 느낌을 직접 경험할 수 있는 기회를 제공했다. 또한 이 게임은 다른 문화의 언어를 성공적으로 습득하기 위해서는 유연성이나 문제해결력 등의 능력을 갖출 필요가 있음을 이해할 수 있도록 했다. 추후 보고회에서 학생들은 이주민 가정의 어린이들을 가르칠 때 자신들이 얻은 이러한 통찰을 어떻게 적용할지에 대해 생각하기 시작했다.

거버너 스쿨에 참여한 학생들은 이 개관 수업을 들은 후, 세 명이 한 조가 되어 수학, 과학, 영어, 사회, 미술, 음악 등 6개 과목의 수업 내용을 기획했다. 각 반에는 교사 자격을 갖춘 선생님 한 명과 보조 교사 한 명이 상주했지만, 2주 동안은 거버너 스쿨 학생들이 매일 반나절 분량의 수업을 맡아 가르쳤다. 그리고 이 수업은 비판적 리터러시를 증진하기 위한 주제를 중심으로 조직되었다. 이러한 교육 경험의 정점은 메노나이트(Mennonite) 종파[35]의 생활방식을 보여 주는 지역 농장 박물관인 한스 허 하우스(Hans Herr House)[36] 방문이었다. 박물관은 그 지역의 다양한 전통과 새로운 나라에서 성공하기 위해 수 세기 동안 이어진 이주민 집단의 노력을 어린이들에게 보여 주는 동시에, 이 수업의 핵심을 제공하였다.

어린이들의 경험에 보다 온전히 초점을 두기 위해 서로 다른 민족적 배경을 가진 세 명의 학생들에게 2주간의 실습 기간 동안 일지를 작성하도록 부탁했다. '라이언(Ryan)'은 아일랜드계 미국인 남학생이었고, '네하(Neha)'와 '파얄(Payal)'은 인도에서 이주한 여학생으로 이중언어 사용자였다. 이 세 명은 한 조가 되어 농업 이주 노동자 가정의 어린이(9~10세) 스물다섯 명으로 구성된 반을 가르쳤다.

이주민 가정 어린이들이 거버너 스쿨 학생들과 공부한 것

세 명의 거버너 스쿨 학생들은 다음과 같은 질문에 대한 응답을 일지에 적었다.

- 어린이들에게 어떤 정보 혹은 기술을 가르치려고 했는가?

---

35 16세기 종교개혁기에 등장한 개신교 종파를 가리킨다.
36 펜실베이니아 주 랭커스터 카운티에 위치해 있으며, 18세기에 유럽에서 온 정착민들의 삶을 보여 주는 박물관이다.

- 어린이들과 관계 맺기 위해 어린이들이 일반적으로 사용하는 단어를 어떻게 사용했는가?
- 여러분의 수업이 문화적 측면에서 적합했다고 보는가?
- 어린이들의 문화에 익숙해지기 위해 어떤 노력을 했는가?
- 어린이들이 수업에 잘 참여했는지 어떻게 알 수 있었는가?

거버너 스쿨 학생들에게는 멘토가 투입되어 수업 계획과 교실 관찰, 보고회 준비를 도와주었다. 라이언, 네하, 파얄은 과학 수업을 맡았지만, 어린이들이 효과적인 영어 사용자가 되도록 하기 위해서는 어떤 과목이든 기본적인 읽기와 쓰기 기술에 초점을 두어야 했다. 여기서 핵심은 학생들이 앞서 윌리스(Willis, 1977)가 말한 바와 같은 '기본적인 교육 패러다임'으로 되돌아가는 것이 아니라, 이 실습을 위한 준비 세미나에서 배웠던 비판적 리터러시를 실행할 것이라는 믿음이다.

라이언, 네하, 파얄은 자신들의 과제와 선입견에 대해 되돌아보았는데, 네하는 '이주민 교육에 대해 생각하면 혼돈이 떠오른다. 비협조적이고 시끄러우며 가만히 있지 않는 한 무더기의 아이들이 떠오르는 것이다. 내가 정말 바라는 건 아이들이 내 말을 들어주기라도 하는 것, 적어도 내가 제대로 가르칠 수 있는 기회를 주는 것이다'라고 적었다. 이 고백은 네하가 자신의 문화적 강점과 유연성을 수업에 들여오는 데 도움이 되었다. '나는 이주민 교육에 존재하는 언어 장벽에 대해서는 별로 걱정하지 않는다. 나 역시 소수민족이고 엄마의 영어 사용을 도와 드렸던 경험이 있기 때문에 새로운 언어를 배우는 사람들에 대한 이해심과 인내심이 있다'라고 적은 부분은 이를 뒷받침한다. 네하는 리터러시의 습득이 변혁적이고 해방적인 경험을 준다는 점을 진작에 이해하고 있었다. 라이언은 이주민 가정 어린이들을 처음 가르쳐본 경험에 대해 '이주민 교육 프로그램은 아주 멋졌다. 우리가 가르친 반의 학생 중 열일곱 명은 베트남, 도미니카공화국, 페루, 푸에르토리코, 그리고 그 밖의 다른 지역에서 온 아이들이었다. 이 어린이들이 미국에 온 지는 4개월에서 8년까지 다양했다'라고 적는 등 매우 긍정적으로 표현했다. 그러나 다음과 같이 다소 조심스러운 마음을 덧붙이기도 했다.

> 오늘은 이주민 교육 프로그램의 첫날이다. 좀 긴장도 되고 무엇을 기대해야 할지 모르겠다. 내 생각엔 이것이 우리 조 모두에게 대단한 경험이 될 것 같다. 많은 것을 배우고 싶지만, 비록 내가 어린이들에게 대단한 영향을 주지는 못한다 하더라도 이곳에서의 일이 행복하기를 바란다.

이주민 교육 프로그램에 참여한 어린이들은 거버너 스쿨 학생들을 보고 신이 나서 열렬히 환영했다.

라이언, 네하, 파얄 조가 선택한 첫 수업은 분류에 대한 것이었다. 이들은 이것이 과학과 영어 수업 모두에 필수적인 개념이라고 느꼈고, 사회에서 사람들이 '분류되는' 방식을 인식하는 데 유용한 방법이라고 보았다. 이 조에서는 다양한 모양, 색깔, 감촉, 유형의 사탕들을 모아서 여러 개의 탁자에 벌여 놓았다. 그리고 처음에는 아무런 설명도 하지 않았다. 그리고 나서 어린이들에게 '분류'라는 단어를 정의해 보라고 했다. 몇몇의 어린이들은 이 개념을 분명히 이해하고 있었다. 한 어린이는 '사물들을 구분하는 것'이라고 했고, 또 다른 어린이는 '사물들을 구분해서 과학에서 사용하는 것'이라고 말했다. 라이언의 조는 '분류'의 공식적 정의를 칠판에 적고는 어린이들에게 사탕을 어떻게 분류할 수 있겠는지 물었다. 한 어린이는 '딱딱한 사탕과 부드러운 사탕'으로 구분하겠다고 했다. 이후 어린이들은 두 명씩 짝을 지어 자신들이 선택한 방법으로 사탕을 분류하는 활동을 했다.

이 과제를 수행한 후 어린이들은 자신들이 선택한 분류 체계를 공유했다. 어린이들이 선택한 분류에는 '딱딱한 것/부드러운 것, 작은 것/큰 것, 긴 것/네모난 것, 세모난 것/둥근 것' 등이 있었다. '분류할 때 어떤 문제가 있었나요?'라고 질문하자 어린이들은 모든 사탕이 자신들이 설정한 범주에 맞아떨어지는 것은 아니라고 대답했다. 예를 들어 딱딱한 것과 부드러운 것 둘 중 하나에 속하지 않는 사탕도 있다는 것이었다. 이 활동이 끝난 후 라이언의 조는 어린이들에게 실제 생활에서 분류를 어떻게 적용할 수 있을지 물어보았다. 어린이들은 '피부색', '체형', '남성/여성', '못생긴 사람/예쁜 사람', '언어', '노동자/비 노동자', '부유한 사람/가난한 사람' 등을 가능한 범주화의 예로 들었다. 파울루 프레이리가 브라질 농부들에게 리터러시를 가르치기 위해 한 작업에서 확인했던 것처럼, 이 어린이들은 분명 자신들의 생성적 단어를 드러내기 시작했다. 어린이들은 자신들이 속한 세계의 코드를 해체하는 법을 배우고 있었고, 그럼으로써 리터러시 습득(단어 읽기)을 자신이 살고 있는 환경에 대한 이해(세상 읽기)와 접목하게 되었다.

프레이리가 브라질에서 작업하던 바로 그 시기에, 실비아 애슈턴 워너(Sylvia Ashton-Warner)도 뉴질랜드의 마오리족 어린이들과 작업하면서 어린이들의 리터러시 습득에 관해 유사한 발견을 하고 있었다. 애슈턴 워너(Ashton-Warner, 1971)는 어린이들에게 강력한 의미를 전달하는 중요한 단어들이 있음을 깨달았다.

글쓰기는 응집성이 있어야 한다. 아이디어를 통합하고 발전시키는 것. 글에 등장하는 모든 단어는 거대한 디자인의 일부여야 한다. 꼭 필요한 부분이어야 한다는 것. 매일 아침 자유로운 대화 시간을 가진 후 내가 가르치는 다섯 살 이하의 어린이들은 그들이 가깝게 여기는 어떤 것에 대해 글을 쓴다. 그들이 사용하는 단어들은 그들이 선택한 것이고, 그들에게 필요한 것이며, 그들의 어린 마음에서 전개된 생각의 일부이다. 각각의 어린이들은 자신의 마음속에 있

는 것에 대해 글을 쓰기 때문에, 그들이 글을 쓰는 순서에는 강렬한 의미가 있다.(p.176)

우리는 여기서 프레이리의 '생성적 단어'와 애슈턴 워너가 말하는 (어린이들의 언어에 구현되어 있는) '강렬한 의미' 간의 밀접한 관계에 주목할 필요가 있다. 애슈턴 워너는 '교육이란 근본적으로 무의식적인 것과 연관된 의식적인 것의 비중을 증대시키는 것'(p.176)이라고 말한다. 프레이리(1997)는 이것을 '의식화(conscientization)', 즉 '사람들이 자신 혹은 동료의 제안에 명시적으로 혹은 암묵적으로 나타나 있는 세계관과 사고방식에 대해 토론함으로써 스스로 자신의 사고의 주인이 되었다고 느끼는'(p.105) 과정이라고 보았다.

두 번째 수업은 전날 수업을 되돌아보면서 시작되었다. 네하는 이렇게 하는 이유에 대해 다음과 같이 적었다.

우리는 어제 했던 분류에 대한 수업을 다시 돌아보기로 했다. 우리는 어린이들이 창의적이라고 생각했기 때문에 그것을 인정하고 기록해 두고 싶다. 우리는 어린이들의 생각을 포스터로 만들어 전시함으로써, 어린이들이 언제든지 그것을 보고 자신들이 스스로 분류 체계를 만들었음을 인지하게 할 것이다.

이처럼 네하는 교육이 지니는 권한 부여의 측면, 그리고 스스로의 학습을 구성하는 능력에서 학생들이 보이는 성취와 발전에 대해 교사가 강조해 줄 필요가 있다는 점을 분명히 인식하고 있었다.

이 두 번째 수업의 중심은 한스 허 하우스 박물관 방문을 준비하는 것이었다. 박물관에서 어린이들은 여러 체험활동을 하게 되며, 이 중에는 아마를 다루는 것과 이 작물이 펜실베이니아에서 과거 몇백 년 동안 옷을 만드는 데 어떻게 사용되었는지를 배우는 것이 포함되어 있었다. 이에 대해 네하는 일지에 '이 수업은 토지에 관한 것이며 특정한 기후에서 어떤 작물이 자라는지에 대해 배운다는 점에서 문화적으로 적합하다'라고 적었다. 이 수업은 어린이들에게 아마를 아는지 묻는 질문으로 시작되었다. 한 어린이는 아마가 식물이라고 대답했다. 라이언의 조는 아마가 자라고 수확되어 리넨으로 가공되는 전 과정을 보여 주는 두 장의 포스터를 만들었다. 그런 후에 어린이들에게 씨앗의 특징을 살펴보라는 과제를 주었다. 이것은 분류에 대한 지난번 수업과 이번 수업을 연관 짓기 위한 것이었다. 어린이들은 씨앗의 분류 체계에 사용될 수 있는 몇 가지 측면(단단하다, 부드럽다, 크다, 작다)을 제시했다. 이어서 어린이들에게 자신이 아마 씨앗이라고 가정했을 때 어떤 느낌이 드는지 질문했다. 어린이들은 자신이 아마 씨앗이 되어 씨앗에서부터 셔츠가 되어 가는 과정을 거친다고 상상해 본 뒤, 그 과정에서 느껴지는 감정을 기술하도록 한 학습지를 받았다. 정리활동으로는 어린이들에게 자신이 적은 이야기의 한 장면을 그림으로 그리도록 했다. 이에 대해 파얄은 자신의 일지에 다음과 같이 적었다.

글쓰기에 대한 어린이들의 반응은 다양했다. 어떤 어린이들은 아주 좋아했지만, 뭘 해야 할지 몰라 막막해하는 어린이들도 있었다. 몇몇 아이들은 영어가 아니라 스페인어로 쓰고 싶어 하기도 했다. 그러나 대부분의 어린이들은 질문을 통해 수업에 참여했다. 어떤 아이들은 아마에 대해 질문을 했고, 또 어떤 아이들은 자신이 과제를 제대로 하고 있는지 물어보기도 했다. 모든 어린이가 두 문장 이상 쓴 것을 고려할 때, 어린이들은 다 잘했다고 생각한다. 어떤 어린이들은 종이에 그어진 줄을 모두 채워서 글을 쓰기도 했다.

글쓰기를 마친 후 어린이들에게 자신의 이야기를 발표할 사람이 있느냐고 묻자 두 명이 손을 들었다. 이에 대해 네하는 자신의 일지에서, '마누엘이 맨 처음에 손을 들어서 정말 놀랐다. 나는 그 아이가 뭔가를 해 보겠다고 하는 걸 본 적이 없었다. 나는 이 아이가 정말로 대견하다'라고 적었다. 아마도 마누엘의 열정은 자기 자신에게 중요한 감정과 정서를 표현할 기회가 주어진 결과가 아니었을까 생각된다.

세 번째 수업은 첫 번째 수업과 두 번째 수업의 연장선상에서 이루어졌다. 라이언의 조는 토지 형태의 개념에 대해 소개하고자 했으며, 어린이들이 자신에게 익숙한 토지 형태를 떠올릴 수 있을 것이라고 생각했다. 이들은 여기서 몇 가지 어려움을 경험하기 시작했는데, 라이언은 자신이 느낀 절망감에 대해 다음과 같이 적었다.

내 수업은 완전히 엉망이었다. 시작은 괜찮았었는데 시간이 지나면서 점점 잘못되어 갔다. 나는 나름대로 어린이들이 감당할 수 있는 정도를 생각하여 그에 맞게 수업을 계획했다. 나는 강(river)이 완벽한 수업 주제라고 생각했다. 왜냐하면 많은 어린이들이 물이 위협적인 환경에서 살아 본 적이 있었고, 그들이 언젠가 남부로 가서 일하게 된다면 강에 대해 아는 것이 유용한 지식이 될 거라고 생각했기 때문이다.

라이언은 사람들이 더 알고 싶어 하는 것들에 대해 '조직적이고 체계적이며 발전된 "다시 보여 주기(re-presentation)"의 방식으로 정보를 제시함'으로써(Freire, 1997: 74), 대화적이고 문제를 제기하는 교사가 되고자 했다. 라이언은 '유용한 지식(useful knowledge)'이 무엇인지를 정의하는 것이 자신이 할 일이라고 생각했지만, '많은 정치적·교육적 계획의 입안자들이 현실에 대한 개인적 견해에 따라 정책을 수립해서 실패'(Freire, 1997: 75)하는 것과 유사한 실수를 반복한 듯하다. 이것은 거버너 스쿨 학생들에게 스스로를 겸허하게 만드는 경험이었으며, 교사가 준비하는 수업과 학생들이 창조하는 생성적 단어 및 주제 사이의 균형을 만들어 내는 데 있어 귀중한 수업이었다. 그럼에도 불구하고 라이언은 이를 수업 운영의 문제로 보면서, '다음에는 규율을 좀 더 강화해서 수업이 잘 이루어질 수 있도록 해야겠다'라고 썼다. 라이언은 그의 견해를 다른 학생들과 공유하지 않았지만, 네하는 그 실패의 원인을 찾아냈다.

나는 그 수업이 전혀 성공적이지 않았다고 생각한다. 수업에서 다룬 개념들은 지나치게 깊이 있는 것들이었다. 흥미로운 시각자료도 별로 없어서 아이들은 제대로 집중해 듣지 않았다. 많은 아이들이 수업 내용을 알아듣지 못했다. 내 생각엔 수업이 더 간명하게 그리고 천천히 진행될 필요가 있는 것 같다. 아이들은 자신의 관심사에 대해서는 정말 한결같이 집중한다. 아이들은 실제로 직접 해보는 실험이 시작되었을 때에는 흥미로워하면서 집중했다. 그러나 실험이 끝나자 모든 것이 다시 혼란스러워졌다.

라이언의 조는 수업 내용이 어린이들에게 적합하게 여겨지도록 여러모로 노력했다. 중요한 것은 어린이들의 반응에서 의미를 찾고 대화하는 것이었다. 라이언의 조는 어린이들의 수업 활동 참여에 대해 숙고하면서 자신들의 노력의 중요성에 대해 의견을 모으게 되었다. 네하는 자신이 리터러시에 비판적으로 접근하는 것에 대해 중대한 통찰을 얻었다고 느꼈다.

나는 수업에서 개인적 경험에 관해 토론할 때 어린이들에게서 더 많이 배우곤 한다는 생각이 든다. 나는 어린이들의 문화와 그들이 특정한 상황에 반응하는 방식 사이에 연관성이 정말로 존재한다는 것을 깨달았다. 문화적으로 적합한 방식의 교육은 내게 아주 어려운 일이지만, 수업을 문화와 연관 짓는 것이 아주 중요하다는 사실을 깨달았다. 왜냐하면 그것만이 수업의 중요성을 배울 수 있는 유일한 방법이기 때문이다. 어린이들이 자신이 배우는 것을 자신의 문화와 연관 지어 이해할 수 있다면, 절대로 그것을 잊어버리지 않을 것이다.

이러한 깨달음은 비판적 리터러시의 힘, 그리고 어린이들을 의미 있는 방식으로 수업에 참여시킬 필요성에 대해 강조한다. 라이언, 네하, 파얄의 경험은 어린이들에게 비판적으로 리터러시를 가르치고자 하는 새로운 교사들을 준비시키는 데 있어 짧은 개관 수업과 지속적인 대화가 지닌 잠재력을 설명해 준다.

결론

여기서 살펴본 세 번의 수업은 교실에서 비판적 리터러시 수업을 시도하는 것의 가능성과 위험성을 모두 보여 준다. 한편으로 이 수업을 담당한 학생들은 교육과정을 학생들의 삶과 경험에 관련지을 수 있는 가능성을 보았다. 그러나 어린이들이 그들 자신의 '생성적 단어'들을 드러내도록 하는 데 어느 정도 성공한 이후에도, 교사가 선택한 주제와 관심사로 되돌아가는 경향이 나타났다. 어린이들이 지닌 '생성적 단어' 혹은 '강렬한 의미'들을 바탕으로 교육과정을 창조하는 길에는 자신의 가설을 확신하고 교사의 지시보다 학생들의 권한 부여를 더 중시하는 교육자들이 필요하다. 어린이들에게 권한을 부여하는 일에 헌신하기 위해서는 용기, 문제해결력, 신뢰가 요구되며, 이렇게 되기까지는 많은 시간이 필요하다. 경험 부족, 압박감, 불안감은 수업을 통제하는 데, 그리고 어린이들이 스스로 중요하고 적합하다고 여기는 주제와 리터러시를 생성하도록 하는 데 도움이 되지 않는다. 목전의 혼돈에 대한 두려움은 언제나 존재하겠지만, 침착성과 유연성이 필요하다. 안타깝게도 교사의 책무성을 강조하는 분위기 속에 놓인 많은 교육자들의 '초기 설정(default setting)'은 교사 중심적이고 교사 지시적인 경향이 있다.

이 장은 오늘날 어린이들이 다양한 맥락에서 리터러시 능력을 갖추도록 요구받고 있으며, 기술, 미디어, 컴퓨터 게임, 장난감 등을 통해 학교의 독서 프로그램이 줄 수 있는 것 이상의 새롭고 다양한 능력에 접근하고 있다는 주장으로 시작했다. '텍스트'의 개념은 다양한 세계와 현실에 유효한 새로운 의미를 갖게 되었다. 학교와 교육자들은 이러한 새로운 아동기의 중심에 서야 하며, 그렇지 않으면 우리 시대의 거대한 리터러시 프로젝트에 있어 부적절한 존재가 될 것이다. 어린이들은 복잡한 세계에서의 효능감에 대해 친밀하게 느끼고 있으며, 자신들이 접하고 있는 많은 현실들을 감싸 안아 의미 있는 능력들로 만드는 데 학교가 도움을 주기를 기대하고 있다. 리터러시는 이제 복합적인 현실에 반응하여 어린이들이 주조한 다면적인 구조로서 인식되어야 한다. 이것이 곧 교사는 옆으로 비껴서고 교실은 엉망이 되는 것을 뜻하는 것은 아니다. 그러나 교사는 어린이들이 자신의 배움을 스스로 창조하고, 다양한 세계의 의미를 능동적으로 이해할 수 있다는 점을 믿어야 한다. 교사는 어린이들의 의미 구성이 교실에서 이루어질 수 있도록, 수업에서 다루는 주제와 담론의 상당 부분을 어린이들이 생성하게 할 필요가 있다. 이를 통해 교사는 그들이 경험하는 많은 리터러시로 자신의 삶을 의미 있게 직조할 권한을 부여할 수 있다. 이어지는 '교육 활동에 대한 시사점'에서 교사들이 이러한 작업을 어떻게 할 수 있을지에 대한 몇 가지 제안을 제시하였다.

교육 활동에 대한 시사점

리터러시를 다각도로 바라보기

핀(Finn, 1999)은 리터러시를 수행적 리터러시, 기능적 리터러시, 정보적 리터러시, 강력한 리터러시[37] 등의 네 가지 유형으로 구분한 바 있다. 교사는 '나는 어린이들에게 이 네 유형 중 어떤 유형의 리터러시를 가르치고자 하는가?'라는 질문을 할 필요가 있다.

만약 그 대답이 대부분 수행적 리터러시와 기능적 리터러시라면, 어린이들은 정보적 리터러시와 강력한 리터러시를 얻는 과정에서 수행적 리터러시와 기능적 리터러시를 습득하는 경우가 많다는 점을 고려할 필요가 있다. 여러분은 어린이들에게 비평문에 대해 평가하거나 어떤 사건, 아이디어, 신념 등을 분석할 기회를 제공하는가? 그들이 살고 있는 세계는 비판적 질문에 대해 토론할 기회로 가득 차 있다. 여러분이 외계인 방문자라고 생각하고 그들의 삶, 시사적인 사건, 유행하는 스타일, 장난감 등에 대해 질문하라. 그리고 어린이들에게 그것들이 왜 그러한 양상으로 나타나는지 설명해 보게 하라.

자신이 살고 있는 세계에 대해 어린이들이 비판적으로 평가하고 있음을 인정하기

어린이들은 자신들에게 주어지는 복잡한 자료, 정보, 지식을 주의 깊게 살펴보고 자신의 삶에 적합하다고 여겨지는 것들을 선택한다. 여러분의 교육은 어린이들의 요구에 적합한가? 새로운 아이디어, 기술, 개념을 어린이들이 이미 알고 있는 흥미요소와 연결하라. 어린이들의 문화적 배경, 경제적 조건, 생활세계에 대한 지식은 이러한 연계를 생성하는 데 중요하다. 어린이들이 살고 있는 세상에 대한 비판적 분석 속에 수업 내용을 녹여 냄으로써, 교사들은 어린이들이 자신에게 중요한 것을 도출하고 자신의 의미 구성에 대한 탐색에 교실 수업이 적합하다고 인식하도록 도와줄 수 있을 것이다.

대화적인 수업 분위기를 만들기 위해 노력하기

이것은 교사와 학생 간의 위계질서에 대한 관념에서 벗어나, 학습자로서의 교사 모델을 실험해 봄으로써 성취할 수 있다. 중요한 것은 '누가 지식을 가장 많이 갖고 있는가?'가 아니라, '상대방에게 배울 점이 있음을 인정할 때 우리 사이에 신뢰가 생긴다'는 것이다. 이는 존중하는 수업 분위기의 창출이라고 볼 수도 있다. 교사가 자신의 지식을 진술하게 요청하고 있음을 아는 어린이들은 수업 시간에 자기 자신을 표현하고 아는 바를 드러내는 데 있어 더 큰 용기를 낼 수 있을 것이다. 어린이들은 자신이 살고 있는 세상의 연관성에 대한 이해를 더 확장할 수 있다는 자신감을 갖기 시작할 것이다.

어린이들이 자신의 가족과 지역사회가 처한 억압의 조건 속에서 살고 있다는 점을 인식하기

우리 모두는 어떤 종류의 억압을 겪고 있으며, 우리 모두 이러한 억압으로부터 해방되고자 한다. 우리는 상처와 모멸감을 겪기도 하고 낙담하기도 하면서 자랐다. 우리는 이러한 경험으로부터 남겨진 정서적 상처들을 해결하지 못해 부끄러움을 느끼기도 한다.

어렵더라도 어린이들에게 개인적인 상처를 주제로 한 이야기를 꺼낼 기회를 찾아보라. 우리가 살고 있는, 전쟁으로 피폐해진 세계에서는 그런 이야기를 할 수 있는 사건들이 많이 일어난다. 예를 들어 먼 곳에 사는 누군가가 겪고 있는 개인적인 몸부림에 초점을 두어, 어린이들로 하여금 감정 이입을 한 후에 각자 느낀 바를 표현해 보도록 할 수도 있다. 교사는 어린이들이 공감하고 스스로의 감정을 읽어 볼 기회를 제공함으로써 그들을 해방시킬 수 있다.

어린이들에게 자신의 생성적 단어들과 주제들을 찾아 내도록 하기

어린이들로 하여금 스스로에게 많은 의미가 있는 단어들과 쟁점들을 개인적으로 기록하도록 하라. 그리고 나서 그들이 이러한 단어들을 자신의 글쓰기에 포함하도록 하라. 하나의 단어를 선택해서 이와 유사한 의미나 반대되는 의미를 가진 다른 단어들을 구성해 보도록 하라. 이런 식으로 어린이들이 생산한 생성적 단어들을 중심으로 수업에서 토론을 해 보라. 어린이들이 자신에게 의미 있는 것에 대해 이야기할 수 있는 기회를 끊임없이 제공하라.

어린이들이 쓴 글이나 그림 등의 작품을 존중하고 축하해 주기

어린이들이 무언가를 이해하는 문화적 방식은 그들의 의식 속에 깊이 새겨져 있다. 어린이들로 하여금 자신들의 가정과 문화에서 사용하는 단어, 활동, 물건 등의 의미를 설명해 보도록 하라. 그들의 말, 창작물, 그림, 물건들을 교실에 전시할 수 있게 도와주고, 그것들을 자신의 글쓰기에 활용하도록 격려하라. 어린이들의 문화를 수업 주제에 통합하라. 어린이들이 가진 지식과 이해의 창조물을 분명하게 드러내라.

멀티리터러시를 다루는 교실을 창조하기

단어에 대한 복합적인 이해, 그리고 여러 가지 신념, 관점, 이해에 대한 복합적인 표현을 장려하라. 예를 들어 '이것에 대한 또 다른 단어 혹은 또 다른 관점을 말해 줄 학생이 있나요?'라는 질문을 어린이들에게 자주 하라. 어린이들은 탈근대사회의 다양한 현실에서 힘을 갖기를 원하고 있음을 기억하라. 복합적인 능력을 장려하고, 모든 표현 형태와 상호작용이 새로운 아동기의 세계를 읽어 내는 능력을 갖추는 데 필요하다는 사실을 이해 하라.

37 '강력한 리터러시(powerful literacy)'란 정보를 효과적으로 추론하고 평가하고 분석하고 통합할 수 있는 능력을 뜻한다. 다시 말해 단순히 글을 읽을 수 있는가를 넘어, 사실과 의견을 구분하고, 시사적인 사건들의 영향을 분석하고, 신문 기사들을 다른 정보원과 비교하고, 지도, 도표, 그래프, 사설 등을 해석할 수 있는가와 관련된 능력을 뜻한다. 이를 고려할 때 강력한 리터러시는 '비판적 리터러시'와 거의 유사한 의미라고 볼 수 있다.

참고문헌

Ashton-Warner, S. (1971) *Teacher*. New York: Bantam Books.

Delpit, L. (1995) *Other people's children: Cultural conflict in the classroom*. New York: The New Press.

Dixon-Krauss, L. (1996) 'Classroom instruction', in L. Dixon-Krauss (ed.) *Vygotsky in the classroom: Mediated literacy instruction and assessment*. White Plains, NY: Longman.

Finn, P. J. (1999) *Literacy with an attitude: Educating working-class children in their own self-interest*. Albany, NY: State University of New York Press.

Freire, P. (1994) *Education for critical consciousness*. New York: The Continuum Publishing Company. (Original work published 1969.)

Freire, P. (1997) *Pedagogy of the oppressed* (Twentieth anniversary edition) (M. B. Ramos trans.). New York: Continuum Press. (Original work published 1968)

Kincheloe, J. K. (2002) 'The complex politics of McDonald's and the new childhood: Colonizing kidworld', in G. S. Cannella & J. L. Kincheloe (eds) *Kidworld: Childhood studies, global perspectives and education*. New York: Peter Lang.

Loveless, T. (2002) *The 2002 Brown Center Report on American Education: How well are American students learning?* Washington, DC: The Brookings Institution.

Morris, W. (ed.) (1997) *The America Heritage Dictionary of the English Language*. Atlanta: Houghton Mifflin Company.

Ogbu, J. U. (1991) 'Low school performance as an adaptation: the case of blacks in Stockton, California', in M. A. Gibson & J. U. Ogbu (eds) *Minority status and schooling: A comparative study of immigrant and involuntary minorities*. New York: Garland Publishing Inc.

Steinberg, S. R. & Kincheloe, J. L. (1998) ' No more secrets: Kinderculture, information saturation, and the postmodern child', in S. R. Steinberg & J. L. kincheloe (eds) *Kinderculture: The corporate construction of childhood Boulder*. CO: Westview Press.

Vygotsky, L. M. (1962) *Thought and language* (E. Hanfmann & G. Vaker trans.). Cambridge, MA: The MIT Press. (Original work published 1934.)

Willis, P. (1977) *Learning to labor: How working class kids get working class job*. New York: Columbia University Press.

저자 소개

재닛 에번스 Janet Evans

리버풀 호프 대학교(Liverpool Hope University) 교육학과 교수를 역임한 바 있으며, 현재는 독립 연구자이자 리터러시와 교육 분야의 프리랜서 컨설턴트이다. 어린이 문학, 독자 반응, 문학 동아리, 작가로서의 어린이에 대해 관심을 갖고 『그림에는 무엇이 있나?(*What's in the Picture?*)』, 『지면을 넘어 말하기: 그림책 읽기와 반응하기(*Talking Beyond the Page: Reading and Responding to Picturebooks*)』, 『도전적이고 논쟁적인 그림책들: 시각적 텍스트에 대한 창의적이고 비판적인 반응들(*Challenging and Controversial Picturebooks: Creative and Critical Responses to Visual Texts*)』 등의 책을 썼다. 최근에는 급변하는 국제사회의 사회경제, 정치, 철학적 문제를 반영한 그림책과 말 없는 그림책에 대한 어린이들의 반응에 대해 연구하고 있다.

이브 번 Eve Bearne

케임브리지 대학교 호머튼 칼리지(Homerton College, University of Cambridge)의 언어 전공 교수, 연구소 부소장, 영국리터러시협회(United Kingdom Literacy Association: UKLA)의 회장을 역임했으며, 현재 UKLA의 지역위원회에서 활동하고 있다. 『초등 영어 교육: 교과 지식과 교실 실천(*Teaching Primary English: Subject Knowledge and Classroom Practice*)』, 『글쓰기 교육의 시각적 접근: 5-11세 어린이의 복합양식 리터러시(*Visual Approaches to Teaching Writing: Multimodal Literacy 5-11*)』, 『리터러시 교실 실행 연구(*Classroom Action Research in Literacy*)』를 비롯한 다수의 책을 저술했다.

재키 마시 Jackie Marsh

셰필드 대학교(University of Sheffield) 교육대학 교수이다. 어린이 디지털 리터러시 분야의 석학으로, 가정, 지역사회, 유아교육기관에서 어린이들의 디지털 기술에 대한 접근 및 디지털 리터러시 능력 발달과 이해, 미디어와 기술 및 상업 문화의 발전으로 인한 어린이 놀이의 변화, 부모, 보호자 및 가족 구성원들이 어린이들의 디지털 기술에 대한 관여를 지원하는 방식과 교사 전문성 개발을 연구해 왔다. 『어린이, 미디어, 놀이터 문화(*Children, Media and Playground Cultures*)』, 『어린이들의 가상 놀이 세

계: 문화, 학습, 참여(*Children's Virtual Play Worlds: Culture, Learning, and Participation*)』를 비롯한 많은 책과 논문을 저술했다.

마거릿 매키 Margaret Mackey

앨버타 대학교(University of Alberta) 도서관 및 정보연구 대학 교수로서, 어린이와 청소년 문학, 독서, 멀티미디어 리터러시의 이론과 실제를 다루는 강좌를 개설해 가르치고 있다. 주요 연구 관심사는 읽기 과정, 인쇄·그래픽·디지털·미디어 텍스트에 대한 해석적 접근, 아동 및 청소년 문학, 대중문화와 어린이 등이다. 청소년들의 독서 행동 변화, 인쇄매체와 기타 매체의 현대적 발달이 어린이와 십대 청소년들에게 미치는 영향에 관한 많은 책과 논문을 저술했다.

가이 머천트 Guy Merchant

셰필드 핼럼 대학교(Sheffield Hallam University) 교육대학 교수이다. 디지털 미디어가 일상생활의 리터러시를 변화시키는 방식 및 어린이와 청소년이 일상생활과 교육 환경에서 새로운 기술과 리터러시를 사용하는 방식에 초점을 두고 온라인 채팅, 블로깅, 가상 세계 등 디지털 리터러시에 대한 연구를 해 왔다. 최근에는 유아교육 환경에서 아이패드의 사용에 대한 연구를 하고 있다.

비비언 바스케스 Vivian Vasquez

아메리칸 대학교(American University) 교육대학 교수이며, 캐나다에서 14년간 유치원과 초등학교 교사로 일한 경력이 있다. 미국영어교사협의회(National Council of Teachers of English: NCTE), 미국교육연구협회(American Educational Research Association: AERA), 국제읽기협회(International Literacy Association: ILA) 등 주요 학술단체의 임원으로 활동했다. 비판적 리터러시, 유아기의 리터러시 교육, 학교에서 이루어지는 탐구와 사회 정의, 교사 연구 등에 관심을 갖고 연구하고 있다.

바버라 콤버 Barbara Comber

사우스오스트레일리아 대학교(University of South Australia) 교육대학 교수로, 교사직무와 사회 정의, 비판적 리터러시, 빈곤과 교육, 학교 기반 협동 연구를 포함한 다양한 분야에 관심을 갖고 연구하고 있다. 어린이의 리터러시 발달에 관한 종단 연구를 수행한 바 있으며, 최근에는 현대 사회의 어린이들이 글쓰기를 배우는 방식, 저소득층 지역에서 양질의 교육을 제공하고자 하는 교사들의 노력 등에 중점을 두어 연구하고 있다.

헬렌 닉슨 Helen Nixon

퀸즐랜드 공과대학교(Queensland University of Technology) 교육학부와 아동 및 청소년 연구센터 겸임교수로 재직했다. 글로벌 미디어 문화의 교육방법, 새로운 정보와 소통 기술의 연관성, 변화하는 리터러시의 사회적 구성, 교육에서의 사회적 불이익 등을 연구해 왔으며, 특히 어린이들이 학교 밖에서 경험하는 대중문화에 대한 흥미를 비판적 리터러시/영어 교육과정 내에 도입하는 방법에 관심을 갖고 있다.

로스 피셔 Ros Fisher

엑서터 대학교(University of Exeter) 교육대학원 부교수로 재직하면서 교사 양성 과정과 석사 과정을 지도했다. 초등학생 리터러시 교육에서 교사의 역할, 교실 상호작용과 사회문화적 관점에서의 리터러시에 관한 논문을 다양한 교육전문지와 학술지에 기고하였다. 교실 맥락을 탐구하기 위해 사회역사적 이론을 사용하는 데 특히 관심이 있다.

일레인 밀러드 Elaine Millard

셰필드 대학교(University of Sheffield) 교육대학 교수로 일했다. 1968~1988년에는 셰필드와 노팅엄셔의 다양한 중등학교에서 영어 교사로 일했다. 초보적인 독서와 글쓰기부터 비판적 리터러시에 이르기까지 다양한 수준의 리터러시 발달을 다루어 왔고, 컴퓨터 리터러시를 포함해 학교와 가정에서의 리터러시 발달에 나타나는 성, 인종, 계급 차이에 관심을 두고 있다.

도미닉 스콧 Dominic Scott

밀러즈빌 대학교(Millersville University) 교육학 담당 교수로 일했다. 교육, 리터러시, 해방에 대한 그의 태도에 엄청난 영향을 준 북아일랜드 분쟁 시기에 교사 생활을 시작했다. 이후 미국의 중·고등학교에서 학업 실패 위기에 처한 어린이와 청소년들을 교육했고, 뉴멕시코의 한 대안학교에서 소외된 학생들을 가르치기도 했다.

찾아보기